C 카이로스총서 61

영화란 무엇인가에 관한 15가지 질문

Fifteen Questions on 'What is Cinema?'

지은이 김곡

펴낸이 조정환
책임운영 신은주
편집 김정연
디자인 조문영
홍보 김하은
프리뷰 안혜숙 · 이재진

펴낸곳 도서출판 갈무리 등록일 1994. 3. 3. 등록번호 제17-0161호
초판 1쇄 2019년 11월 29일
초판 2쇄 2022년 11월 29일

종이 타라유통 인쇄 예원프린팅 라미네이팅 금성산업 제본 바다제책

주소 서울 마포구 동교로18길 9-13 [서교동 464-56] 2층
전화 02-325-1485 팩스 02-325-1407
website http://galmuri.co.kr e-mail galmuri94@gmail.com

ISBN 978-89-6195-220-0 03680
도서분류 1. 영화 2. 철학 3. 미학 4. 예술 5. 정치

값 18,000원

© 김곡, 2019.

이 도서의 국립중앙도서관 출판예정도서목록(CIP)은 서지정보유통지원시스템 홈페이지(http://seoji.nl.go.
kr)와 국가자료공동목록시스템(http://www.nl.go.kr/kolisnet)에서 이용하실 수 있습니다.(CIP제어번
호 : CIP2019045119)

이 도서는 한국출판문화산업진흥원의 '2019년 출판콘텐츠 창작 지원 사업'의 일환으로 국민체육진흥기금을 지원
받아 제작되었습니다.

영화란 무엇인가에 관한
15가지 질문

김곡 지음

갈무리

일러두기

1. 영화 제목은 본문에서 원어를 병기하지 않았으며 모두 찾아보기에 병기하였다. 국내에 개봉 혹은 출시되지 않았거나, 잘 알려지지 않은 작품의 제목은 저자가 의역하였다.

2. 영화 제목은 모두 꺾쇠에 넣었다. 다만 저자가 중요하다고 생각하는 정식이나 등식 또한 꺾쇠에 넣었다. 예를 들어, ⟨송신자—메시지—수신자⟩.

3. 같은 작가의 영화를 나열할 때는 꺾쇠 사이에 쉼표를 찍지 않았다. 단 다른 작가의 영화들을 나열할 때는 쉼표를 찍어서 구분하였다.

4. 단지 정보 차원에서 제공되어야 할 영어나 한자는 모두 첨자로 병기했다. 다만 그 영어나 한자에 내포된 의미가 되새겨질 필요가 있는 경우는, 첨자로 병기하지 않고 이탤릭 등으로 강조하였다.

5. 찾아보기는 각 작품의 제작국가의 원어로 표기함을 원칙으로 했다. 그러나 상대적으로 친숙하지 않은 언어(예컨대 체코어, 폴란드어, 핀란드어, 러시아어 등)의 경우, 그리고 유사제목이 있거나 원제보다 더 통용되는 별칭이 있는 경우, 혼선을 피하기 위해 영어 병기를 함께하기도 했다.

6. 필요에 따라서 통례의 표기법이나 문법을 지키지 않은 부분이 있다. 모두 말해지는 바가 좀 더 생생히 체감되도록 하려는 저자 본인의 목소리다.

006 ——— 서문

008 ——— 1장 · 영화는 빛나는가?

017 ——— 2장 · 영화는 사진인가?

030 ——— 3장 · 영화는 문학인가?

048 ——— 4장 · 영화는 연극인가?

066 ——— 5장 · 영화는 TV인가?

081 ——— 6장 · 영화감독은 실재하는가?

095 ——— 7장 · 스크린은 평평한가?

116 ——— 8장 · 관음증자는 누가 죽였나?

132 ——— 9장 · 멀티플렉스에도 비가 오는가?

158 ——— 10장 · 영화는 땅인가, 바다인가, 하늘인가?

183 ——— 11장 · 영화는 몇 kg인가?

212 ——— 12장 · 영화는 몇 살인가?

234 ——— 13장 · 영화는 몇 겹인가?

264 ——— 14장 · 영화는 몇 그릇인가?
　　　　　　또는 "삼켜도 삼키는 자의 것이 되는 것은 아닌가?"

293 ——— 15장 · 영화는 영원한가?

316 ——— 참고문헌

318 ——— 인명 찾아보기

324 ——— 영화 찾아보기

이 책은 『투명기계』의 보론처럼 의도되었다. 거기서 동원되는 세부사항들에 비해 그 대전제에 대한 논의는 인색했다는 나름의 판단에서였다. 그만큼 이 책은 영화의 태생적인 근본전제를 다루며, 그에 대한 질문이자 답변이다. 심히 근본적이어서 우리가 종종 잊는, 혹은 다 알고 있다고 종종 착각하는 '영화란 무엇인가' 같은 질문 말이다.

영화에 관한 많은 편견은 저 질문의 공백에서 자라난다. 영화는 다른 예술의 종합이라느니, 영화는 개인의 표현이란 점에선 예술이고 대중의 수요충족이란 점에선 상업이라느니, 한술 더 떠서 예술영화는 진실을 추구하는 반면 상업영화는 환영을 추구한다느니 하는 편견들 말이다. 하지만 이런 편견들을 면밀히 뜯어보면 거기엔 〈송신자-메시지-수신자〉라는 오래된 전제가 숨어있음을 발견하게 되며, 이는 이 책이 밝히려고 하는, 또 이 책이 아니더라도 우리가 오늘도 극장에서 몸소 경험하고 있는 영화의 존재방식과는 너무나 동떨어져 있는 것이다.

영화는 '분위기'다. 이것이 핸드폰도 극장이 되는 네트워크의 시대에도 영화를 여전히 타자성의 예술로 만들며, 개인도 커뮤니티가 되는 SNS 시대에도 영화를 여전히 군중의 예술로 만든다. 이를 간과한 언어만이 영화를 다시 케케묵은 권위주의나 감독의 신화로 되돌려 보낸다. 그것은 온갖 재미는 몸에서 찾으면서, 말로는 진정한 행복은 천당에 있다고 떠들어대는 사이비 성직자의 모습과 별반 다르지 않다.

어떤 사람들은 이런 개념이나 이론은 쓸모도 의미도 없다고 투덜거린다. 만약 당신이 그들 중 하나라면, 이 책은 당신을 위해 쓰인 것이 아니다. 당신조차 통제하고 있지 못하는, 그래서 틈만 나면 오랜 편견을 답습하고는 오늘 하루도 나는 무사했고 저 영화는 10점 만점에 몇 점이었노라고 으스대는 그 오만한 뇌세포를 위해 쓰인 책이다.

『투명기계』처럼 이 책 역시 비평집이 아니다. 나는 비평가가 될 수 없다. 그만한 배짱이 없기 때문이다. 반대로 배짱만으로도 오만이 정당화될 거라 믿는 철학적 게으름에 이 책은 저항한다. 어쩌다 못난 저자를 만난 이 책이 할 수 있는 유일한 일이다.

'영화란 무엇인가'라는 저 추상적인 질문이 책의 행간에선, 영화를 본다는 것은 무엇인가, 또 그 방식을 규정하는 우리의 말과 생각은 무엇인가로, 결국 '영화를 보는 우리는 누구인가'라는 긴급하고도 육체적인 질문으로 역전되기를 소망한다.

2019년 11월
김곡

영화만큼 역설적인 조건 속에서 태어난 예술형태가 또 있을까? 근대과학의 비약적 발전과 그 대중화에 대한 흥분과 함께 세계대전의 참혹이 덧칠된 20세기라는 그의 태동기가 그러하고, 예술과 과학의 완벽한 조화라는 희망과 저주가 뒤섞인 채 그에게 맡겨졌던 소임이 그러하다. 이후로는 귀족 부르주아에 의한 문화독점을 혁파한 대신에 역전된 방식으로 자본주의에 복무하게 되었다며 그에게 씌워졌던 오명이 또한 그러하다. 그가 다른 예술형태의 사생아라고 해도 무방할 정도로는, 최소한 서로 경쟁적이거나 적대적인 다른 분파에서 서로의 자식이라고 우겨도 말릴 이가 없을 정도로는, 그의 출생신고서는 하늘처럼 청명한 희망과 피바다가 되어버린 대지의 검붉은 절망이 뒤범벅되어 얼룩져 있었다. 영화카메라를 발명해냈던 기술자들(플라토·마레·머이브릿지·에디슨…), 최초의 영화를 만들었던 몇몇 실험가들(뤼미에르·멜리에스…), 오늘날 우리가 영화라고 부르는 포맷을 건국한 최초의 전업 영화작가들(포터·그리피스·제카·푀이야드…), 그리고 그를 혹은 그가 유혹했던 다른 예술형태들(문학·회화·음악·연극…)과의 밀당 속에서 중심줄기로부터 다시 갈라져 나온 상이한 분파들(미국·소비에트·독일·일본·이탈리아…)이 모두 시공간적으로 따로따로 나뉘어 산존한다는 사실이 그런 그의 태생적 방황을 이미 입증한다. 방황은 영화의 시대적 숙명이었다. 하지만 시대적이라고 해서 본질적이기도 한 걸까? 이 질문에 단호히 답할 수 없다면, 우린 결코 영화란 무엇인가에 대해서도 답할 수 없으리라. 왜냐하면 바로 그 방황의 형태, 이유, 목적이 결코 시대로는 국한시킬 수 없는 영화의 영원한 본성을 정의하기 때문이다. 뤼미에르의 기차가 역에 도착하고 멜리에스의 로켓이 달을 빵쳤던 그때나, 박스오피스 대신 멀티플렉스 자동발권기에서 팝콘을 들고 표를 사는 지금이나 감히 동일하다고 말할 수 있는, 100년을 버텼으므로 앞으로 100년, 그 이후에 몇 번의 100년도 버텨낼 것이라 넉넉히 짐작할 수 있는 영화의 영원만큼 끈질긴 본성 말이다.

하지만 100년이란 세월만큼 오해도 깊다. 영화에 대한 오해 중 가장 으뜸은 우리가 "영화를 본다"는 생각이다. "본다"는 것의 외연을 아무리 청각과 공감각, 3D와 4D로 확장한들 이 오해는 쉽사리 타협되거나 해소되진 않을 터인데, 왜냐하면 영화를 본다는 저 생각은 보여지는 것과 보는 자, 나타나는 대상과 인식하는 주체 사이의 거리distance를 전제하며, 무엇보다도 그 둘 사이에 가로놓여져야 할 매개로서의 빛Lumen을 전제하고 있기 때문이다. 하지만 묻자. 정말 우리는 영화를 보는 것일까? 극장에 들어서서 스크린에 이미지가 던져지면 우리를 휘감는 분위기 그대로 그 거리란 사실 접촉에 의해서 무한히 줄어든 거리의 영점에 불과하고, 스크린이 빛나기 위해 우리를 가두는 어두움 그대로 그 빛이란 실상 그림자 없이는 존재할 수 없는 광원의 효과에 불과한데도? 즉 우리가 영화를 본다는 생각은 영화의 일부로서의 네거티브, 프린트, 영사기, 스크린, 즉 극장을 사상한 채,

말하기 좋고 생각하기 좋은 극점들만을 떼어 머릿속에서 재조합한 앙꼬 빠진 도식에 불과하다. 거기다 누군가는 계몽주의를, 누군가는 사영기하학을, 누군가는 모방인류학을 덧대보았을 테지만 사정은 나아질 게 없고 앙꼬는 결코 채워지지 않는다. 결국 저 오해는 — 나중에 우리가 더 알아보겠지만 — 흡사 스크린 뒤에 송신자가 있고 스크린 앞에는 수신자가 있어서 그 둘을 스크린(정보·이미지·신호…)이 매개한다는, 역시 앙꼬 없는 삼위일체로 귀결되고 만다. 그리 말하는 자들 역시 방금 다녀온 극장에서는 분위기雰圍氣, 둘러싸임에 휩싸이고 그에 젖어들고 또 빨려 들어가, 눈을 감는다고 멈추지 않는 온몸의 전율, 온 신경의 진동을 충분히 체험했고, 또 그것을 즐거움으로 삼아 극장가는 것을 즐기면서도 말이다. 마치 롤러코스터 혹은 타임머신을 타듯 어떤 하나의 둘러싸임, 환경, 공기, 나아가 하나의 세상을 전율로 겪고 왔고, 또 그 겪음을 위해서 내일 다시 극장을 갈 것임에도 말이다. 현상학은 드러남Phänomen 혹은 빛남Erscheinung을 이야기한다. 하지만 현상을 말할 때 우리는 이미 영화를 스크린을 기준으로 송신자(이미지), 수신자(관객), 거리(빛)로 환원해놓고, 정작 그 스크린이 속하는 극장의 객관적 분위기는 무시하거나 괄시한다(하이데거가 풍문을 존재의 적으로 규정한 것처럼 일부러라도). 영화는 현상이 아니다. 현상은 진동시키진 않는다. 현상은 단지 빛날 뿐이다. 빛만으로 영화가 작동하지 않는다. 영화는 빛조차 그의 일부로 삼는 어떤 분위기로 작동한다. 영화는 눈만으로 보는 게 아니다. 눈 뒤엔 분명 시신경이, 그의 떨림이, 또 그 진폭만큼 스며드는 분위기가 있다. 외려 여전히 드러나지 않는 어떤 것, 현상의 완벽한 성공을 매번 좌절시키는 어떤 비가시적 우글거림, 시선을 송두리째 휘감아 바깥쪽으로 빨아들이는 불투명하고도 불쾌한 앰비언트Ambient가 영화의 진정한 주인공이다. 영화는 '노에마'Noema가 될 수 없다. 현상학적 환원을 매번 실패로 이끄는 분위기가 그를 막는다. 고로 영화를 본다고 하는 '노에시스'Noesis의 도식이 가려버리는 것은 다음이다. 우리에게 영화는 단지 현상으로서가 아닌, 어떤 둘러싸임이자 체험으로서만 주어지고, 세상과 닮은꼴이 아닌 완벽하게 다른 또 하나의 세상으로서만 접촉된다는 것. 한마디로 우리는 영화를 보는 게 아니라 겪는다는 것.

우리가 질문해야 할 것은 과연 영화가 보이는가 안 보이는가가 아닌, 안 보이는 이유, 저렇게 겪어 내거나 버텨낼 수밖에 없는 그 물리적·정신적 조건일 터인데, 저 오해 때문에 우린 그 대답을 알아낼 목전에서 으레 스스로 돌아서고 만다.

영화엔 거리가 없다. 영화는 거리를 경멸한다고도 말할 수 있다. 실상 20세기 초 세상에 영화가 처음 등장했을 때, 인류가 깜짝 놀랐던 것은 영화가 그 거리를 자유자재로 늘이거나 줄일 수 있는 능력, 심지어 거리를 쪼갰다가도 다시 합치는 능력이었다. 실상 뤼미에르의 기차가 관객과의 거리를 너무 잘 줄여서 소동을 일으켰고, 멜리에스의 절단된 육체가 그 거리를 너무 잘 늘려서 가끔 민폐를 일으켰다는 것은 이미 유명한 일화들이다. 영화에 대한 거리(스크린-관객)와 영화 안에서의 거리(대상-대상, 샷-샷 …)가 질적으로 다르다고 반박해봤자 소용없다. 후자는 전자에 의존해야만 하기 때문이다. 만약 영화가 거리를 사랑한다면 그것은 영화의 본성이 거리를 나누고 또 잘게 쪼개는, 그럼으로써 그를 연장하는 능력, 요컨대 거리를 연장하기 위해서만 나누고, 또 나누기 위해서만 연장하는 능력이 곧 그의 본성인 한에서다. 아마도 영화가 종합예술이라는 오해 또한, 거리를 두어 영화를 본다는 저 오해로부터 연원했을 터다. 하지만 같은 이유로 영화는 종합예술이 아니다. 영화는 사진·문학·연극을 단지 합치지 않기 때문이다. 반대로 영화는 사진·문학·연극이 그 기술적·물리적 한계 때문에 쪼개다 만 것을 더 쪼개는, 그러나 어디까지나 무엇이든 무한히 이어 붙이고 연장하기 위해 쪼갠다는 데에 그 고유한 본성이 있다(가령 사진의 프레임은 대상의 측면을 쪼개고, 문학의 시점은 의식의 관점을 쪼개고, 같은 식으로 연극에서 배역은 무대를 다면화하고 무대는 배역을 입체화한다). 이런 점에서 영화는 종합예술이기는커녕 분석예술分析-, 쪼개기이다. 더하기의 예술이기 전에 나누기의 예술이다. 태어날 때부터 그랬다. 예술로서 영화의 본성은 바로 저 "연장성"extensiveness에 있다. 화이트헤드로부터 빌려온 이 개념에 따르면, 연장은 나눠지기 위해서만 이어지고 이어지기 위해서만 나눠진다.[1] 플랑세캉스plan-séquence라는 기법이 영화에만 고유하게 존재하는 것도 영화가 사진·문학·연극이 어느 정도는 시달리곤 했 던 연속과 불연속이라는 모순을 너무나 쉽게 극복하는 "연장적 연속체"extensive continuum였기 때문이다. 그도 그럴 게 단지 문법적·개념적 층위에서뿐만 아니라 기술적·물리적 층위에서도 영화의 육체라 할 필름스트립filmstrip은 이미 불연속적 포토그램들이 연속적 끈을 이루는 연장적 연속체가 아닌가. 또한 거시적 층위로 가 봐도 바로 같은 방식으로 영화는 극장에서 극장으로, 지역에서 지역으로, 도시에서 도시로 연장됨으로써 그들을 쪼개고 또 몽타주하는 네트워크 스트립이 아닌가.

이런 점에서 영화의 연장적 본성을 가장 먼저 감지함과 동시에 그에 대한 현상학적 환원을 경고했던 이는 벤야민이었다. 그의 유명한 비유에 따르면 회화나 연극과 같은 전통예술이 마술사라면, 영화라는 새로운 예술은 외과의사와도 같다. 마술사는 거리를 두고 또 그 거리 속에 실체를 숨기지만("아우라"), 외과의사의 메스질은 실체를 남김없이 나누고 붙이고, 절개하고 봉합한다(고로 그가 보여주어야 할 것은 마지막 실체란 없다는 사실이다). 즉 외과의사는 육체 또한 연장적 연속체임을 보여준다. 하물며 영화는 아닐까. 의과대학 문턱에도 안 가보고도 샷에서 샷으로 연장하는 것(몽타주)과 동형적으로, 복제가능한

---

1. 화이트헤드의 연장성 정의에 대해서는 『과정과 실재』, 2부 2장 2절. 『사고의 양태』, 7강. "자연은 가분적이며 따라서 연장적이다."

매체로서 포토그램에서 포토그램으로, 프린트에서 프린트로 연장하는(복제가능성) 능력을 천부 받아 태어난 영화는. 연장성은 영화의 출현이 인류를 놀라게 했던 가장 근원적 이유다. 20세기의 예술로서 영화의 혁명은 '거리'를 '연장'으로 대체했다는 데에 있다.

무엇보다도 '분위기', 그것은 연장적 본성과 결코 무관치 않다. 분위기에 몰입함은 거리가 얼마든지 더 잘게 쪼개지고, 이미지가 얼마든지 더 넉넉히 연장될 수 있을 것 같은 느낌에 다름 아니다. 우리가 — 갤러리, 책상, 액자가 아니라 — 극장에서 느끼는 영화의 고유한 본성이 분위기라면, 우린 이미 빛줄기를 연장으로 대체하고 있는 셈이다. 분위기란 연장가능성extensibility 자체의 느낌이다.

"extensive-"란 용어에서도 알 수 있듯이, 연장성의 가장 강점은 ex-, 즉 바깥을 찾아내는 능력이었다. 영화도 그걸 본받았고 또 넉넉히 누리고 즐겼고. '영화를 본다'는 현상학적 오해는 궁극적으로 이 점을 놓친다. 즉 영화의 숙명과도 같은 바깥을. 연장성이 분위기의 형식인 것처럼, 분위기는 바깥에 대한 감각이다. 공간뿐 아니라 시간의 바깥.

분명 연장성은 필름스트립의 구조로부터 온다. 그리고 이 사태는 운명적이다. 우리의 육체가 지금처럼 이족보행을 하고 머리에 눈코입이 있으며 뱃속에는 오장육부가 있고 두 팔로 글을 쓰고 밥을 먹고 일을 하는 형태가 아니었다고 한다면, 경제체제와 정치체제가 지금과 같았을까? 모든 효과는 육체의 구조에 따라 달라지지 결코 그 역이 아니다. 아니 땐 굴뚝에 연기 나랴. 그러나 연기의 색깔이 굴뚝과 아궁이의 구조에 따라 달라지지 결코 그 역이 아니다.

연장한다는 것, 그것은 영화의 운명이고 권력이다. 그렇다면 영화는 단지 빛나진 않는다. 영화는 빛의 잘림과 붙음, 그 명멸로서만 존재한다. 영화는 빛나기 전에 반짝인다.

꺼졌다(자르고) 켜졌다(붙이고) 한다.

2장

영화는 사진인가?

물론 영화보다 먼저 터를 잡았던 사진, 문학, 연극이 연장을 아예 못 하거나 안 하고 있었다고 할 수 없다. 실상은 정반대로서, 그들은 각각의 방식으로 ― 심지어 오늘날의 현대영화마저도 범접할 수 없는 어떤 차원까지 ― 훌륭히 연장을 수행하고 있었다. 영화는 그것을 자신만의 방식으로 할 뿐이다. 일단 사진부터 보자.

1816년경(니엡스), 또 1839년(다게르)과 1840년(탈보트) 사진이 처음 태어났을 때, 그 놀라움은 으레 회화에 상대적인 것이었다. 게다가 셔터장치나 감광제가 더 정교하게 개발됨에 따라, 노광시간이 현저히 짧아지고 감도가 높아짐에 따라 회화와의 비교는 더더욱 절대적이 되었다. 즉 사진은 화가가 아무리 모사하려 해도 모사할 수 없는 수준의 디테일까지 묘사해낸다는 것이다(실제로 다게르는 오페라극장 무대배경을 그리는 화가였다). 이 묘사력은 단지 사물의 미세한 부분이라는 공간적 수준에 국한되지 않았다. 카메라의 셔터가 더 정교해짐을 가정해본다면, 사진은 시간의 미세한 부분, 즉 순간마저도 포착할 수 있다는 희망을 불러왔다(그리고 그것은 이후 실제로 실현되었다). 모든 측면에서 사진의 출현은 당대 도래하고 있던 질병매균설의 충격에 맞먹는 효과였을 터다. 사진은 문자 그대로 식역하識閾下, subliminal의 지각을 예술에게 가져다주었다.

하지만 이 상대적 놀라움으로부터 또 하나의 오해와 편견이 생겨났는데, 그것은 바로 '사진은 투명하다'는 그릇된 생각이다(이 오해는 오늘날까지도 이어진다!). 하지만 이는 사진에 있어서 '올베르스의 역설'이다. 사진이 투명하단 생각은 영화를 본다는 생각만큼이나 깊은 오해다. 왜냐하면 사진이 식역하의 지각인 만큼, 지각하는 부분과 그 순간을 선택하는 일은 의역하^意閤下, subliminal will이기 십상이기 때문이다. 사진은 본성상 사진사의 통제권을 벗어나 있다. 게다가 여기서 채워야 할 것은 공간만도 아니다. 여기엔 아무리 사진가가 눈치가 빠르고 셔터를 누르는 손가락이 빠를지라도 해소되지 않는 시간의 간극도 포함되어 있다. 사진이 포착하는 것이 가장 미세한 시간, 즉 순간이라면 그것이 순간의 사태를 포착하는 만큼, 그것은 이미 벌써 소멸된 사태를 포착하기 때문이다. 심지어 그 순간이 작아지고 미세해질수록, 사진은 사진가의 뜻과 앎에서 점점 더 멀어지거나 배치되는 디테일들을 포착하게 될 것이다. 즉 사진은 더 많은 현재를 담을수록 그만큼 더 많은 과거를 담는다는 역설이 사진의 본성이자 운명이고, 그 고유성이다. 이런 점에서 사진은 결코 투명하지 않다. 사진이 투명하려면 사진가의 관점이 전지적이거나 셔터 누르는 손가락이 빛보다 빠를 정도로 전능하거나 둘 중 하나여야 한다. 사진은 시간에서 취하는 본성상 그 투명성에 불투명성을 반드시 포함한다. 그것은 전적으로 사진이 어떤 대상보다도 시간을 먼저 마주하는 예술임을 말해준다. 즉 사진의 불투명성은 시간의 원초적 시제인 '소멸'이라는 사태로부터 기인하는 불투명성이다. 사진을 찍는 순간, 그것은 흘러가버렸고, 흘러가

버림을 통해서만 그 순간은 찍힌다. 회화가 원근법을 통해 자연에 대해서 하던 것을, 사진은 순간성을 통해 시간에 대해서 한다. 사진은 순간을 우리 앞에 둠으로써 우리가 어떤 순간을 잃어버렸고, 그 순간 없이 다시 지금을 살아가고 있음을 증명한다. 과거의 불투명성은 현재가 투명하기 위해 지불되는 기회비용이다. 이 기회비용을 삭감할 방법은 없다. 이 비용을 기꺼이 지불한다는 데에 시간예술로서의 사진의 고유성이 있기 때문이다. 이 비용을 화가의 붓질 노동으로 메꾸려고 한다는 점에서라면 회화가 사진보다 더 투명하다. 사진은 회화와 경쟁하는 게 아니라, 시간과 경쟁하는 것이다. 그 소멸에의 의지를.

바르트의 사진론은 가히 독보적이다. 바로 저 소멸이라는 사태가 사진예술의 가장 원초적인 대상임을, 과거함이 그의 가장 근본적인 시제임을 보여줌으로써, 사진학에 있어서의 올베르스의 역설을 해결했기 때문이다. 또 바르트는 과거함의 시제에 반드시 포함되는 저 불투명성에 "푼크툼"punctum이라는 올바른 명칭을 부여했다. 말 그대로 구멍, 빈틈, 틈새다. 사진은 소멸한 자의 특권과도 같은 상흔이다. 그것은 현재의 터줏대감 행세를 하는 코드화된 의미들을 비집고서, 보는 이의 시선과 감정을 포획하여 영원히 해독불가능한 심연으로 끌어당긴다. 아니, 차라리 빨아들인다. 이런 점에서 분명 사진도 연장한다. 사진은 죽은 자와 산 자, 그 소멸과 순간, 과거와 현재를 쪼개고 붙인다. 푼크툼이 그 접착제다. 푼크툼은 선험적 기억상실이다. 너무나 유명한 바르트의 문장 그대로 별이 소멸한 뒤에나 지금 여기에 당도하는 그의 빛줄기처럼, 사진은 그 경험 이전에 이미 소멸한 것을 현재의 시선에게로 연장한다. 사진은 연장하되 과거의 연장인 셈이다. 이를 사진보다 잘하는 예술형태는 아직은 크로마뇽인의 동굴벽화밖엔 없다.

사진의 연장적 본성은 그동안 너무 기술적 측면에만 국한되어 왔고, 심지어 혼동되어 왔다. 특히 그로부터 영화 프린트의 보급이 파생되었다는 이유만으로 사진의 연장성은 프린트의 연장성으로 심각하게 대체되어 왔다. 물론 사진의 기술적 연장성이 사실이 아닌 것은 아니다. 다게레오타입을 제치고 칼로타입이 경쟁에서 살아남은 것은 묘사력은 좀 떨어져도 노광시간이 짧고 비용도 적게 들며, 무엇보다도 네거티브가 있어서 여러 벌의 프린트를 낼 수 있어서였다. 즉 다게레오타입보다 연장성이 좋아서였다. 게다가 사진이 귀족예술로 남는 동안 영화가 산업쪽으로 더 쉽게 진출할 수 있었던 것도 사진으로부터 물려받은 그 기술적 연장성 덕분이었고. 카벨의 말처럼 사진은 여전히 수많은 원본을 가지는 데 그친다면, 영화는 원본의 수많은 현현을 가진다. 하지만 사진의 연장성이 프린트의 연장성은 아니다. 전자가 본성적이고 내적이라면, 후자는 기술적이고 외재적이다. 이 둘을 혼동할 때 우리는 다시 현상학으로 돌아가게 된다. 왜냐하면 사진의 과거시제 연장성에서 드러나는 것은 결코 드러나지 않았던 것, 나아가 영영 드러나지 않을 것, 현상의 틈새("푼크틈")이기 때문이다. 사진의 연장적 본성은 과거 쪽으로 침잠하는 시간의 선이 굽어지고 찢겨지며 난 균열, 빈틈, 틈새만을 드러낸다. 그것은 복제될 수 있을지언정 복제가능성으로부터 산출된 것은 아니다.

고로 외려 문제는 사진이 연장함으로써 드러낸 틈새를 영화가 어떻게 접수했는가 하는 것이다. 많은 작가가 이미 다양한 대답을 내놓았다. 대표적으로 크라카우어의 간단하지만 현명한 대답은, 영화는 틈새를 연장한다는 것이다.[1] 실제로 독일 표현주의 영화에서 빛 안으로 또 그 밖으로 연장되는 어둠이 그러한 틈새의 기능을 대신했다(그리고 거기에 스며든 대중의 공포와 불안, 권력의 그림자가 이미지에 인장되므로 어떤 영화도 어느 정도까진 대중무의식에 대한 다큐멘터리가 된다고 크라카우어는 논했다). 잘 알려져 있진 않지만 마야 데렌도 그 대답을 내놓은 이론가 중 한 명이다. 그녀의 좀 더 복잡하지만 정교한 대답은 영화는 틈새를 입체화한다는 것이다. 데렌에 따르면 회화는 머릿속 이미지를 모사하는 반면 사진은 실재 이미지를 모사하는데, 바로 이 때문에 사진의 경우 실재대상과 그 이미지 사이엔 작가의 창조적 상상력을 배제하는 "폐쇄회로"closed circuit가 성립한다. 하지만 영화는 저 폐쇄회로를 편집·모터·렌즈의 조작

---

1. Siegfried Kracauer, *Theory of Film*, Princeton University Press, 1997. 서문, "영화는 본질적으로 사진의 연장이다."

을 통해 쥐락펴락할 수 있다. 즉 영화는 사진적 폐쇄회로를 수축·팽창시킬 수 있다. 데렌이 볼 때 여기에 영화적 상상력이 개입하는데, 그것은 결코 사진의 실재적 이미지를 훼손하는 것이 아닌, 그를 변형시키거나 다면화함으로써 그보다 더한 실재성을 얻어내는 방식, 즉 사진적 폐쇄회로의 외부가 아니라 내부로부터 어떤 초시간적 실재성(그녀 용어로는 "신화적 실재성"mythical reality)을 끌어올리는 방식에 의해서다. 그도 그럴 것이 사진은 하나의 소멸된 바 있는 순간을 포착하는 반면, 영화는 한 순간과 다른 순간 사이의 '관계', 소멸이 진행되거나 완결되는 그 '과정'을 포착한다("변형은 하나의 프레임이 아닌, 여러 프레임들을 통해서만 일어날 수 있다"). 게다가 카메라 모터와 편집술은 그에 어떤 등급과 차수를 부여할 수도 있다. 한 장의 사진은 폐쇄회로를 성립시켜 실재를 발견하는 데 그친다면, 여러 사진들로 이루어진 영화는 폐쇄회로를 조작하여 더는 발견과 발명, 기록과 상상이 구분되지 않는 초월적 실재를 얻어낸다. 이것이 데렌이 1946년, 1960년에 쓴 중요한 두 글의 요약이다.[2]

결국 사진이 실재를 기록하고 모사한다면, 사진에 기반할 뿐이지 사진과는 전혀 다른 영화는 실재를 어떻게 하는가? 데렌이 제시한 아름다운 술어는 "빌린다"borrow이다. 영화가 사진에게서

---

2. Maya Deren, "An Anagram of Ideas on Art, Form and Film"(1946), "Cinematography : The Creative Use of Reality"(1960), *Essential Deren*, McPherson & Company, 2005.

확보한 사실성이 회화에 있어서의 질료나 재료처럼 기능한다는 뜻이다. 사진이 실재를 훔친다면, **영화는 실재를 빌려온다.** 이보다 영화작업에서 헌팅이 가지는 가치와 의미를 잘 표현하는 술어는 없으리라. 로케이션 촬영에서 서울이 아니라 굳이 울산을 헌팅하는 이유는 서울에는 없는 무언가가 울산에 있기 때문이고, 동대문이 아니라 굳이 남대문을 헌팅하는 이유는 동대문에는 없는 무언가가 남대문에 있기 때문이다. 이 얼굴이 아니라 저 얼굴을 굳이 헌팅하는 이유는 이 얼굴에 없는 무언가가 저 얼굴엔 있기 때문이다. 또 그 선택의 이유는 단지 더 그럴듯해서가 아니라, 그 그럴듯함에 영화에 필요한 분위기와 질감이 내포되어 있기 때문이다. 그리고 이는 선택된 그곳이 시간을 통과하며 퇴적시킨 역사적 흔적들과 과거로부터 계승되어 오는 사회적 문맥들과 결코 무관치 않다. 그 퇴적층과 문맥들은 필름스트립처럼 엉켜있다. 사진이 그들을 한 단면에 잘라내는 반면, 영화는 더 잘라서 더 탐색할 수 있다. 즉 사진은 "푼크툼"을 단지 보여준다면, 영화는 "푼크툼"을 이리저리 굴려 다면화·다층화·다각화한다.

영화가 그 사진적 본성을 통해 실재성을 빌려오는 것이 사실이라면, 갚긴 갚는가? 영화는 갚는다. 최소한 데렌은 그렇게 믿었다. 그리고 그 이후 미국 언더그라운드 작가들뿐만 아니라, 이중노출과 플래시백 문법을 혁신했던 데렌과 동시대 미국 작가들은 그렇게 믿었다. 비록 사진적 본성을 버릴 수 없는 영화는 사진적 폐쇄회로를 통해 실재적 이미지를 빌려오지만, 그 틈새로부터 다른 과거-이미지의 세세한 줄기들을 분기시키거나 파생시킴으로써, 세계로부터 진 빚을 청산한다. 이것이 영화가 "푼크툼"을 전용하는 방식이다. 영화는 운동 속에서만 푼크툼을 취할 수 있으므로, 푼크툼은 시선보다는 운동의 분열점을 먼저 형성한다. 고로 정지된 사진에서 푼크툼은 기억에 숨거나 드러나는 것으로 충분했던 반면, 영화에서 푼크툼은 기억의 분기점 혹은 합류점으로 작동한다. 특히 1950년대 미국 플래시백 작가들이 이렇게 하였다(미넬리, 맨키비츠, 웰스). 우린 여기서 작가의 연출에 의해 미장센 된 증거(가령 탐정영화에서 눈치 채기 어렵게 제시되는 단서나 물증)에 대해서 말하는 건 아니다. 푼크툼은 증거는 아니기 때문이다. 외려 푼크툼은 어떤 것에 대해서도 물증이 될 수 없는 만큼 어떤 것에 대해서도 순수한 심증이 될수 있는 것이어서, 영화도 전용할 수 있는 것이 된다. 가령 맨키비츠의 영화에서 한 인물의 사소한 행동, 거의 감지되기 어려울 정도로의 미세한 표정 하나하나가 현재의 틈새로서 기능하며, 다르게 가능했을 여러 과거들이 드나드는 출입구를 제공한다(〈이브의 모든 것〉). 또 하나의 과거는 다른 과거 속에서 푼크툼이 된다(〈세 부인에게 보내는 편지〉). 이것은 흡사 여러 다른 과거들이 서로를 푼크툼으로 삼음으로써 기억의 단면을 증식시키는 틈새의 큐비즘이라 할 만하다. 이런 점에서 영화에서 푼크툼은 전이되고 확산되어 반향된다고도 할 수 있다(웰스의 〈악의 손길〉에서 메아리처럼). 지금 현재에서 하나의 과거로, 하나의 과거에서 다른 과거로 점점 더 멀어지며, 끝내 어떤 과거도 가능했기에, 어떻게도 현재가 되지 못하는 대과거까지 푼크툼은 연장된다. 이런 의미에서 가장 유명했던 푼크툼은 시민 케인의 "로즈버드"였다(유럽 쪽에선 레네의 "히로시마", 한국에선 임권택의 "길소뜸"). 또한 곧이어 파운드 푸티지 영화들은 푼크툼의 직접적인 연장에 도전했다(코너, 쿠벨카, 제이콥스 등). 기억의 층을 내려가기, 층마다 분기되기, 분기되었다가도 다시 합류하기, 이런 것들은 사진은 할 수 없는 바다(혹은 관객의 머릿속에서만 할 수 있다). 그런 것들은 한 장의 사진 안에서가 아니라, 여러 장의 사진들 사이에서 일어나는 일이기 때문이다.

물론 푼크툼을 영화에 가장 적극적으로 끌어들였던 사조는 독일 표현주의였다(비네, 무르나우, 파브스트). 그 과업은 정작 자신은 보이지 않지만 모든 보이는 것에 산포되어 사물들의 흐름을 굴절시키고 왜곡하며 역전시키는 거대한 초인간적 푼크툼, 차라리 블랙홀을 제작하는 것이었다. 독일 표현주의는 다른 어떤 리얼리즘 사조보다도 사진의 힘을 믿고 있었다. 사물의 이면, 그림자, 그 네거티브의 영혼까지 기록하는 그 마성을(특히 무르나우와 파브스트의 왜곡화면과 이중노출 화면). 그들은 영화를 회화처럼 했지만, 그러기 위해서 먼저 회화를 사진처럼 했다. 독일 표현주의는 회화와 영화의 유사성을 인식했다기보다는, 회화와 사진의 차이를 인식했던 최초의 영화 사조로 남을 것이다.

노스페라투가 사라진다. 차라리 흩어진다. 시간의 어둠 속으로. 이 장면은 니엡스의 최초사진에 운동을 추가한 것이 아니다. 그것은 니엡스의 백납판 앞에서 피사체가 8시간 동안 겪었던 바로 그 운동이다. 시간의 네거티브 속으로.

분명 사진은 영화에게 회화의 품격을 유지해주는 빛으로 된 물감이자 할로겐 화합물로 된 캔버스다. 그러나 거기엔 빛만 있는 게 아니다. 거기엔 반드시 그의 네거티브, 그림자, 역사의 상흔, 그 예측불가능성의 빈틈이 끼어들며, 이것이 영화를 회화로부터 부쩍 떨어뜨려 시각의 예술과 구분되는 시간의 예술로 만든다.

빌렘 플루서는 미디어 시대에 사진은 투명하기는커녕 불투명하여, 그 개개의 선택에 있어서 불투명한 한에서만 전체적인 투명성을 취하는 체계, 즉 "블랙박스"를 이룬다고 말한다.[3] 다양성마저 프로그램되어 버렸다는 냉소와 비판이겠으나, 이보다 사진과 영화의 관계를 더 잘 소묘할 순 없을 것 같다. 사진의 푼크툼이 블랙홀이라면, 영화의 푼크툼은 블랙박스다. 어떤 현재를 입력하면 어떤 과거가 나올지가 전적으로 우연적인, 그러나 더더욱 복잡해질 것만은 필연적인, 틈새의 체계.

사진은 실재를 훔쳐와 꿍친다. 푼크툼이 그 장물이다. 그러나 영화는 실재를 빌려와 갚는다. 푼크툼이 그 이자다. 영화는

---

3. 빌렘 플루서. 『사진의 철학을 위하여』, 윤종석 옮김, 커뮤니케이션북스, 1999. 8장.

푼크툼을 놀리고 불린다. **영화는 푼크툼을 연장한다.** 스냅사진들이 어두운 경계부(스플라이싱 영역)로 다닥다닥 붙어있는 필름 스트립이 이미 그렇게 생겨먹었다. 사진이 머릿속에서 하는 것을 영화는 실질적으로 한다고도 말할 수 있다. 하지만 영화가 사진으로부터 달라지는 것은 영화가 사진의 본성("폐쇄회로")을 계승하기 때문이지, 결코 그것을 거부해서가 아니다. 영화의 고유함은 기록의 매체임을 거부하는 데에 있지 않고, 기록되는 과정, 한 이미지가 소멸되고 또 불멸되는 과정까지 상세히 분해해서 보여줌으로써 지나치게 철저한 기록의 매체가 된다는 데에 있다. 이것이 마야 데렌이 "추상적 삼각형은 빠르거나 느리게 갈 순 있어도, 슬로우모션으로 갈 수는 없다"[4]라고 말할 때의 본뜻이다.

무엇보다도 파운드 푸티지 전통의 존재는 영화가 그 사진적 본성에 입각하여 푼크툼을 실질적으로 동원하여 연장한다는 사실의 강력한 증거다. 바르트의 말대로 모든 사진은 푸티지다. 하지만 파운드 푸티지 영화는 그를 검시하고 부검한다. 푼크툼을 단지 전시하는 게 아니라, 푼크툼을 해부한다. 자르고 붙인다. 과거에도 내재할 미래의 가능성, 과거가 미래로 변환되는 그 번쩍이는 섬광을 재발견해내기 위해서다.

---

4. Maya Deren, "Cinematography : The Creative Use of Reality"(1960), *Essential Deren*, p. 121.

영화는 분명히 사진은 아니다. 그러나 그 이유는 영화가 사진을 넘어서거나 그보다 우월해서가 아니라, 그를 운명처럼 속박하는 사진적 폐쇄회로를 과거와 동시에 미래 쪽으로 연장하기 때문이다.

영화는 사진이 아니다. 영화는 사진을 연장한다.

3장

영화는 문학인가?

문학으로 가보자. 가장 오래된 예술형태인 문학을 영화는 거부할 수도 있었을 것이다. 100살도 안 된 신참에게 너무 먼 선배는 존경보다는 무시가 더 쉬운 대처일 테니까. 그래서 영화가 편집술을 완성하자마자 문학을 기꺼이 초빙했을 때, 그것은 존경심보다는 이기심의 발로였다. 영화는 문학을 전적으로 실용적인 수준에서만 수용한다.

영화가 문학에서 먼저 이끌렸던 것은 무엇보다도 말(흔히 "언표"로 번역되는)이다. 시각에 먼저 호소해야만 하는 강박에 시달리는 영화로썬 얼마나 숨통 트이는 돌파구였을까. 그중에서도 독백이라는 특수한 형식은 현대소설까지 줄기차게 이어질 문학의 가장 큰 강점이었고, 영화가 가장 먼저 시샘해야 할 아이템이었다. 내적 독백은 시각에 구속되지 않는 자유로운 묘사, 즉 보이지 않는 것에 대한 묘사이기 때문이다. 특히 누구보다도 문학과 언어학에 관심이 많았던 에이젠슈테인은 유성영화가 등장하기 이전부터, 또 등장한 이후에는 더더욱 강박적으로 몽타주에게 내적 독백의 기능을 열망했고 요구했다. 그리고 그것은 몽타주와 변증법, 영화적 운동과 사회적 반응 사이의 일치를 통해 고양되는 "지적 영화"intellectual cinema 프로젝트로 이어졌다. 에이젠슈테인 자신이 여러 방법론을 제시했지만(계량·리듬·음조·배음·지성 몽타주), 결국 "지적 영화"란 보이는 이미지로부터 보이지 않는 이미지, 즉 "개념"을 추출해내는 영화로서, 그 변증법적 도약이 곧 영화에겐 창발적 독백이 되고, 그 변증법적 울림이 곧 의식에겐 목소리의 자발이 되는 그런 영화였다. 확실히 그건 목소리였다. 에이젠슈테인이 변증법을 파동으로 간주했었다는 사실 때문만이 아니라, 지적 영화에서 개념이란 이미지로 묘사할 수 있는 게 아니라 유비하거나 은유할 수밖에 없다는 사실 때문에 더더욱 그렇다. 에이젠슈테인에게 '은유'와 '견인'이 동일한 의미이고 기능이었던 것은 그 둘 모두가 개념의 산출을 목표로 하기 때문이다. 에이젠슈테인은 그리피스를 비난했다. 그의 몽타주가 지나치게 환유적이라는 것이다. 즉 미국 몽타주는 개념의 산출은 뒷전으로 미룬 채 보이는 것만 본다는 것이다. 에이젠슈테인은 영화가 언어라고 확신했으나, 그것은 이렇게 보이지 않는 것을 보고, 그로써 의식을 견인한다는 조건 아래서였다.

이를 다시 비난한 건 스탈린이었다. 그는 에이젠슈테인의 행보를 끝내 요양원의 그늘로 처박아 좌절시켰고, 1930년대 계급언어 논쟁을 일갈하며 스탈린은 언어에서 더 이상의 견인은 없다고, 나아가 언어 자체엔 원래 견인의 능력이 없었다고 선언해버렸다(민족언어론은 변증법을 진화론으로 대체한다). 에이젠슈테인이 영화가 말이 되기를 열망했던 것에 결코 뒤지지 않는 기백으로 스탈린은 말이 영화가 되지 않기를 열망했다.

사실 많은 언어학 및 기호학이 영화의 형식을 말의 형식과 동일시하려고 했지만(프라하학파, 러시아 형식주의, 구조주의-정신분석학…), 이는 쉽지 않다. 일반적으로 영화가 말에 끌리는 것은 그 형식이 아니라 그 대상이 독특해서다. 영화는 이미지의 가시적 내부를 지시하는 게 아니라, 그 외부를 지시하는 한에서만 말을 차용한다. 그 대상은 여기 없다(이런 점에서라면 러시아 형식주의보다 정신분석학이 더 유리하겠으나 이번엔 죽음충동이 발목을 잡는다). 이것이 영화가 말에게서 가장 질투하는 바다. 말은 투시한다. 모더니즘적 입장은 으레 문학의 연대기를 양분하지만, 근대 이전에 투시된 것은 내면과 일치하고(서사시·총체성·이데아), 근대 이후에 투시된 것은 내면과 일치하지 않는(소설·개인·소외) 차이가 있을 뿐, 말이 투시한다는 것만큼은 3,000년 동안 동일하다. 오디세우스부터 라스콜리니코프까지 문학의 역사는 투시하는 자와 투시되는 것, 그 궁합의 역사였다. 심지어 성서도 그렇다. 문학의 대상은 언제나 미래에 먼저속한다. 문학은 오지 않은 것, 오지 않는 것, 올 수 없는 것만을 본다. 투시한다. 그것이 과거지향적 태도를 취할 때는 외려 이 투시를 더 잘하기 위해서다. 가령 노스럽 프라이는 낭만주의 시기의 로맨스가 역사물 형식을 차용함으로써 생존하고 또 번성했음을 보여주었다.

영화에선 어땠을까. 영화도 투시하고자 했다. 그리고 투시하려는 그의 모든 시도가 이미 언어학에서 말하는 은유와 환유를 닮아 있었던 것도 사실이고. 하지만 영화는 문학이 하던 것을 자신이 더 잘 쪼개고 붙일 수 있는 방식이 아니면 하지 않았다. 가령 무성영화는 말의 투시를 빛의 과소노출과 과대노출로 대신했다. 무성영화 시기에 투시를 대행했던 두 가지 대표적 문법, 그림자와 클로즈업이 그것들이다. 그림자는 독일영화(비네, 무르나우), 클로즈업은 미국영화(그리피스, 랭던, 채플린)가 선구했다. 보이는 것의 이면을 드러낸다는 점에서 어둠의 표현주의express-와 얼굴의 인상주의impress-는 동근원적이다(표현주의 영화의 명암법에 대해서 발라즈가 "우주의 찌푸린 얼굴"이라고 말한 것, 그 분위기에 대해서 아이스너가 어둠의 "인상들"이라고 말한 것은 매우 정확한 표현이었다). 무성영화 시기 올 수 없는 것과 볼 수 없는 것은 같은 의미였다. 빛이 말을 대신하고 있었다. 시선이 통사론을, 그 굴절과 회절이 의미론을 대신하고 있었고. 그러나 유성영화가 도래하자마자, 영화는 말을 최대한 수입하는 데에 거리낌이 없었고, 그동안 말을 대신해왔던 얼굴, 명암, 몸짓을 기꺼이 갈아치웠다(최대 피해자는 무성 코미디였다). 유성영화 초기를 대변하는 두 가지 투시 형태는 내레이션과 잡담이다. 전자는 지나친 객관주의로서, 여기서 말은 최소화되어 권위적이 되나 그 공백은 더욱 커져 마지막 심판의 무게는 더더욱 무거워진다. 후자는 지나친 주관주의로서, 여기서 말은 최대화되어 의미의 치환이 자유로워지나 그만큼 그 최종판단은 더더욱 헷갈리게 된다. 전자는 유럽 종교영화(드레이어, 베르히만)와 느와르 영화(랑), 후자는 미국 코미디, 특히 스크루볼(혹스, 카프라, 맑스 형제)이 선구했다. 라이프니츠식으로 말한다면, 내레이션의 경우 말의 디플레이션에 의해 그 의미는 판명distinct할수록 애매obscure해지고(특히 드레이어, "말의 클로즈업"), 잡담의 경우 말의 인플레이션에 의해 그 의미는 명석^{clear}할수록 혼잡^{confuse}해진다고도 할 수 있다(특히 맑스 형제, "flash-flesh-fish-flask-flush …"). 영화는 옹알이마저 반데카르트적으로 했다.

투시는 기억이나 예측이 아니다. 그것은 상상, 몽상, 차라리 환각, 오지 않는 것에 대한 비전이다. 이런 점에서 문학과 경쟁하려던 영화 사조는 초현실주의였을 것이다. 초현실주의는 순수한 몽상만으로도 영화가 말할 수 있으리라 믿었고, 연상작용이 은유를, 데페이즈망이 환유를, 이미지의 자유연쇄가 내레이션을 대신하리라 믿었다(특히 20년대 유고슬라비아 유파, 이후 50년대 레트리즘 유파는 이미 눈을 감은 채 머릿속에 써지는 텍스트나 심지어 소리와 냄새로도 존재하는 영화를 시도했다). 문학과 영화를 이야기하면서, 그 필연적 뚜쟁이가 되는 초현실주의를 빼놓는 것은 정말 이상한 일이다. 아마도 그 이유는 초현실주의를 특정 시기와 지역에 국한되어 지금은 쇠퇴해버린 유파로 간주하는 지식의 습관 때문일 터인데, 사실 일반적으로 말해 초현실주의는 말없이도 말하려는 모든 태도이다. 당대에도 그리고 오늘날까지도 초현실주의 영화가 행여나 문학과 내외한다면, 이는 그가 문학을 싫어해서가 아니라 외려 그 자신이 너무도 순수한 문학이고자 하기 때문일 것이다. 현실 너머의 대상이 모든 문학적 대상이 되고, 그 투시의 순수한 연장이 곧 이야기가 되는 그런 자동문학("자동기술법") 말이다.

빛 혹은 의미를 희박화시키든 과포화시키든, 영화는 환유

(쪼개기)와 은유(붙이기)가 투시의 방식인 한에서만 문학과 결탁한다. 즉 영화는 투시를 연장한다. 이것이 말하기를 대충 다 익힌 영화가 왜 그토록 신화적 인물 혹은 낭만적 인물(예수·잔 다르크·서부자·갱스터·싸이코·흡혈귀 …)에 끊임없이 이끌려 왔는지를 설명해 준다. 그들은 투시하는 자들이다. 몽상하기 때문이다. 또 왜 그토록 셰익스피어적 캐릭터가 영화에게 무모한 도전심을 불러일으켜 왔는지도 설명해 준다. 셰익스피어의 인간은 으레 투시불능자, 혹은 투시는 되는데 더 연장하지는 못하는 연장불능자다("사느냐 죽느냐, 그것이 문제로다"). 반대로 카프카나 곰브로비치 같은 작가들은 모든 연장을 문학 안에서 끝내려고 하므로 영화화가 어렵다. 그런 점에서 웰스가 〈심판〉에서 보여준 투시와 연장성은 가히 초월적이라 할 만하다. 어떤 점에선 지나치게 초현실주의적인. 문학과 영화의 가장 분명한 대조는 프루스트, 보르헤스와 루이즈 간의 관계일 것이다. 프루스트가 잃어버린 시간을 찾으려 했다면, 루이즈는 그 시간을 정말 찾아서 보여준다. 시간이 아니라 그 잃어버림을 연장함으로써. 그 간극, 구멍, 공백 안에서 정박항으로부터 뿌리 뽑혀 부유하고 있던 사물의 초현실주의를 투시해냄으로써(〈되찾은 시간〉).

기법적으로나 주제적으로나 모든 경우에서 영화의 말은 단지 정보를 주는 게 아니다. 차라리 그것은 정보를 박탈하는 것으로서, 지금 여기 없는 것에 대한 정보를 주는 일에 사활을 건다. 이런 점에서 영화의 계열체를 은유가, 그 통합체를 환유가 독점하는 법은 없고, 영화에선 으레 은유와 환유가 교차해서만 존재한다고 보는 것이 합당할 것이다. 영화는 결국 계열체적인 동시에 통합체적 외부를 지향하기 때문이다. 의미화되지 않는 그 외부를. 진정 현실 너머를. 이것이 영화가 말에게 기대했던 바다. **영화는 말이 실패하는 능력을 질투했다.** 그 전달력이 아니라. 그 대상과 형상적으로 일치하지도 않을 수 있다는 말의 가능성이 영화를 매혹시킨다. 총체성의 균열부에서 태어난 모더니즘 예술 중 막내인 영화로선 더더욱 그렇다. 말의 궁극적 대상은 지금 여기 없고, 영원히 없을 어떤 것, 하지만 바로 그 때문에 아무것도 아닌 것은 아닌 어떤 것, 즉 영원히 오지 않을 것이다. 미셀 시옹은 영화의 목소리는 운명적으로 유령의 목소리라고 썼지만, 좀 더 정확히는 영화의 목소리는 과거의 대상뿐만 아니라, 결코 온 적도 없고, 앞으로도 오지 않을 대상까지 지시하므로 유령적이다. 설령 그것이 대과거와 공모를 했더라도 여전히 미래의 대상이다. 未來, 문자 그대로 오지 않는 대상. 영화가 가장 총애하는 문학작품은 『고도를 기다리며』다.

떠돌이 찰리는 맹인 소녀 앞으로 온 것이 아니다. 소녀는 그를 본 적이 없으므로 그의 몸뚱이가 도래할지언정 찰리 자체는 결코 도래할 수 없다. 소녀는 찰리를 투시했다. 결코 도래할 수 없으므로 투시될 수만 있는 대상, 그 초언어적 고유성, 이것이 이 장면을 가장 영화적인 말인 동시에 가장 문학적인 클로즈업의 한 사례로 지금까지도 남도록 한다(〈시티 라이트〉).

영화에 고질적으로 대입되어 오던 의미론과 수사학에 대해서도 첨언해야겠다. 영화기호학은 영화의 고유성이 이미지를 말로, 사물을 기호로 변형시킨다는 데 있다고 말한다. 옳다. 그런 측면에서 영화의 모든 화술과 효과는 은유와 환유라는 것도 옳다. 하지만 같은 이유로 영화는 은유 없는 환유, 환유 없는 은유는 취하지 않는다고 말해야 옳다. 또 영화가 편집 없이도 환유(그리피스)를 만들고, 디졸브 없이도 은유(에이젠슈테인)를 만들 수 있음은 저 사실의 예외가 아니라 바로 저 사실 덕분으로 가능한 일이며, 궁극의 환유는 가장 먼 것으로의 전위(제유)이고, 궁극의 은유는 가장 닮지 않은 것과의 압축(역설)이라고 말해야 옳다. 왜냐하면 영화의 모든 기호가 궁극적으로 지시하는 바는 계열체적인 동시에 통합체적인 외부이기 때문이다. 이것이 실상 (특히 구조주의 및 정신분석학과 결합된) 의미론과 수사학을 영화에 적용했을 때 우리가 얻을 수 있는 최대치의 교훈이리라. 즉 영화의 모든 이미지가 은유하거나 환유하는 것, 이는 영화가 계열체와 통합체 내부에 기재되어 있지 않은 것만을 지시한다는 것, 즉 아무리 압축하고 전치시켜도 다 드러나지 않을뿐더러 그럴수록 더더욱 독립성을 챙기는 대상만을 지시한다는 것을 의미한다. 그것은 미래하는 대상이다. 기호학은 고도Godot를 잊고 있다.

프로이트는 〈영혼의 비밀〉(파브스트)의 제작 참여를 제안받았으나 거절했다. 그가 두려워했던 것은 영화의 육체가 전시하는 미래의 시시함이 아니라, 그 시시함의 미래성이었다. 시간 이 편에서 압축하고 전치시킬수록 더더욱 고집스레 시간 너머에 자리를 잡으며 음흉한 동시에 자비롭게 미소 짓는 어떤 대상….

　이런 점에서라면 — 실천적 측면에서 자유간접화법을 제외한다면 — 이론적으로 영화에 가장 적용가능한 문학이론은 노스럽 프라이의 것이다. 그는 문학이 정신분석학과 연관된다면, 문학의 대상이 단지 억압된 대상("트라우마")이 아니라 개별화personalized되거나 개체화되는individualized 대상, 즉 "원형"archetype임을 보여준다.[1] 이 역시 계열체적으로 아무리 큰 주관에 압축해 봐도 나오질 않고, 통합체적으로는 아무리 먼 과거로 전위해 봐도 이르지 않는 미래의 대상("몽상")이다. 이에 대한 거의 완벽한 사례라 할 두 편의 잔다르크를 보자. 델타이의 소설로부터 시작한 드레이어의 〈잔다르크의 열정〉과 브레송의 〈잔다르크의 심판〉은 프라이가 구분했던 로맨스romance와 소설novel(형식적인 측면에선 고백confession과 아나토미anatomy)에 각각 대응하는 것처럼도 보인다. 그만큼 두 영화는 공통의 문학적 지반으로부터 시작한다. 즉 잔다르크는 원형을 투시하는 자다. 그런데 여기서 원형이란 얼굴(드레이어)이나 공간(브레송)이 그들의 외부에서 쪼개지고 다시 붙는 식으로만 존재하므로, 정신의 부활이나 육체의 죽음이 개입하기 전까진 결코 도래하지 않는 대상이다. 즉 그녀

---

1. 노스럽 프라이, 『비평의 해부』, 임철규 옮김, 한길사, 2000. 세 번째 에세이.

얼굴이 계열체(병사-사제-법관- …)를 종단하며 압축하는 의미 전체의 갱신, 혹은 그녀의 손이 통합체(탁자-문-감옥-재판정- …)를 횡단하며 넘기는 접속사의 환생 없이는 결코 도래하지 않는 대상이다. 아무리 두 작가의 방법론이 달랐다 할지라도 (은유-환유, 클로즈업-몽타주, 평면화-파편화 …), 드레이어와 브레송이 말의 기능을 오롯이 프레이밍과 몽타주로 대체함으로써 공통적으로 확신했던 바는, 원형이란 결코 보이지도 말해질 수도 없다는 것, 더 정확히 말해 오직 은유와 환유의 실패를 통해서만 보이거나 말해질 수 있다는 것이었다. 이처럼 원형은 주관과 객관, 과거와 미래의 대립을 넘어서있기에 미래하는 대상이며, 그런 한에서 문학만큼이나 영화가 탐내는 대상이 된다. 그것은 과연 "어떤 것도 아니지만, 그렇다고 아무것도 아닌 것은 아니다."

물론 초기 영화에 있어서 말의 도입과 그 흥분은 오래가지 않았다. 어디까지나 미래의 대상을 지시한다는 실용적 목적 아래 도입되었기에, 말을 대체할 더 좋은 효과나 기술이 개발됨에 따라, 말은 얼마든지 삭감될 수 있었기 때문이다(영화사가들이 지적하듯 내레이션은 이중노출로, 이중노출은 트래블링으로, 트래블링은 색채와 특수효과로 대체되는 경향이 그것이다). 이런 점에서 영화가 오늘날까지도 차용하고 있고, 앞으로도 버리지 못할 말의 형식은 아마도 내러티브일 것이다. 그러나 이 역시 내러티브가 문학의 독점물이라서가 아니라, 반대로 자연 전체에 편재하는 문학적 형식이기 때문이다. 존재의 성장과도 같은. 이제까지 내러티브론은 내레이션론과 심각하게 혼동되어 왔다. 그러나 영화만큼 그 내레이션의 다채로운 변주에도 불구하고 내러티브의 모델을 점점 더 정형화해 온 예술형태도 없을 것이다(심지어 어떤 이데아처럼 내러티브의 공식이 존재한다는 미신이 산업뿐만 아니라 강단에도 버젓이 퍼져 있을 정도니까!). 이에 비한다면 — 특히 포스트모더니즘 이후에 — 문학은 내러티브의 파괴에 얼마나 열중했던가. 어떤 의미에서 영화는 내러티브를 가장 덜 홀대했던 예술형태다. 미래의 대상을 지시하기에 너무도 실용적이었기 때문이다. 게다가 내러티브에 있어서 미래의 대상은 더 이상 개별적인 말이 지시하는 작은 대상이 아니라, 이야기 중에 말해지는 어떤 말도 잠재적으로 공통지시하는 큰 대상, 나아가 영화 전체를 견인하는 그의 목적이다.

물론 이미 서술학 분야의 많은 작가들이 내러티브란 초기평형이 깨지고 복원되는 과정 혹은 잃어버린 대상을 되찾는 과정임을 보여주었다. 하지만 이때 핵심은 저 대상은 결코 스스로 돌아오지 않는다는 것이다. 즉 내러티브의 대상은 그를 되찾으려던 주체의 질적인 변형 혹은 소멸 없이는 돌아오지 않는다는 의미에서, 순순히 오지는 않는 대상이다. 그레마스의 너무도 정확한 표현처럼 "내재적인 동시에 초월적인" 대상이다. 영화는 이를 너무나 잘 구현했고, 이미 그 초창기부터 내러티브의 제일원칙으로 삼았다. 가장 대표적인 것이 할리우드 표준 내러티브일 것이다. 예컨대 〈로마의 휴일〉(와일러)에서 로마는 결코 돌아오지 않음으로써만 기자는 로마를 되찾는다. 그것은 다시는 현실적으로 오지 않는 대신, 마음속에 영원히 남은 대상으로서의 로마, 영화 도입부 뉴스릴이 선전하는 그대로 "영원한 도시"다. 차라리 기자는 로마를 되찾지 않음으로써만 되찾는다고 말하는 편이 빠르리라. 로마는 미래하는 대상이다. '당신은 그것을 포기할 때 비로소 얻게 된다'는 할리우드 내러티브의 표준공식이다. 오늘날 할리우드 표준 내러티브를 따르는 무수한 영화들, 당신이 보아 왔던 99%의 극영화들이 바로 이 원칙을 따른다(가령 〈매트릭스〉에서 네오는 The One이기를 포기함으로써 The One이 된다). 그리고 그것은 결코 할리우드의 작위적 창작물이 아닌, 내러티브의 대상이 전적으로 현실의 지평선 너머에 존재한다는 오래된 문학적 원칙의 영화적 계승이었다. 즉 내러티브는 언제나 미래에 대한 이야기다. 그것이 아무리 현실묘사와 과거회상의 형식을 취하더라도 이 사실이 변경됨은 없다. 바로 이런 점에서 영화에게 내러티브는 여전히 말하기다. 그 대상(목적)이 미래하는 대상인 한에서만 진행되는 과정이기 때문이다. 영화에서 내러티브가 최초로 정초되었던 방식이 평행몽타주(포터, 그리피스)였다는 점은 매우 의미심장하다. 영원히 마주치지 못할 두 평행선이 영원에서 마주치는 그 무한원점, 내러티브의 대상은 바로 거기에 있다. 반면 내러티브의 대상이 평행선마저 마주칠 영원으로까지 밀려나 있지 않는다면, 그것은 너무 쉽게 되찾아졌거나, 아니면 애초부터 되찾아질 필요가 없었을 것이다. 내러티브의 대상은 루카치가 근대인이 잃어버렸다고 개탄했던 "창공의 별빛"이고, 그 무한원점은 미래 쪽으로 뒤집어진 푼크툼이다. 이런 점에서라면 리얼리즘이 영화가 역사를 수출하는 가장 좋은 핑계와 명분이었던 것처럼, 낭만주의는 영화가 내러티브를 수입하는 가장 좋은 핑계와 명분이었을 터다. 낭만주의는 저 창공의 별빛을 말하기의 목표점으로 삼았기 때문이다. 그런 점에서 낭만주의는 영화에게 말을 전해준 어댑터였다. 키틀러는 낭만주의 문학의 번성은 문자와 종이에 의한 말의 독점체제가 붕괴되기 직전의 마지막 몸부림이었다고 적었다.

말이 시각의 대상을 투시한다면, 내러티브는 행동의 대상을 투시한다. 이것이 할리우드가 내러티브의 도입에 가장 적극적이었던 이유다. 신대륙을 개척함으로써 번창한 할리우드 영화는 숙명적으로 행동의 영화이기 때문이다. 내러티브의 정식화에 할리우드 영화가 기여한 공적은 결코 적은 것이 아니다. 아니, 거의 전부라고도 말할 수 있다. 게다가 그것은 내레이션으로 아무리 환원해도 나오지 않는 내러티브의 구조화와 직결된다. 앞에서 〈로마의 휴일〉도 예로 들었지만, 그 구조화란 말을 거시적으로 연장하는 방식이었다. 즉 주체와 대상을 쪼개고 붙이는 방식, 서술기호학의 용어를 빌자면, 이접시키고 연접시키는 방식이었다 (탐정은 범인을 쫓는다, 기자와 공주는 로마를 여행한다, 인디아나 존스는 성궤를 쫓는다…). 할리우드가 아니더라도 할 수 있었고 또 하던 일이었을 수도 있다. 하지만 할리우드가 남들보다 욕심을 냈던 것은 쪼개고 붙이되, 가장 크게 쪼개고 가장 크게 붙이는 방식, 좀 더 정확히는 가장 적은 칼질로 가장 많은 쪼개짐을 얻고, 가장 적은 접착제로 가장 많은 붙임을 얻는 효율화된 연장 방식이었다. 할리우드 표준 내러티브는 연장의 최대화, 차라리 연장의 고수익성이다. 그리고 1950년대 TV 보급과 파라마운트 판결과 함께 할리우드 고전 시기가 마감되고 스펙터클의 시기가 본격적으로 도래함에 따라, 저 효율화는 더욱 절대적 조건이 되었다. 날이 갈수록 팽창하는 스펙터클 속에서도 주체와 대상을 가장 멀리 떨어뜨리고도 다시 붙일 수 있는 영화가, 그러면서도 필요한 접착제는 주어진 디제시스 안에서만 조달할 수 있는 그런 영화가 가장 좋은 표준 할리우드 극영화다. 이야기의 일관성, 행동의 통일성, 인과계열의 수렴성은 필수불가결하다. 왜냐하면 대상은 유일해야 가장 조밀하게 연장되기 때문이다. 반대로 대상이 분열되거나 늘어나면 외려 연장량은 더 적어지고 연장효율은 더 떨어진다. 한 주체가 대상과 쪼개지는 면이 그만큼 작아지고 붙는 힘도 약해질 것이기 때문이다. 이것이 할리우드 표준 내러티브가 이룩한 연장경제학이다. 즉 이야기는 일관되고 그 대상은 유일해야 연장은 가장 남는 장사가 된다.

사람들은 할리우드 내러티브가 인과성의 승리라고도 말하지만, 사실은 이처럼 연장성의 승리다. 이야기의 일관성 아래 주체와 대상을 쪼개는 면이 모든 사건들을 빈구석 없이 연결할 때, 즉 어느 하나 인과적이지 않은 사건이 없을 때, 연장은 최고 효율을 이룬다. 반대로 연장효율이 떨어지는 내러티브는 성긴 것으로서 조롱거리가 되거나 폐기처분된다. 할리우드 표준 내러티브는 인과성의 조밀함을 연장성의 조밀함으로 환산하는 경제학이다.

물론 할리우드 영화가 모든 극영화는 아니며, 영화는 다른 내러티브의 방식(매우 비효율적·비경제적인!)도 개발하였다. 주체와 대상이 경쟁적으로 분열·증식하는 내러티브가 있을 수 있고(하스, 루이즈), 각기 다른 혹은 공통의 대상을 가지는 여러 하위 내러티브가 별 인과적 작용을 주고받음 없이 평행하게 분열·증식하는 내러티브가 있을 수 있다(부뉴엘, 알트만). 내러티브의 대상을 증식시킨다는 점에서 모두 초현실주의와의 연계성은 불가피하다. 또 평행우주론이 되는 것도 불가피하다. 초현실주의sur-realism는 멀티 내러티브의 사조에 와서 평행현실주의para-realism가 되었다고도 말할 수 있다. 이것은 한 점포에서 연장을 남겨 먹으려는 할리우드의 방식과는 아주 다른, 한 점포에선 밑지더라도 여러 점포를 남발함으로써 연장을 남겨 먹으려는 경영방식이다. 게다가 이건 문어발 경영도 아닌 세발낙지 경영이다. 각 점포는 모기업 아래 계열화되거나 통합되지 않기 때문이다. 할리우드 표준 내러티브가 수렴에 의한 연장법이라면, 이런 비표준 멀티 내러티브는 발산 및 진동에 의한 연장법이다.

영화가 상업성을 위해서 문학과 공모했다는 비판은 부당하다. 외려 상업이 영화와 문학의 공모에 기생한다고 말하는 편이 옳다. 영화는 문학이 연장을 남기는 장사인 경우에만 수용한다.

물론 영화와 문학을 거의 같은 것으로 간주하던 작가들도 있었다. 파졸리니와 로메르 같은 작가들 말이다. 그러나 그들 역시 이미지가 말을 따라 읊는 방식이 아닌, 경구, 속담, 인용문들을 이어 붙여 그 투과성을 연장시킴으로써 대상의 미지성과 이미지의 타자성을 일치시키는 방식에 의해서만 영화와 문학을 동일시했다. 그들에게 문체와 수사학이 곧바로 도덕적 문제였던 이유다.

영화는 말을 연장한다. 영화는 이미지를 쪼개고(환유) 붙이고(은유), 또 말하는 주체와 말해지는 대상을 쪼개고(이접) 붙인다(연접). 우린 전자를 수사학, 후자를 내러티브라고 말하곤 하지만, 이 둘은 사실 영화가 문학을 수용하는 동일한 방식일 뿐이다. 즉 영화는 문학이 연장하던 것을 더 연장한다.

물론 이것은 영화가 사진을 수용하는 방식과 너무나 다른 방식이다. 설령 은유와 환유, 내러티브에도 그 틈새, "푼크툼"이 필연적으로 끼어들더라도 말이다(은유는 역설이 되고, 환유는 제유가 되고, 내러티브의 초점은 무한원점이 되면서 틈새는 말이 터져 나오는 입이 된다). 사진과 문학에 대해서 영화가 취하는 태도는 전적으로 시간화의 두 다른 방식이다. 사진은 입이 있어도 말하지 않는다. 그가 지시하는 대상이 과거에 속하기 때문이다. "사진엔 미래가 없다."[2] 영화는 바로 이 과거로의 함몰, 시간의 역류와 파열, 의미의 조문행렬을 따라서 연장한다. 반대로 문학은 말한다. 내적 독백으로만 지면을 채워서 입을 제거해도 그렇다. 그가 지시하는 대상은 몽상과 비전을 촉구하며 미래에 속하기 때문이다. 여기서 영화는 몽상이 예견하는 투영선을 따라가고, 반대로 그 대상은 완전한 의미화와 도래를 거부하며 모든 언어와 신체의 운동을 견인한다. 말은 매혹한다. 그 대상이 어떤 운동, 행동, 결단, 실현을 이끌기 때문이다(푼크툼조차 온전히 매혹하려면 이 대상을 품어야 한다). 에이젠슈테인이 몽타주의 핵심기능이 "견인"이라고 선언했을 때, 그는 이미 영화가 문학을 접수하는 방식을 간파하고 있던 셈이다.

모든 문학은 미래의 투시다. 라스콜리니코프는 미래에도 삶이 있음을 믿지 못했다. "시간이 많다"는 포르피리의 말을 믿을 수 없었다. 하지만 영화는 믿는다. 더 투시하기 때문이다. 그 미래의 대상을.

영화가 문학은 아니다. 영화는 문학을 연장한다. 영화가 사진을 과거 쪽으로 연장한다면, 문학은 미래 쪽으로 연장한다.

---

2. 롤랑 바르트, 『밝은 방』, 김웅권 옮김, 동문선, 2006. 37절. 113쪽.

4장   영화는 연극인가?

그 초창기에 영화가 의식적으로 경쟁했던 건 사진과 문학보다는 연극이었다. 문학만큼이나 오래되었고 사진만큼이나 대중적이었으며, 무엇보다도 영화와 가장 친연성이 있었기에. 영화의 편에 서고자 했던 몇몇 이론가들이 서둘러 영화와 연극의 결정적 차이를 논증 및 예증했고, 이 입장은 오늘날까지 통용되는 모범답안으로 계승되고 있다. 이는 거의 영화우생학이라 불릴 만하다. 결국 연극에 대한 영화의 우월성 논증이기 때문이다.

두 명의 거대한 영화우생학자가 있다. 첫째는 베르토프다. 그는 한정된 시공간에 묶이는 연극과 달리, 어디든지 이동할 수 있고 시간조차 가변적으로 만드는 카메라의 역량에 즉각적으로 매료되었다. 베르토프에게 연극무대가 여전히 감금과 고립이었던 데 반해, 우주 여기저기를 활공하고 또 연결하는 "영화-눈"kino-eye은 자유와 연대성을 의미했다. 둘째는 바쟁이다. 바쟁은 좀 더 엄밀한 논증에 도전했다. 가장 유명한 무대와 프레임의 비교가 그것이다. 즉 연극의 무대가 "구심적"인 데 반해, 영화의 프레임은 "원심적"이라는 것이다. 베르토프가 기계론적 입장이라면, 바쟁은 인간론적 입장이라고 볼 수 있겠다. 베르토프는 실시간 업데이트되는 뉴스 기계를 원했고(몽타주), 반대로 바쟁은 기계적 왜곡이 최소화되는 시선을 원했다(플랑세캉스). 그러나 두 영화우생학자 모두에게서 연극에 대한 영화의 우월성은 궁극적으로 한정된 시공간("무대")을 벗어날 수 있는 카메라의 자유로부터 연원하는 것이었다. 그들에게 영화란 닫힌 무대를 열어젖히는 열림에의 의지, 그 개방하는 힘 자체였다. 영화우생학은 필시 리얼리즘realism, 사실주의으로 이어졌다. 여기서 "사실"the real이란 그 뒷무대가 무한한 자연일 뿐이기에 작위적으로 무대화될 수 없는 어떤 것으로 정의되기 때문이다.

그런데 우생학자들의 호언장담처럼 정말 영화는 연극보다 우월했을까? 더 잘 열었을까? 그들의 이론처럼 실제로도 그랬을까? 불행히도 영화는 연극으로부터 빼먹을 수 있는 모든 것을 인수인계받은 뒤에도 부단히 닫힌 무대로 돌아가곤 했다. 채플린은 뒤뚱거리기 위해서 언제나 닫힌 공간을 찾았으며(〈모던 타임즈〉의 공장, 〈황금광 시대〉의 오두막), 뛰기를 좋아했던 키튼조차 스크린 안에(〈셜록 2세〉), 그게 아니라면 탈것에 갇혔다(〈제너럴〉〈항해사〉). 특히 루비치와 오퓔스는 작위성을 무릅쓰고 움직이는 것들을 끊임없이 무대화해버렸다(〈사느냐 죽느냐〉, 〈윤무〉). 혹스는 서부조차 한정된 공간으로 폐쇄시켜 버린다(〈붉은 강〉〈엘도라도〉). 이런 사례들이 각 작가들의 개인적 취향이었고, 영화사에 있어서 예외적 경우였다고 치부할 수만은 없다. 실상 영화의 수많은 장르들은 공간이 닫히지 않으면 성립하지 않는다. 뮤지컬과 코미디가 일단 그렇다. 무대가 없으면 흥도 개그도 일어나지 않기 때문이다. 멜로가 그렇다. 갇히지 않으면 밀애가 일어나지 않기 때문이다. 공포가 그렇다. 갇히지 않으면 무섭지 않기 때문이다. 로켓을 타고 우주로 나가봐도 소용없다. SF도 닫는다. 그 육체뿐만 아니라 기억까지도 포획하는 프로그램이 그렇게 한다. 로켓을 타임머신으로 바꿔 봐도 소용없고, 더 강력한 무대를 만들 뿐이다. 시간여행은 시간을 무대화한다(특히 〈백 투 더 퓨처〉 시리즈에서 한 시간대는 다른 시간대에 대해 무대가 된다). 더구나 영화에 있어서 장르란 닫힌 공간의 성격에 대한 분류다. 바꿔 말하자면 이는 영화에 있어서 장르란 언제나 상황의 닫힘, 즉 무대화를 통해서만 성립함을 의미한다. 카벨의 말대로 다른 어떤 예술형태보다 영화에 그렇게 많은 장르가 있는 이유는 영화가 근원적으로 "도상"icon보다는 "전형"type을 선호하며, 스스로 "개체성들"individualities을 발명해 내기를 즐기기 때문이다. 즉 닫기를 즐기기 때문이다.[1] 장르의 통속성에 반대하며 전 세계적으로 일어났던 20년간의 뉴웨이브는 정확히 장르가 하던 것을 비제도적으로 혹은 자유주의적으로 한 것이다. 뉴웨이브는 영화의 개체성(장르)을 작가의 개체성(작가주의) 혹은 관객의 개체성(독립배급)으로 대체하고자 했다. 그러나 이 역시 무리짓기의 기술이다. 상업에서나 예술에서나, 영화는 개체화의 예술인만큼 닫음의 예술이다.

소비에트 유파는 의식적으로 개체화를 추구했던 최초의 사조다. 각 작가가 아무리 자연, 인간, 기계, 물질에 대해서 다른 관념을 가지고 있었더라도 그들에게 개체화란 공히 원자화를 의

---

1. 스탠리 카벨, 『눈에 비치는 세계』, 이두희·박진희 옮김, 이모션북스, 2014. 5장. 73쪽.

미했고, 그 집단적 수준의 개체화가 다른 예술형태는 해내지 못할 영화의 소임이라고 믿었다는 점에서는 한결같았다. 그것은 생산수단이 박탈된 군중의 파편들(프롤레타리아)을 회집하여 단일한 전체의 형상(코뮤니즘)으로 도약하는 소비에트의 원자화였다.

다른 어떤 예술보다 영화가 내러티브를 더 환대했던 것도 개체화 때문이다. 실상 내러티브야말로 닫힌계closed system 안에서 일어나는 운동이다(서술기호학은 '기표의 폐쇄성'이라 부를 것이다). 여기서 '계'system라는 말은 단지 어떤 시공간을 말하는 게 아니라, 시공간을 포함하는 사물과 정보, 에너지의 집합 전체를 말하는 것이다. 예컨대 〈로마의 휴일〉에서 공주의 정체가 탄로 날 위기가 오면, 기자와 공주는 로마 안에서 결단해야지, 그 결단이 어렵다고 해서 베니스나 뉴욕으로 탈출하진 않는다. 또 〈E.T.〉에서 외계인이 요원들에게 잡히는 위기가 오면, 외계인과 엘리엇은 마을 안에 잠재되어 있던 힘들(가령 친구들, 꽃, 자전거 …)을 이용해서 이를 돌파하지, 결코 – 영화 내내 소개되지도 않았던 – 마을 밖에 있던 경찰이나 지구 밖에 있던 외계인 동료들을 난데없이 불러서 이를 해결하진 않는다. 내러티브는 언제나 밀봉된 시스템 안에서 일어날 때 최대한의 연장량을 가진다. 영화에서 장르가 상황situation의 닫힘을 전제한다면, 내러티브는 환경surrounding의 닫힘을 전제한다.

영화에 이렇게 풍부한 장르가 존재하고, 이렇게 엄격한 내러티브가 존재한다는 사실만으로도 영화가 닫는 데 능하다는 것은 자명하다. 열림이 아니라. 심지어 영화는 극장문도 닫는다. 영화가 상영되는 동안만은, 실례를 무릅쓰지 않는 한 누구도 들어오거나 나가지 못하도록.

우리가 염두에 두고 있는 닫힘 개념은 인지생물학에서 있어서 마투라나가 제안했던 "조작적 폐쇄성"operational closure 개념이다.[2]

아마도 영화의 천성이 닫음이라고 한다면 혹자는 놀라거나 심지어 불쾌해할 터다. 하지만 그건 우리가 영화우생학으로부터 물려받은 고질적인 하나의 오해에 너무나 익숙해서다. 그것은 영화의 카메라는 자유롭다는 오해다. 거꾸로 물어보자. 정말 영화 카메라는 자유로운가? 하나의 한정된 상황이 주어지면 그 안에서 모든 것을 해결해야 하는 극영화뿐만 아니라, 하나의 인물과 상황에 천착하며 주제나 관점의 변화 없이는 어떤 새로운 상황도 개입시키지 않으려는 다큐멘터리에서도? 저 장르의 풍요와 내러티브의 엄격성을 보전하기 위해서 특정 캐릭터나 상황을 부단히 개체화하고 심지어 모델화해왔던 영화사에서도? 베르토프와 바쟁은 장르의 다채로운 분화, 내러티브의 엄격한 정립을 다 목격하지도 못했을뿐더러, 관심도 없었다. 하지만 경험

---

2. 움베르토 마투라나·프란시스코 바렐라, 『인식의 나무』, 최호영 옮김, 자작아카데미, 1995. 2장, 7장. "신경계의 구성양식은 생물의 자율성을 정의하는 조작적 폐쇄성과 모순되는 것이 아니라, 도리어 자율성을 풍부하게 한다."(172쪽)

적 빈곤이 이론적 빈곤을 정당화하는 것은 아니다. 실상 베르토프와 바쟁이 우생학적 증거로 내세웠던 영화들 또한 그들의 이론과는 달리 너무나 닫고 있었다. 바쟁이 열림의 예시로 그토록 인용했던 네오리얼리즘, 그들이야말로 닫음의 대가였다. 로셀리니와 데 시카의 초기작들에서 인물은 폐허에 갇힌다(〈독일 영년〉, 〈자전거 도둑〉). 그리고 필모그래피가 진행됨에 따라 인물은 점점 의식과 기억의 폐허에 감금된다(특히 버그만 3부작). 네오리얼리즘 2세대는 더하다. 안토니오니는 광장도 감옥으로 만드는 폐쇄 프레이밍의 거장이었다(〈밤〉 〈일식〉). 펠리니는 닫힌 공간을 이어 붙여서 벌집저택을 지었다(〈영혼의 줄리에타〉). 같은 식으로 베르토프의 카메라 또한 실상 자유롭지 않다. 그의 카메라는 베르토프 자신이 "간격"이라고 칭한 벡터의 격차를 가장 극대화하는 방향으로만 움직인다. 즉 지각의 간격, 규모의 간격, 거리의 간격, 시간의 간격 등등 다양한 간격차가 발생할 수 있으나, 다만 이는 어디까지나 우주의 한 점에서 다른 점으로 그 간격을 점점 넓혀나감과 동시에 다시 루핑의 구조를 구축하는 법칙에 제한되는 한에서였다(〈카메라를 든 사나이〉). 전체의 닫힘이 곧 열림이고, 법칙에의 종속이 곧 자유라며 개념적 말장난을 하는 게 아니다. 실제로 베르토프의 카메라가 가장 큰 역량을 발휘할 때는 우주 전체를 맥주잔마냥 작은 공간처럼 쉽게 횡단할 때였고, 네오리얼리즘의 인물들은 가장 넓은 곳에서도 폐쇄공포증을 느끼는 신경증자들이었다. 영화는 우주를 무대화하지 않고서는 단 한 발자국도 움직일 수 없다. 이것이 연극과 영화의 차이를 묻는 질문에 그리피스가 "영화에겐 세상 전체가 무대"라고 대답했을 때의 본뜻이다.[3] 어찌 되었건 영화는 디제시스, 육체, 컷을 지니는 한 여전히 연극적이다. 카메라는 닫힌 무대 안에서만 움직일 수 있을 뿐이며, 이를 빠져나가는 방법은 또 다른 무대의 생성밖엔 없다.

영화의 닫음 본능, 이는 영화우생학이 말하던(차라리 소망했던) 것과는 너무도 다른 사태다. 어째서 이런 이론과 실제의 분리가 일어났을까? 잘못은 으레 영화가 아니라 그 이론에 있다. 영화우생학은 영화의 카메라 움직임과 몽타주가 수행하는 열림에 만세를 외쳤다. 하지만 이는 거꾸로 말하자면 영화우생학은 열림과 닫힘의 대조에 입각한다는 뜻이다. 영화우생학이 리얼리즘의 이론적 효시가 되었다는 것은 결코 놀랄 일이 아니다. 영화우생학은 닫힘과 열림, 유한과 무한, 정지와 운동, 순간과 지속, 불연속과 연속, 결국 작위와 자연이라는 너무나 근대적인(그래서 르네상스만큼 오래된) 대립 관념에 근거하고 있다. 불행히도 영화는 애초에 저 대립을 벗어나 있다는 데에서 이론과 실제의 분리가 일어난다. 영화는 불연속과 연속이라는 대립으로부터 태생적으로 자유로운 "연장적 연속체"이기 때문이다. 즉 영화가 애초부터 닫힘과 열림의 대립에 걸려들지 않는 것, 영화가

---

3. *Focus on D. W. Griffith*, ed. Harry M. Geduld, A Spectrum Book, 1971. p. 33.

우생학의 베스트샘플이 될 수 없는 것은, 필름스트립이 생겨먹은 그대로 영화는 또 다른 닫힘을 위해서만 닫기 때문이다. 이것이 우리가 흔히 열림이라고 불러왔던 사태다. 영화는 닫힘을 연장한다. 무대조차 쪼개고 붙인다. 즉 영화는 무대를 연장한다.

그래도 연극의 무대보다는 영화의 샷이 더 자연스러운 것이라 우기기 위해, 닫힘과 열림을 작위와 자연으로 대체해 봐도 위와 같은 사실에 대해서 변경되는 것은 아무것도 없다. 연극에서 무대가 닫히고 배우가 햄릿인 척하는 가정법보다, 영화에서 샷이 쪼개지고 다시 붙는 편집법이 결코 덜 작위적이라 할 어떤 근거도 의식작용 안에서 발견할 수 없다. 쪼개고 붙이는 그 면적에 있어서의 양적인 차이가 있을 뿐, 연장이란 점에서 둘은 동일하며 우리 의식도 그 연장의 일부이기 때문이다.

영화의 닫음 본능이 단지 유명론적 개념차나 실용적 관습에서 비롯된 것이 아니며, 전적으로 영화가 세계를 지각하고 또 겪어내는 본원적 방식임을 입증하기 위해, 영화문법이 연극에 많은 것을 빚지며 태동하던 대목을 굳이 거론해야 할까? 이 모든 것이 한낱 하나의 주장일 뿐이라고 폄훼할 우리 안의 우생학도를 위해서 소비에트가 미국 몽타주를 연구하는 것 이상으로, 기계주의 연극으로부터 프레임 그물망(쿨레쇼프)을, 스타니슬랍스키로부터 유기적 연속성(푸도프킨)을, 메이에르홀드로부터 반사학(에이젠슈테인)을 빌려오는 식으로, 연극적 연기술과 극작술로부터 몽타주 문법들을 끌어내고 있었다는 깨알 같은 역사적 사실까지 뒤질 필요가 있을까?

　당대부터 오늘날까지도 이어지고 있는 가장 기본적인 문법 두 가지를 언급하는 것으로 충분할 것이다. 쿨레쇼프는 배우의 얼굴 옆에 김이 나는 음식, 아름다운 여인, 관 속의 시체 사진을 병치시켰다. 그리고 그 병치된 샷에 따라 무표정이었던 배우가 배고파하고, 욕동하고, 슬퍼함을 관찰했다. 쿨레쇼프 효과라 불리는 이 현상은 영화의 매우 기초적인, 그러나 그만큼 원초적인 본성을 입증한다. 즉 한 샷은 다른 샷과의 관계를 통해서 의미를 획득한다는. 또 게슈탈트 학파는 바로 그 관계에 관객이 참여하는 자리가 있다고 보았고(아른하임). 하지만 이 실험이 보여준 것은 샷의 열림만이 아니다. 더 정확히 말해서 이 실험은 샷이 열릴 수 있음을 전시한 것이지, 증명한 것은 외려 그 열림의 조건으로서의 닫힘, 즉 한 샷은 닫힌 상태로만 다른 샷과 연결되며, 특정 의미(허기·욕망·슬픔)로 개체화되어 다르게 닫히기 위해서만 다른 샷과 연결된다는 것이다. 쿨레쇼프 효과는 하나의 무대화는 언제나 다른 무대화를 전제함에 대한 증명이다. 쿨레쇼프 효과에 기원을 두고서 오늘날 어깨-넘어-샷(O.S.)으로 발전한 180도 법칙은 같은 식으로 그 반대의 것을 증명한다고 볼 수 있다. 여기서 하나의 상황을 공유하는 두 인물이 카메라의 축을 넘어서 마주볼 수 없는 것은 그들이 (카메라의 위치를 고정시키는) 한 무대에 공존하게끔 공共-개체화되기 때문이다. 쿨레쇼프 효과가 무대의 다수성·다면성을 예증한다면, 180

도 법칙은 무대의 단일성·단순성을 예증한다. 다수성이나 다면성은 닫힘과 결코 대립하는 개념이 아니다. 외려 전자는 후자에 가장 안전하게 함축되어 있다. 그리고 반대로 왜 쿨레쇼프 효과에서 더 추가적인 편집 없이는 슬픔은 배고픔이나 행복 등 여타의 의미로 자유로이 파생되어 그와 혼동되지 않는지, 왜 180도 법칙에서 카메라의 축이 단일지점에 고정되어야 하는지를 증명해야 하는 것은 샷의 본성이 단지 열림이라고 주장하는 쪽이지 우리가 아니다. 그게 아니라면 예술의 가능성을 기술의 한계에서 찾을 수 있을 뿐이다.

같은 식으로 몽타주는 결코 무대화와 배치되지 않으며, 외려 샷의 닫힘 본성에 입각한 문법이다. 연극만을 봐오던 작가들이 처음 몽타주를 접했을 때, 영화가 연극보다 낫다고 생각했던 특질은 아마도 운동보다는 속도였을 터다. 운동은 연극에도 있기에. 한정된 무대 안에서 신체가 움직여봤자 얼마나 빠를 것인가를 생각해보건대, 속도는 연극보다 영화가 더 잘 낼 수 있음이 자명해 보이기도 한다. 그런데 영화가 보여주는 모든 속도엔 으레 닫힌 상황이 전제되며, 심지어 속도는 잘 닫을 때 더 빨라진다. 실상 초기 몽타주의 네 가지 형태는 바로 이것을 보여준다. 역시 네 가지 다른 무대화의 방식이다. 미국 평행몽타주에서 샷은 서로 닫혀있기에 운동의 소실점까지 평행할 수 있으며(포터, 그리피스). 소비에트 견인몽타주에서 샷은 의식에 대해 닫혀 있기에 파토스는 충돌에 대한 반응일 수 있다(푸도프킨, 에

이젠슈테인). 독일 대조몽타주에서 편집이란 빛과 어둠의 투쟁이었다. 샷은 어둠에 감금된다(비네, 무르나우). 여기까진 직관적으로 무난하다. 하지만 최대속도를 얻기 위해 폭주하기를 즐겼던 프랑스 가속몽타주에도 무대가 있을까? 그러나 가속몽타주야말로 무대화를 전제해야만 한다. 가속몽타주는 최대속도를 얻기 위해 계의 바깥으로는 정지된 바깥을, 계의 안쪽으로는 그 중심으로서의 속도의 영점을 상정해야만 하고, 없다면 발명해내야만 한다(강스, 델뤽, 엡스텡). 이는 원심력이 최대속도에 이를 때 비로소 그 구심력이 최대에 이르러 중심점을 찾아내는 소용돌이와도 같다. 엡스텡의 〈삼면거울〉에서 한 남자를 돌고 도는 세 여자의 상황이 딱 그렇다. 거기서 그 소용돌이의 중심은, 영화에 나오는 대사 그대로 "비범하고 차분하면서도 전제군주 같다."extraordinaire, calme et tyrannique 고로 최대한의 속도로 그 부분이 연결되어 태어나는 전체는 언제나 무無를 자신의 바깥으로 삼는다. 마치 그 안에서 모든 것이 동시화되는 순간의 바깥이 무이듯 말이다. 프랑스 가속몽타주가 으레 보여주는 최고속도에 이르는 자폭과 자멸은 이런 시간에 대한 한계무대화를 전제하는 한 불가피한 결론이다. 엡스텡 자신의 표현대로 가속몽타주는 "원심분리된 비극"인 것이다. 한마디로 가속몽타주는 순간의 무대화다. 무로의 해체를 불사하며 종단속도를 늘려나가는 회전형 무대, 이것이 "포토제니"라는 개념에 함축된 가속몽타주의 연극적 구조다(트뤼포가 〈400번의 구타〉에서 원통형 놀이기구로 시각화한 적이 있다). 요컨대 일반적으로 영화에서 몽타주는 닫힌 것과 닫힌 것끼리의 연결이며, 그 목적은 다르거나 더 큰 닫힌 것의 생성과 조작에 있다. 영화는 무대를 편집한다.

바쟁은 영화가 연극보다 더 많은 "생의 단면"을 가질 수 있다고 말했다. 그렇다면 영화는 연극보다 더 잘 자르고, 더 잘 무대화할 수 있다. 무대조차 자르고 붙이기 때문이다. 조엘 슈마허와 래리 코헨은 대도시 한복판에도 무대를 지었다(《폰 부스》). 신상옥은 안방에 앉아서도 파우스트에서 춘향전으로 너끈히 무대를 갈아탔다(《로맨스 빠빠》). 영화가 실재의 연속체를 이렇게 과감하게 무대화하여 잘라내는 경우가 드문 것은 그것이 어려워서지, 결코 불가능해서가 아니다.

영화는 사진에 감사했고, 문학을 시샘했다. 연극과는 경쟁한다.

물론 영화가 어떤 열림도 하지 않는다고 말하려는 것이 아니다. 분명 카메라의 움직임은 다른 장면을 열고 몽타주는 다른 시공간을 연다. 우리가 말하려는 것은 그 열림이란 과정 이면엔 너무도 세세한 부분의 개체화까지 챙기는 닫힘의 본성이 작동하고 있다는 것이다. 열림을 부정하려는 것도, 다시 열림에 닫힘을, 영화에 연극을 대립시키고자 하는 것도 아니라, '닫힘의 연장'이야말로 우리가 습관적으로 열림이라고 불러왔던 것의 속내라고 말하려는 것이다.

연극은 닫음의 예술이다. 소멸 쪽으로 도망가려는 현존presence을 무대에 가두어 포착하는 기술이다. 현존만큼은 지고 싶지 않았던 영화는 저 가둠을 연장적인 방식으로, 즉 무대화의 연쇄방식으로 수용했을 뿐이다. 필름스트립의 모든 부분, 그 시공간, 육체와 물질에까지 무대화를 적용하는 철저함으로. 연극이 하나의 무대라면, 영화는 여러 무대들이다. 나뉘고 붙기를 반복하는 식으로 진행되는 연쇄무대들이다. 19세기 스펙터클 연극에서 영화로 이행하는 과도기를 기술하면서 바르닥이 썼던 표현 그대로, 연극을 "영화는 연장했다extend." 그리고 사춘기를 치른 영화는 내러티브마저 무대화의 대상으로 삼는 과성숙한 지경에 이르러 다음처럼 선언할 것이다 : "감금이 전염된다."[4] 즉 연장된다. 무대들이, 그 무대화의 연쇄가.

리베트의 영화 또한 영화를 위해 연극성을 파괴하려는 게 아니다. 반대로 연극의 연속성을 파괴함으로써 영화의 연속성을 연장적으로 재구축하려는 것이다. 그것은 뚝뚝 끊김으로써만 이어지되, 배역의 몰입과 변형, 그 감춰진 현존의 끊임없는 폭로와 갱신에 의해서만 그리되는 영원한 리허설로서의 영화다 (〈파리는 우리의 것〉〈미친 사랑〉).

그래서 단지 영화가 연극보다 더하다고 말할 수 없다. 연극보다 더하려면 그만큼 영화는 연극성에 의존하기 때문이다. 영화

---

4. 루이스 부뉴엘 인터뷰, *Object of Desire*, trans. and ed. Paul Lenti, Mersilio Publishers, 1992. p. 170. 원문은 "감금의 이 모든 상황은 그 자자체로 무한하게 반복되리라. 그것은 무한히 바깥으로 뻗어 나가는 전염병과도 같다."

는 정녕 연극보다 더 연극적으로 더 연장한다.

연극과 영화 둘 중 어느 하나가 결코 잘났다고 말할 수 없다. 구심력과 원심력 둘 중에 어느 하나가 잘났다고 말하는 것처럼 그것은 어리석다.

연극이 영화우생학에게 무시당할 빌미는 외려 고전 연극학이 스스로 제공해줬던 것 같다. 고전 연극학은 닫힘과 연장의 문제를 배우와 배역의 문제로 대체해 왔다. 아니, 축소해 왔다고 말해야 옳을지도. 닫힘 자체를 무대의 속성으로 고정시켜 버리는 대신, 그 안에서 배우가 맡는 배역 또한 하나의 불변관념으로 고정시켜 버렸으니까. 즉 고전 연극학은 무대화를 사상시킴으로써 배역을 무대화 이전에 선재하는 이데아로 고형화했다. 가령 배우를 가두는 작위(성격·감정·습관), 그리고 그 작위를 혁파하는 방법론(정신·지성·기억)이 달랐을 뿐, 헤겔, 디드로, 스타니슬랍스키는 배역을 작위에 유폐된 배우가 열어젖혀야할 자연으로 간주했다는 점에선 매한가지였다. 고전 연기이론은 연기술에 있어서의 리얼리즘이었다. 그러나 비웃을 건 없다. 똑같은 방식으로 영화이론도 분위기를 사상시켰으니까. 위 연기론에서 배역을 감독으로, 방법론을 매체로, 배우를 관객으로 대체해보라. 그러면 이전에 우리가 살펴보았던, 분위기를 송신자-스크린-수신자라는 극점으로 삼분할하여 추상화하는 영화이론이 붕어빵처럼 프린트되어 나온다. 다시 말해, 고전 영화이론이 분위기를 사상시킨 동일한 방식으로 고전 연극이론은 무대화를 사상시켜 왔다. 가장 큰 피해자는 무대화의 대상, 즉 배역이었다. 그러나 배역은 무대화 없이 발생하지 않는다. 극장에서 분위기 없이 스타가 존재할 수 없는 것처럼. 고전 연극론은 이것을 잊는다. 하지만 연극에서도 배역은 해석의 과정 속에 있는 것이었고(배우의 자율성이 허용될수록 더더욱), 또 배역은 또 다른 무대화에 의해서 언제든지 미세하거나 대담하게 변화할 수 있는 것이었다(연출의 자율성이 허용될수록 더더욱). 게다가 프로시니움 형태에서 탈피해서 움직이거나 변형되는 무대를 만들어, 관객의 참여를 유도함으로써 객석까지 무대의 일부로 포함하는 현대연극에 와서는 더더욱 그럴 것이다. 즉 연극에선 무대화되는 만큼 배역은 변화한다. 이론과 실제의 분리가 일어났던 건 연극이나 영화나 마찬가지였던 셈이다!(짐멜과 같은 작가들이 과정 중에 있는 작품으로서의 배역 개념을 제안하고, 90년대 이후 퍼포먼스 이론들이 배역의 철학적·인류학적 함의까지 송두리째 개혁하기 전까지는 최소한 그랬다.)

하지만 영화에서 일어나는 일이 바로 저것 아닌가. 굳이 연극의 형식을 노골적으로 차용했던 영화전통(필름다르·판토마임·뮤지컬·시네마 오페레타·프릭쇼·고어영화…)을 따지지 않고서도 몽타주의 무대화 본성만으로도 그렇지 않은가. 펠리니의 영화에서 매번의 무대화는 배역의 변화를 유도하고, 리베트와 고다르의 영화에서 배역의 변경 없는 무대화는 일어나지 않는다. 장르 영화는 더할 것이다. 장르 영화에서 장르의 모든 개별성은 어떤 무대화에 어떤 배역변경을 매핑하는가에 달려 있다고 해도 과언이 아니다. 멜로드라마의 밀실, 느와르 영화의 뒷골목, 좀비 영화의 폐허도시, 슬래셔 영화의 텅 빈 집, SF 영화의 시뮬레이션 공간, 모든 것이 배역의 변화를 압박하는 무대화다. 특히 70년대 이후의 모든 SF 영화는 본질적으로 연극적이다. 그 진짜 주인공인 프로그램은 시간을 무대화하고 배역을 강요하는 자이기 때문이다. 분명 혹스는 장르물의 너무 이른 거장으로 길이 남을 것이다. 하지만 혹스가 오늘날의 영화마저 범접하기 어려울 정도로 자유롭고 경쾌한 배역교대를 이룰 수 있었던 것 역시, 그가 그만큼 무대를 엄격하게 닫았기 때문이었다. 이게 바로 그의 인물들이 — 인터넷 공간이 출현하기 훨씬 전인데도 — 이미 잡담, 말꼬리, 트집, 계획, 역할, 우연, 실수, 즉흥에 갇힌 죄수처럼 보이는 이유다.

이것이 영화가 현재성을 취하는 방식이기도 하다. 영화는 그 배역의 변경을 위해서만 현존을 무대화한다. 〈로마의 휴일〉에서 공주는 공주가 아닌 척하기 위해서만 그 로마에 현존한다. 공주가 공주 아닌 척하는 것을 그만두고 공주임을 드러낸다고 그녀의 현존이 지워지진 않겠으나, 이때 로마는 그 로마는 아니다.

영화는 사진에서 대상보다 틈새를 보았다. 문학에선 틈새보단 대상을 보았다. 그런데 영화는 연극에선 틈새로서의 대상을 본다. 그것은 과거나 미래보다는 현재에 먼저 속하는 대상으로서의 배역이다. 그리고 배역은 여전히 영화적이라기보다는 연극적인 개념이다. 카메라 렌즈보다는 무대조명이 먼저 탐지하는 대상이라는 점에서 그렇다.

연극은 닫는다. 현존을 포착하기 위해서다. ─ 오해를 무릅쓰고 말하자면 ─ 사진엔 미래가 없다. 문학엔 과거가 없다. 연극엔 과거와 미래가 없다. 현재뿐이다. 즉 사진이 순간에 집착한다면 더 기억하기 위해서고, 문학이 역사를 다룬다면 더 꿈꾸기 위해서고, 연극이 더 다양한 인물과 이야기를 끌어들인다면 더 현존키 위해서다. 영화는 연극에 저 현재성을 빚진다. 영화는 그에게 주어진 육체와 몸짓, 무대전환에 따른 배역의 교체를 통해 그를 누린다.

영화는 연극이 아니다. 영화는 연극을 연장한다. 영화는 사진을 과거 쪽으로, 문학을 미래 쪽으로 연장한다면, 연극을 현재 쪽으로 연장한다. 그 무대와 배역을 연장하기 위해서다. 그의 새로운 현존을 생성키 위해.

5장

영화는 TV인가?

영화는 사진에 신세 졌고, 문학을 질투했고, 연극과는 경쟁했다. 비록 태동기에 있던 일들이나, 이것이 여전히 사실이라면 오늘날 영화가 경쟁하는 것은 사진도, 문학도, 연극도 아니라 TV일 것이다. 왜냐하면 TV야말로 현대 매체 중 가장 지독한 연극성으로 무장한 매체이기 때문이다. "안방극장"이란 말은 반은 옳고 반은 틀리다. 연극무대가 안방까지 침투했다는 의미에선 옳고, 영화관이 안방까지 침투했다는 의미에선 틀리다. TV는 영화를 송출한다 할지라도 영화보다는 연극에 가깝다. 안방에서조차 이미지를 무대화하기 때문이다. 즉 대상을 현존present케 하면서도, 여전히 닫음의 방식에 의하기 때문이다. 그런데 그것은 영화와는 너무 다른, 심지어 영화를 비웃는 방식이다. TV가 사물, 장소, 대상을 무대화하는 방식은 무대경계를 이미지 외부로부터 조달받는 방식이다. 차라리 무대경계에 증명서 딱지를 하나씩 붙이는 방식이라고 해야 할까. 가령 자료의 신빙성(뉴스), 전달자의 이름(기자·앵커), 채널의 명성(프로그램·시청률), 송신의도의 자명성(광고) 등이 그런 방식들이다. 즉 TV가 행하는 무대화는 너무나 명료한 나머지 반증가능하고 언제든지 대체가능하며 취소가능한 무대화다(반대로 무대경계가 흐릿하고 애매하다면 외려 그것은 반증불가능한 것이 되어 외면받는다). 그런 의미에서 TV가 보유한 무대화 방식 중에 가장 고유한 방식은 채널이다. TV는 채널에 따라 현존을 분류한다. 영화의 분할화면을 생각해선 안 된다. 채널은 선택가능하다. 또 그 나머지는 배제할 수 있다. 반면 영화의 분할화면에서 우리는 어느 하나를 선택하고 그 나머지를 배제할 수 없다. TV의 무대화는 우리가 스위치의 on/off처럼 껐다 켰다 할 수 있는, 즉 취했다가도 취소시킬 수 있는 무대경계의 제작이다(하나의 채널을 택한다는 것은 무대경계를 긋는 것이고, 그 채널을 끈다는 것은 무대경계를 취소한다는 것이다). 심지어 당신은 TV를 켜놓고도 자리를 떠날 수 있으며, 옆 친구와 잡담을 나눌 수 있다. 더 심하게 말하면 TV 앞에서라면 당신은 영화관에서 할 수 없던 모든 일들을 할 수 있다. 어차피 지워지면 또 생겨날 무대이기 때문이다(심지어 TV는 재방송도 해준다). 이것은 마치 무한한 상품들이 무한히 늘어서 있는 슈퍼마켓 같은 것이다. 당신은 하나를 쉽게 선택하고도 또 쉽게 철회할 수도 있는데, 이는 그 뒤에도 무한히 늘어선 상품들이 기다리고 있음을 알기 때문이다. 요컨대 TV의 무대화는 너무나 자명해서 언제든지 지워질 수 있는 무대화다. 쉽게 짓고 쉽게 허무는 무대의 제작이다. 당신이 채널을 바꾸려고 리모콘을 누르는 손가락에 소요되는 힘이 당신의 월급을 압도적으로 넘어서지 않는 이상, TV의 연극적 본성은 있으나 마나 한 무대경계를 짓는다는 데에 있다.

TV는 너무도 자유로운 무대화에 의한 과대연극hyper-theatre이다. 어떤 의미에서 그것은 영화보다도 더 연극적이고, 더 한정적이고, 더 무대적이다. 즉 영화보다 더 쉽게 자연과 작위의 대립을 벗어난다. TV가 영화보다 더 쉽게 이슈와 루머를 만들고, 또 더 쉽게 "전형"type을 잘 만들어낸다는 게 그 증거다. TV는 영화보다 유행을 더 잘 만든다. 그만큼 쉽게 무대화하기 때문이다. 쉽게 개체화하기 때문이다. 이것이 50년대 TV의 보급이 본격화되자 할리우드가 허둥지둥 시네마스코프와 테크니컬러, 그동안 착실히 연마해오던 프린팅 기술을 한꺼번에 영화에 투여하여 규모로 승부를 보려 했던 이유다. 〈바람과 함께 사라지다〉(플레밍)의 관계자들은 TV에게 감사패를 증정해야 한다.

영화계가 잠깐 쫄긴 했으나(사실은 아직도 조금은 쫄아 있다), 곧바로 영화는 TV를 역습할 전략의 개발에 몰두하였고 대략 성공했다. 대표적인 두 가지가 평론과 스타다. 한쪽은 지식과 말에서의 돌파구였다면(유럽 쪽), 다른 한쪽은 감각과 사물에서의 돌파구였다(미국 쪽). 비평이 영화의 통속적 메시지나 상업적 의도를 너무 까발려선 안 되는 것처럼(왜냐하면 영화의 무대가 너무 쉽게 지어지면 안 되기 때문이다), 스타 영화배우는 자신의 사생활을 너무 공개하면 안 된다(왜냐하면 자신의 무대가 너무 쉽게 허물어지면 안 되기 때문이다). 그러나 둘 중 어느 하나가 나쁘다고 할 순 없다. 모두 영화가 세계를 시험하는 과정에서 요구되는 동일한 기회비용이기 때문이다.

그러니까, 영화와 TV의 첫 번째 차이는 시간을 소비하는 방식에 있다. 영화에서 현존presence 혹은 현재-이미지는 과거와 미래가 한꺼번에 엉켜 있다. 영화의 본성엔 사진과 문학의 본성이 엉켜 있기 때문이다. 고로 영화가 현존을 취하는 방식에는 반드시 역사가 끼어든다. 반면 TV는 현존을 과잉시킨다. 그 무대화가 너무 쉽고, 그 무대경계가 너무 쉽게 변경되거나 취소되기 때문이다. 이것은 어디든지 세부무대가 세워지고 또 허물어질 수 있음으로 인해 세계 전체가 무대화되는 것과 같다. 이를 플루서보다 더 잘 묘사할 수 있을까? "각각의 주사위 면은 우연적이고 예측될 수 없으나, 오랫동안 관찰해보면 여섯 개의 면이 한 번씩은 나타나게 된다."[1] TV는 단지 하나의 현존을 전시하는 게 아니다. 그것은 하나의 현존에 오버랩되어 무한히 이어지는 현존들의 사슬을 끝없이 줄줄이 당겨 올린다. 이것이 바로 영화가 가지지 못한 − 영화작가 중에선 거의 유일하게 베르토프만이 소망했던 − TV의 업데이트 역량이다. TV가 취하는 현존의 차원은 단지 현재가 아니다. 그것은 "영원한 현재"nunc stans다. 단지 잠시 채널이 바뀌거나 할 뿐이지 영영 고갈되지 않는 현재의 항구성이다. 영원한 현재에 과거나 미래는 없다. 과거나 미래조차 현재의 일부라는 점에서 그들에 의존치 않기 때문이다. 영원한 현재에 역사란 없다. 과거나 미래에 의존하지 않는다는 점에서 그들이 필요치 않기 때문이다. 만약 영화가 연극보다 더한 것 이상으로, TV가 영화보다 더하다고 한다면, 그것은 바로 이런 TV의 과잉 연극성을 의미하는 것일 게다. 스튜디오가 트루먼의 역사를 처리하는 방법은 그가 살아내는 모든 순간을 24시간 생방송하

1. 빌렘 플루서, 『사진의 철학을 위하여』, 8장, 78~79쪽.

는 것이었다(위어 〈트루먼쇼〉). TV에서 시간은 과거나 미래 쪽으로 넘어가지 못한 채 현재들의 누진연쇄가 된다. TV는 과대현존을 캐스팅하는 과대연극이다. 그것은 영원한 현재가 과거와 미래에 의존하지 않는 것처럼, 사진과 문학에 의존하지 않는다. 업데이트로 현존을 과대발육시키는 데에 푼크툼과 은유법은 방해가 될 뿐이다. 트루먼이 가장 하지 말았어야 할 것은 추억과 몽상이었다.

모더니즘이 확실성의 거부이고 인간과 기계, 종교와 과학, 자연과 예술의 조화를 떵떵거리던 유토피아에 대한 불신임이라면, TV는 반모더니즘적이다. TV는 차라리 고대적이고 제의적이고 신화적이다. 그것은 장소가 없다$^{u\text{-}topos}$. 시간은 없고 너무 장소^{topos}만 있기 때문이다. 현존의 축적만이 있기 때문이다. 아무리 긴 시간이 흘러도 그 확실성에 고갈이란 없다. TV는 진정 아담의 언어다. 그는 원리상 현존이 가능한 모든 장소를 실시간 접속 가능한 채널로 개통한다.

보드리야르는 이라크전은 일어나지 않았다고 썼다. 욕도 무던히 먹었다. 비록 잔인하고 얄미운 선언이었으나, 여기엔 TV가 제공하는 과대현존에 대한 매우 경제학적이고 과학적인 고찰이 있다. 즉 과대현존$^{hyper\text{-}}$은 과소현존$^{hypo\text{-}}$으로 반드시 폭락한다는 것이다. TV는 현존의 인플레이션이다. 그러나 이 역시 TV가 과대연극이기 때문이지, 결코 연극의 반대라서가 아니다. TV는 정말로 연속극$^{serial\ drama}$이다. 이 과대성은 모자람을 모르고, 이 연속성은 끊김을 모른다. TV는 너무도 순수하고도 원초적인 연극이다. 전쟁터의 시체들마저 무대화하는.

의사소통? 상호작용? 백남준은 틀렸다. 그런 희망은 TV가 닌텐도 게임기와 경쟁하던 초창기에나 통용되던 환상이다. 소통이나 작용은 과거와 미래를 가져야 한다. TV는 아무리 유창한 쌍방형 채널링과 아무리 원활한 시청자 참여게시판을 개설한다 하더라도 결코 의사소통하거나 상호작용할 수 없다. 과대현존의 압도적인 범람이 그를 막는다. TV 연속극에 심취한 아줌마 시청자가 목욕탕에서 만난 악역 여배우의 등짝을 후려친다는 사례는 TV가 소통함을 증명해주기는커녕 TV는 그 방영 이전과 이후의 순간들마저 자신의 현존 속에 포섭함을 증명해준다. 이 아담의 언어에서 저 아줌마는 하와가 되었을 뿐이다. 과대현존의 압도적인 범람이 그 에덴동산의 경계를 지운다. 원리상 이 아담의 언어는 세상에 존재하는 이름들의 수만큼 무수한 채널을 가지며, 그의 명명은 곧 캐스팅이, 그의 현전은 곧 방영이 된다. 시청률 과열경쟁이란 없다. 모든 시청은 이미 과열이다. 과대광고란 없다. 모든 광고는 이미 과대다. 리얼리티 쇼란 없다. 모든 쇼가 이미 리얼리티다. TV는 과대연극성이라는 자신의 본성을 결코 포기하지 않는다. 그걸 포기하는 순간 TV는 더 이상 TV가 아니기 때문이다.

'시뮬라시옹'simulation은 분명히 영화, 사진, 문학이기 전에 연극이다. 오히려 그는 영화, 사진, 문학을 동원하여 자신이 연극임을 은폐한다. 그 가정법의 디즈니랜드를. TV에서 진정 구분되지 않는 것은 자연과 예술이 아니라 정언법과 가언법이다.

이에 비한다면 영화가 보여주는 현존은 얼마나 작고 수줍은가(스타에 의지할수록 이 빈약함은 더 드러난다). 하지만 그것은 영화가 취하는 무대화의 방식이 사진과 문학의 본성을 배려해서지, 결코 무대화 자체가 야박해서는 아니다. 바로 여기에 영화와 TV의 두 번째 차이, 무대화 패턴과 관련한 더더욱 결정적인 차이가 있다. TV엔 무대 뒤가 없다. 그 경계가 지워지기 위해서만 무대화를 한다는 의미에서 그렇다. 생활공간을 모사한 세트에서 진행되는 리얼리티 쇼, 반대로 연예인의 일상을 들여다보는 생활예능 같은 프로그램에서 인물의 사생활 공간까지 카메라가 침투하는 것이 가장 좋은 예가 될 것이다. 이 침투에 예외는 없다. 심지어 먹고 놀고 자고 싸우는 것까지 대행하고(요리·생활·오디션 예능) 웃음, 눈물, 속생각까지 대행함으로써(음향효과·자막), TV에선 육체, 마음, 신경계 같은 마지막 사적 영역조차 남아나질 않는다. TV 카메라의 윤리적 문제는 사적 영역을 침범하는 것이 아니라 반대로 침범할 사적 영역을 남기지 않는다는 것, 고로 공과 사의 분별을 강화하는 것이 아니라 반대로 취소하고 그 대립을 더욱 부추긴다는 것에 있다. TV는 사생활과 공론장의 공멸, 진정 반(反)하버마스 기계다. 앞서 말했듯, TV는 무대의 뒤편을 남기지 않기 위해서만 무대화한다. 최대한의 현존을 축적하기 위해서다. 반면 영화엔 무대 뒤가 있다. 물론 영화에서도 카메라는 곳곳에 침투하며 무대 뒤는 다시 무대화되곤 하지만, 목적이 아예 다르다. TV가 뒷무대를 없애기 위해서만 무대화한다면, 영화는 또 다른 뒷무대가 생기도록 하기 위해서만 무대화한다. 즉 영화는 또 다른 무대를 발생시키는 한에서만 뒷무대를 지운다. 그리고 거기엔 반드시 배역의 변경이 동반된다. 〈로마의 휴일〉에서 스페인광장은 공식일정에 포함되어 있지 않았으므로 공주에겐 뒷무대였으나, 공주와 기자가 각자 학생인 척하고 외판원인 척하면서 비로소 그들에게 무대화된다. 뒷무대는 지워진 게 아니라, 반대로 또 다른 무대로 변형된 것이다(배역이 많아지고 다층화될수록 변형도 복잡해질 것이다). 이처럼 영화가 그 무대경계를 지우는 것은 또 다른 무대경계를 더 발생시키기 위해서지, 결코 더 삭제하기 위해서가 아니다. 엄밀히 말해 영화엔 애당초 뒷무대가 없다고도 할 수 있다. 그저 여러 다른 무대가 있을 뿐이다. 차라리 여러 옆무대가 있을 뿐이라고 해야 할까. 영화는 현존의 축적이 아니라 현존의 변신을 위해서만 무대화한다.

시간의 흐름 속에서 현재가 가지는 본성처럼, 그 순간성의 취약성처럼, 지워지기 쉬운 무대경계, 허물기 쉬운 무대, 이것이 TV가 목표하는 바다. 고로 무대벽이 지니는 물질성의 약화 및 삭제 또한 불가피하다. 마치 놀이동산의 미키마우스 인형탈의 재질이 미키마우스가 지니는 현존성에 대해서 아무것도 변경하지 않는 것처럼 말이다. 예를 들어보자. 뉴스엔 O.S. 샷이 없다.

앵커는 언제나 정면을 바라본다. 시트콤이나 예능에서도 O.S.는 편의상 사용하는 것이지, 풀샷만으로도 정보의 전달과 이미지의 포착은 충분하며 공간과 그 사물들에 대한 지나친 관심과 염려는 외려 사치고 낭비가 된다. TV 드라마에서 인물이 숨거나 엿듣는 장면을 예로 들어보자. 바보남편과 그의 어머니가 음모를 꾸미는 것을 아내(며느리)가 엿듣는다고 해보자. 이때 세 인물 모두를 풀샷에 몰아넣는 것으로 충분하며, 아내가 소파나 벽 뒤에 몸을 숨긴 정도나 거리가 현실에서는 아무리 들킬 만할 지척일지라도 그 뻔뻔한 작위성에 대해 어떤 시청자도 딴지를 걸지 않는다. 즉 며느리는 숨은 게 아니라, 숨었다 치는 것이다. 며느리가 몸을 숨긴 그 소파나 벽은 거기 있는 것이 아니라, 있다 치는 것이다. TV의 공간은 실질적으로 만져지거나 저항받을 수 없도록 그 물질성이 소거된 가설적 공간이다. 그 무대가 쉽게 취소되기 위해서다. 또 이미 쉽게 취소되었기 때문이다.

영화는 완전히 반대다. 영화엔 O.S.샷이 넘쳐나며, 행여 180 법칙이 지켜지지 않았을 땐 낭패를 본다. 두 인물이 함께 있는 공간의 실질성이 의심받기 때문이다. 또한 한 인물이 소파나 벽 뒤로 숨을 때는 그 소파나 벽은 실질적으로 딱딱해야 하고, 실질적으로 시선을 투과시키지 못할 만큼 두껍고 커야 하며, 그가 대상으로부터 유지하는 거리와 각도도 충분히 멀고 안전해야 한다. 즉 영화에서 무대벽은 가설적이지 않고 실질적이어야 한다. 정말 부피와 두께를 지녀서 여차하면 부서질 수도 있는 진짜 물질이어야 한다. 왜냐하면 영화에서 무대벽을 무너뜨리고 무대경계를 지우는 일은 결코 TV처럼 쉽게 일어나지 않기 때문이다. 일반적으로 영화에서 무대를 짓고 허무는 일은 반드시 힘이 든다. 그리고 그 힘의 실질적 소요, 그 고통의 지불이 배역변경을 정당화한다. 영화의 무대전환에 무임승차란 없다. 배우로 하여금 아무런 비용을 지불하지 않고 무대경계가 지워지거나 변경되는 일은 영화에선 절대 일어나지 않는다. TV는 프레임이 없다고 말하는 것으론 불충분하다. TV엔 몽타주도 컷도 없다. 무대벽이 너무 쉽게 허물어지기 때문이다. 거꾸로 말해 영화에 몽타주와 컷이 있는 것은 그 무대벽이 짓거나 허물어지는 데엔 어떤 힘이 반드시 소요되고, 누군가는 고통을 지불해야 하며, 어떤 육체는 반드시 배역변경의 고난을 치러야 함을 의미한다.

요컨대 TV의 무대는 앤디 워홀이 꿈꿨던 "하나의 큰 빈 공간"one big empty space이다. 여기선 로마조차 하루 만에 지어지고 하루 만에 무너진다. 반면 영화에서 로마는 하루 만에 지어지지 않는다. 거기엔 반드시 힘과 시간이 들고, 고로 휴일이 필요하다. 그래서 〈로마의 휴일〉이다.

배우의 육체에 대해서도 같은 것을 말할 수 있다. TV 배우들의 육체는 가설적이다. 그들은 형상만을 지니고, 결코 다치지 않는다. 그들은 심지어 화장을 한 채 잠을 잔다. TV 배우들의 피부는 매끈한 표면이다. 자동차 광고에서 보여주는 금속표면과 동급이다. 반면 영화배우들의 육체는 형상보다는 질료에 더 충실하다. 컷이 바뀌거나 장면전환을 할 때 그들의 육체는 반드시 그에 걸맞은 변화를 겪어야 하고, 필요하다면 물건들과 부딪히는 고통을 지불해야 한다. 그 피부는 까칠까칠하고 심하면 상처가 나 있는 표면이다. 영화에서 육체는 전적으로 그 시공간의 역사적 일부로서 거기를 점해야 한다. TV 시트콤 배우는 사투리가 어색해도 그럭저럭 용서되지만, 영화배우는 사투리가 어색하면 비난은 가차 없다. 사투리가 진짜 같지 않아서가 아니라, 그 육체가 진짜 같지 않아서다. 익숙함이 없다는 것은 역사성이 없다는 것이고, 역사성이 없다는 것은 물질성이 없다는 것을 의미한다. TV 배우가 자연스러운 사투리를 구사하지 않아도 용서되는 건 그 육체가 물질성을, 고로 역사성을 면제받았기 때문이다. 요컨대 영화배우의 육체는 가설적이지 않고 물질적이다. 그것은 구체적 시공간을 점하며 힘이 실질적으로 가해질 수 있는 표면이다. 영화에서 분장이 스스로를 숨기기 시작한 때부터, 영화는 TV의 대체품이기를 멈추고 그와 본격적으로 경쟁하기 시작했다고 말해도 좋을 것이다. 영화의 육체엔 역사로부터의 상흔, 즉 푼크툼이 있다(최소한 연출될 수 있다). TV의 육체엔 푼크툼이 없다. 업데이트가 그를 너무 쉽게 메운다. 영원한 현재는 상처 나지 않는다. 소멸을 모르기 때문이다. 소멸하더라도 너무 쉽게 복구된다.

TV에 몽타주가 없는 것은 가설엔 몽타주가 필요 없기 때문이다. 영화에 몽타주가 있는 것은 물질엔 몽타주가 필요하기 때문이다. TV에 컷이 없는 것은 그 육체가 컷되지 않기 때문이다. 영화에 컷이 있는 것은 그 육체가 컷되기 때문이다. 〈비디오드롬〉 같은 크로넨버그의 영화들은 TV의 육체도 컷될 수 있음을 보여주는 게 아니다. 반대로 TV가 컷하는 유일한 방법은 육체가 사이보그가 되는 수밖에 없음을 보여준다(고로 사이보그는 비디오테이프 투입구를 푼크툼으로 가지는 자다).

TV의 목표는 물질 없는 현존으로만 충만한 전일적 무대를 건설하는 것이다. 멈포드의 용어를 변용하자면, TV는 메가무대 megastage다. 거기에도 힘은 들겠으나(기자·PD·스태프도 노동하고 월급을 받는다), 그 모두는 무대전환의 힘이 들지 않도록 하는 시공간을 건축하기 위함이다. 따라서 무대벽과 배우육체 같은 물질성의 취소는 불가피하다. 순수한 과대현존엔 물질이 필요 없다. 어차피 다음 순간에 업데이트되면 그만이기 때문이다.

반면 영화는 현존의 축적이 아니라 현존의 갱신, 무대의 삭제가 아니라 무대의 '발생'이다. 그래서 비록 TV보단 덜 연극적일지라도, 다른 한편 사진과 문학의 본성에 힘입어 그는 무대전환과 배역변경에 힘과 노력을 들이고, 그 힘과 노력이 티 나는 것을 즐긴다(영화배우가 스턴트 대역 없이 액션장면을 찍었다는 것, 혹은 특수분장을 받느라고 6시간을 견뎌내야 했다는 건 TV보다는 영화에서 더 자랑할 거리다). 왜냐하면 영화의 무대는 가설적이지 않고 물질적이고, 배역은 담론적이지 않고 육체적이기 때문이다. 영화는 순수한 과대현존에 애초부터 관심이 없다. 현존은 변형되기 위해서만 주어지는 것으로서, 애당초 과거와 미래 쪽으로 잡아 당겨져 구멍 나는 팔자이기 때문이다. 영화는 업데이트를 경멸한다. 현존의 순수성을 경멸하기 때문이다.

TV는 영화의 연극성에 대한 반례가 아니다. 외려 TV의 과대연극성과 비교해본다면, 영화는 그 중도를 지키기 위해 육체와 물질마저 무대화하는 비유비무의 연극, 즉 연장적 연극임이 분명해진다.

아마도 TV와 영화의 이와 같은 간극을 줄이려고 했던 영화작가는 베르토프와 워홀이 거의 유일할 것이다. 그러나 너무나 다른 방식으로. 베르토프는 필름릴이 항구적으로 업데이트되어 전 지구의 모든 지점을 연결하는 필름스트립 네트워킹을 꿈꿨다("사실들의 공장"). 그에게 과대현존은 공산주의를 의미했다. 반면 워홀은 스크린을 하나의 거대한 물신으로 만들어 실재와 가상을 분간 못할 때까지 관객의 주체성을 지워버리려 했다. 워홀은 돈으로 영화를 만든 게 아니라 영화를 돈으로 만들었다("돈은 순간이다"). 그에게 과대현존은 자본주의를 의미했다. 워홀은 자신의 영화 앞에서 영사기도 관객도 사라지기를 원한다고 말한다.[2] 베르토프가 TV를 영화화하고자 했다면 워홀은 영

---

2. Andy Warhol, *The Philosophy of Andy Warhol*, Harvest Book, 1975. 5, 7, 9장. 쉽게 허물어지고 재건되는 인스턴트 도시 개념에 대해선 10장을 보라. 이 책은 TV에 대한 최고의 철학서다.

화를 TV화하고자 했다.

영화는 TV가 아니다. 너무나도 다른 연장이기 때문이다. 영화에 비한다면 TV는 거의 연장하지 않는다고 말해도 좋다. 너무 쉽게 쪼개고 붙이기 때문이다. 너무 쉬운 연장은 연장이 아니다.

만병통치약은 약이 아니다. 가끔은 독이다.

6장

영화감독은
실재하는가?

영화사를 펼쳐 보면, 거기엔 장르의 다양함만큼이나 다양한 감독들의 이름들이 펼쳐진다. 물론 영화산업과 정치상황의 부침에 따라 그 수가 많아지기도 하고 적어지기도 하지만, 언제나 영화감독의 이름은 다수다. 몰려다닌다. 이는 슈퍼마켓의 진열장에 과자 한 봉지만이 전시되지는 않는 것과 마찬가지다. 작가주의도 슈퍼마켓이냐 아니냐 하는 논쟁은 무익하다. 작가주의 그룹이야말로 진열장에 한 봉지만 올렸다가는 가장 큰 손해를 보는 쪽이라는 결론 이외엔 모든 조건이 동일하기 때문이다. 차라리 진열장은 생물도감이다. 자연은 진화선상에 한 마리의 생물만을 전시하지 않는다. 육식동물이건 초식동물이건, 식물이건 아메바건 그렇다. 그런데 우리는 생물도감을 섣불리 감독도감에 유비시킬 수도 없다. 작품들의 묶음에 붙는 감독이름은 하나의 생물이 아니라 생물들의 묶음에 매핑되기 때문이다. 생물은 작품이지 감독이 아니다. 유사창조자인 감독은 한발자국신 쪽으로 물러서야 하나? 그는 어떤 의미에선 실존하지도 않았었다. 종種이 실존하지 않는다는 의미에서 그렇다. 분명 인간 존 포드 개인은 실존했다. 아일랜드 이민계 후손, 1894년 출생, 존 마틴 프리니로서. 그리고 그의 작품도 분명 실존했고 그 증거로 프린트들이 아직 실존한다. 1935년 〈밀고자〉, 1939년 〈역마차〉, 1956년 〈수색자〉 … 그런데 그 사이에서 감독 존 포드는 실존했을까. 촬영장에서 모뉴멘트 밸리의 모래바람을 먹은 육체도 먼저 인간 존 포드 개인의 것이고, 그의 기관지에 들러붙은 모래알

갱이가 제작 중인 영화의 작품성에 공식적인 인과관계는 가지지 못할진대.

영화감독의 독특한 위상은 작품을 제 손으로 직접 제작하는 사람과 그 작품이 유지하는 거리가 기존 예술형태와 다르다는 데에서 온다. 그 거리가 가장 짧은 경우, 예술가의 손과 작품이 만나는 접촉면은 최대가 되고 예술가는 작품의 모든 세세한 부분들을 결정하게 된다. 이것이 회화·문학·음악의 경우로서, 이때 예술가는 군주의 권위를 가진다. 반대로 그 거리가 가장 먼 경우, 예술가의 손과 작품이 만나는 접촉면은 최소화되고 작품은 독립적이 되어 예술가의 창조성을 거꾸로 제한한다. 사진이 대표적인 경우이며, 막이 오르면 배우들에게 권한 일체를 부득불 이양해야 하는 연극연출가도 이 경우에 속한다. 이 경우 예술가는 모든 것을 통제하는 군주가 아닌, 이미 저절로 통제되어 있는 대상을 지시하거나 전달하는 메신저나 가이드의 역할에 머무른다. 영화감독은 이 두 유형 중 중간쯤 된다. 애매하다ambiguous. 게다가 이 애매성은 그의 손이 닿는 접촉면이 넓어질수록 작품과의 거리가 더 멀어진다는 역설에 의해 배가된다. 영화에는 스태프가 너무 많기 때문이다. 게다가 영화엔 스태프를 줄이고 줄여 봐도 작품과 감독 사이엔 더는 줄일 수 없는 마지막 스태프가 하나 더 있다. 카메라가 그것이다.

결국 영화감독이 작품과 가지는 고유한 위상은 언제나 다수로서만 존재하는 스태프(인간·기계 모두 포함해서) 중 그 자신도 일부라는 사실, 고로 그는 자신의 손은 하나인데 여러 손들을 다뤄야 한다는 사실로부터 온다. 작품과의 거리를 구성하는 손의 다수성, 이것이 현실조건의 개선(가령 카메라가 경량화된다든지 하는)에 의해서 얼마든지 줄이거나 없앨 수 있다고 생각한다면 오산이다. 이 다수성은 영화의 본성으로부터 필연적이다. 우리가 살펴본 대로 영화의 본성은 문학·사진·연극의 본성이 엉켜 있다. 펜·카메라·무대라는 최소한 세 가지 기계가 필요하며, 이를 다루는 세 명의 스태프가 필요하다. 더군다나 위 기계들은 다른 세부기계들을 필요로 하는데, 예컨대 제작·조명·녹음·음향·시나리오·편집·미술·분장·의상·배우 등등이 그것이며, 이는 다시 그를 다룰 줄 아는 스태프들을 추가적으로 요구한다. 한마디로 당신이 영화를 선택하는 순간, 당신 곁엔 필연적으로 다수의 스태프가 있게 된다. 또 이 다수는 작품의 독창성에 적극적으로 참여한다. 실제로 어떤 영화에서 당신이 감탄했던 부분들은 제작자의 아이디어거나 촬영이나 미술 쪽에서 놓은 신의 한 수인 경우가 허다하다. 당신이 얼마나 다재다능한 예술가이건, 얼마나 기발하거나 고집스러운 감독이건 상관없다. 당신의 천재성만으로 이 본질적으로 다수인 스태프를 결코 제거할 수 없다. 천재성은 경험적 차원인 데 비해 이 다수성은 선험적 차원으로서, 언제나 경험에 앞서기 때문이다. 아무리 소박한 독립영화로 규모를 축소해 봐도 사정은 마찬가지다. 독립영화는 영화의 독립이지 감독의 독립이 아니다. 또 설령 1인 제작시스템으로 작업하는 영화감독의 사례가 발견된다 할지라도(분신술을 쓰지 않은 이상 그런 경우는 불가능할 테지만) 스태프의 선험적 다수성을 막을 수 있는 것도 아니다. 그것은 영화제작이 다른 예술형태보다 더 많은 스태프를 지니고 더 규모가 크다는 사실로부터 정당화되는 것이 아니라, 그것이 대성당 궁륭의 모자이크 작업이나 피라미드 건설현장 만큼이나 얼마든지 커질 수 있다는 '가능성'으로부터 정당화되기 때문이다. 이런 측면에서 볼 때 가장 예외적인 경우는 작가주의 영화나 독립영화가 아니라, 직접 손으로 필름을 만지거나 현상하는 영화들일 것이다. 여기선 – 작가와 피드백을 주고받는 식으로 – 영화 자신조차 스태프가 되기 때문이다. 이 경우 역시 스태프의 선험적 다수성은 변함이 없다. 그의 발생이 경험될 수 있다는 점이 달라졌을 뿐. 여러 대의 기계, 여러 개의 손, 고로 여러 명의 스태프, 이것은 영화의 본성에 내포된 운명이다.

"카메라-만년필"(아스트뤽)은 사실 불가능하다. 영화감독은 자신이 만년필도 못 쥐는 데다가, 만년필 이외에 기계가 더 필요하기 때문이다. 당대 주창되었던 "작가주의"와 작가의 "개성"이 다른 맥락과 의미로 재해석되지 않는 한, 카메라-만년필이 가능한 경우는 만년필에 천 개의 기계를 통폐합하거나, 아니면 감독자신이 천수보살이거나 둘 중에 하나다. 그게 아니라면 영화감독은 이 선험적 다수인 접촉면을 이어붙이는 손, 즉 여러 손들중의 손으로 남을 수밖에 없다. 이것이 영화감독이 사진과 문학,

메신저와 전제군주 사이에서 애매하게 유지하는 조직가의 역할이다. 조직가^{organizer}라는 말이 맘에 안 든다면, 다른 말을 써도 좋을 것이다. 중개자^{mediator}, 변조자^{modulator}, 조정자^{controller}, 연결자^{connector}, 지휘자^{conductor} 등등, 사물들과 접촉하는 무수한 손들을 쪼개고 붙이는 역할을 지칭하기만 한다면야. 영화감독의 역설은 여기에 있다. ─ 영화감독이 직접 카메라를 다루지 않고 무대미술을 하지 않는 평균적 상황을 전제한다면 ─ 그는 손도 안 대고 가장 많이 만진다. 손들의 손이기 때문이다. 만약 영화감독이 실재하지 않는다면, 그가 손을 안 대고도 그리 많은 사물과 접촉면을 누린다는 의미에서다. 차라리 영화감독은 손들을 몽타주하는 손이다. 영화는 결과물에서뿐만 아니라 공정에서조차 '연장적'^{extensive}인 셈이다.

저 역설을 더 악화시키는 차원을 하나 더 첨언해야겠다. 영화는 본성상 무수한 접촉면을 가지지만, 이는 사물과의 접촉만은 아니다. 문학적 본성상 그것은 개념과도 접촉한다. 게다가 사진적 본성상 "실재성을 빌려오므로" 이때 접촉되는 개념은 필연적으로 사회적·역사적·윤리적·정치적 담론들을 유도하는 것은 불가피하다. 영화는 사진이나 회화처럼 정치적 문맥과 사회적 담론을 단번에 삭제할 수 없다. 당신이 아무리 고결한 미학으로 도망친다 하더라도 지긋지긋하게 들러붙는 채무처럼 그것은 따라온다. 당신이 카메라를 켜는 순간 실재성을 빌렸고, 반드시 갚아야 하기 때문이다(로케이션 촬영에서 서울이 아니라 굳이 울산을 헌팅하는 이유는 서울에는 없는 무언가가 울산에 있기 때문이다). 영화감독의 자리는 사물들이 엉키는 조절의 장소이기도 하지만 말과 담론과 비평, 그 의미가 만수산 드렁칡으로 엉키는 협상의 장소이기도 하다. 영화감독은 손들의 손인 것과 같은 이유로, 입들의 입이 된다.

실제로 아스트뤽이 카메라-만년필을 주장했던 글을 그동안 교과서적으로 요약되어오던 편견을 모두 버리고 다시 읽어보라 (「새로운 아방가르드의 탄생」, 1948). 영화감독이 카메라-만년필을 쥐게 되리라고 선언하는 것이 아니라, 카메라-만년필을 쥐는 손은 우리가 이제껏 생각해 온 소설가 개인의 그 자유창작하는 손이 아니리라고 예언하는 것에 가깝다.

영화감독은 실존하지 않는다. 그는 무수한 사물과 말 사이에서, 그만큼 무수한 기계와 사람 사이에서 '틈존'闖存한다.

그러니까, 영화감독이 무수한 스태프들 사이에 존재하는 것은, 영화가 무수한 군중들 사이에 존재해야 하기 때문이다. 아무리 갤러리가 꽉 차도, 베스트셀러가 되어도 미술이나 문학의 관객은 결국은 개인이다. 영화는 그렇지 않다. 한 사람만이 영화관에 있어도 그는 집단이고 군중이다.

조직자, 중개자, 연결자보다 더 좋은 말이 있다. 심지어 우린 그것을 이미 쓰고 있다. '방향지시자'director가 그것이다. 그는 자기 손으로 만들고, 자기 입으로 말하지 않는다. 언제나 타자의 손을 빌어 만들고, 타자의 입을 빌어 말한다. 그가 할 수 있는 것이라고는 방향direction을 가리키는 손가락질, 그뿐이다. 이런 의미에서 영화감독은 사진가만큼이나 작품 앞에서 무력할는지도 모른다. 과연 셔터를 누르는 손가락과 방향을 가리키는 손가락, 그중 어느 것이 월등히 더 큰 능력과 재주라고, 모세의 신앙심이 아니고서야 어떻게 확언하겠는가. 외려 확언할 수 있는 것은 사진에서 기계(카메라)가 전담하던 일을 영화에선 사람(스태프)이 분담해서 한다는 사실뿐이다.

우리는 영화감독의 위대함에 대해서 말하곤 한다. 그리고 그가 그 능력을 소유한 양 그 이름을 고유명사로 응결시키곤 한다. 하지만 이는 으레 작품의 위대함을 우회하여 투사되는 판단이다. 이 감독은 위대한데 그 이유는 이 작품이 위대하기 때문이라는 식이다. 심지어, 이 감독은 위대한데 그 이유는 그가 유명한 영화제에서 상을 받았기 때문이라는 식이다. 맙소사, 유명하기 때문에 고유명사라니. 경험적으로 유명하니 선험적으로 고유하다니. 이렇게 투사된 유비는 영화감독이 작품에 대해서 가지는 능력을 과장해서 문제가 아니라, 반대로 축소해서 문제다. 영화감독의 자리에 엉켜 들어가 창조성을 구성하고 있는 무수한 손들, 입들, 접촉면들, 그로부터 다시 이어지는 환경과 담론을 사상시켜 개인의 능력으로 축소하기 때문이다. 그런 판단은 플라톤만큼 본질주의적이다. 그 구체적 시공간에서 움직이던 스태프들, 기계들을 변조하고 정향시키던 그 능력을, 시공간이 없는 실체로 축소하기 때문이다. 만약 타르코프스키가 그 시대, 그 지

역, 그 집안에 태어나지 않았고 그 시집을 읽지 않았으면 〈희생〉
은 그런 영화였을까? 나아가 그가 영화를 하기나 했었을까? 반
대로 남기남이 타르코프스키의 그 시대, 그 지역, 그 집안에 태
어났고 그 시집을 읽었다면 〈영구와 땡칠이 4 : 홍콩할매귀신〉를
거기서도 만들었을까? 소쩍쿵은 러시아어로 뭐라고 했을까? 나
아가 그가 기도를 하긴 했을까? 그가 기도를 하고 나무도 심고
해서 결국 〈희생〉을 만들었다면, 그것은 타르코프스키의 그런
영화였을까? 환생가설을 세워보자는 게 아니다. 반대로 환생가
설을 어김없이 무너뜨리는 그때 그곳의 접촉면들, 그 조절의 장
소에 그 영화감독이 거한다. 여기서 그의 개인적 능력은 무능 자
체다. 타르코프스키는 그때 그곳의 타르코프스키인 것처럼, 남
기남은 그때 그곳의 남기남이다. 그들의 스태프가 단지 타르코
프스키의 스태프이고 남기남의 스태프가 아니라, 그들의 그 스
태프였던 것처럼. 어떤 영화감독도 그 자신이 접촉했던 담론과
사물들을 중계하고 조정한 결실로서만, 그가 그때 그곳에서 빌
린 실재성을 갖는 과정으로서의 결과물만을 가진다. 그는 그 자
신의 실존조차 사물과 말의 그물에서 떼어낼 수 없다. 그만큼
감독 자신은 사물과 말에 대해 직접적으로는 무력하며, 언제나
스태프와 기계들, 담론과 문맥에 둘러싸였을 때만 비로소 존재
한다. 즉 감독은 개인으로서는 존재하지도 않는다.

그는 혼자 그 작품을 만들지 않았다. 그가 중개하는 모든 것
이 그에 참여하며, 그는 손가락을 까딱했을 뿐이다. 사진가가 셔

터를 누를 때의 바로 그 동작으로. 심지어 카사베티스 같은 다이렉트 시네마 작가들처럼 그마저도 까딱하지 않으려는 감독들도 있다. 그러나 이는 스태프와 기계들, 말과 사물, 그 접촉면들이 더욱 생생하게 영화의 창조에 동참하도록 유도하기 위해서다. 차라리 영화는 세상이 만들고, 감독은 그를 최초로 목격한다.

그리고 그 세상엔 반드시 집단으로서의 관객이 포함된다. 어떤 점에선 관객보다 더 좋은 다수의 스태프는 없다. 영화는 군중으로 시작해서 군중으로 끝난다. 감독은 그런 군중에 둘러싸여서만 존재한다.

영화감독의 이름은 고유명사가 될 수 없다. 그때 그곳에서 접촉했던 모든 것을 지시하는 대명사가 되는 능력 말고는 그는 아무것도 할 수 있는 게 없다. 브랜드네임이 빵을 맛있게 하는 게 아니라 빵이 맛있으니 브랜드네임이 있는 것이다. 영화는 무수한 제빵사를 갖는다.

슈퍼마켓에 진열된 건 상품이기 전에 모나드Monad다. 영화감독은 모나드다. 필터이고 막이다. 다른 세상에서 그는 그 자신의 술어 외에 다른 물질, 다른 대상, 다른 접촉면을 가지지 않을 수도 있었을 것이다. 그러나 그만큼 종의 다양성은 희생되고 생물도감의 풍부함은 초라해졌으리라.

영화감독의 고유성이 곧바로 그의 자유를 의미하진 않는다. 반대로 영화감독은 너무 고유한 대신, 그 고유성을 구성하는 모든 것에 책임을 진다. 그의 고유성은 실체의 고유함이 아니므로. 단지 "개성"personality이 아니므로. 빌렸으면 갚아야 한다.

비평의 언어가 의심해야 할 것은 영화감독의 능력이나 이름값이 아니라, 능력과 실체, 대명사와 고유명사를 혼동하는 언어 자체다. 후진 비평의 언어는, 의도하건 의도하지 않건 대명사를 고유명사로 경화시키는 희한한 재주를 가지고 있다. 언어라서 그런가? 아니면 권위 있는 영화제에서 붙여주는 권위 있는 월계수 라벨 말고는 아직 공통의 언어를 찾지 못해서인가?

작품이 위대하므로 감독도 위대하다고 말하는 것은 빵이 맛있으니 브랜드도 맛있다고 말하는 것처럼 바보 같다. 박정희 정권 때 경제성장률이 가장 높았으니 박정희가 경제발전을 시켜주었다고 말하는 것만큼이나 바보 같다. 이것이 편의성을 핑계로(더 정확히는 언표의 주술구조主述-와 소통의 효율성을 핑계로) 버릇처럼 쓰다가 문법처럼 고착된 비평의 오랜 인습이다. 근대과학이 시공간에 대해 그랬던 것처럼, 비평이 스태프와 그들의 시대에게 범하는 '단순정위의 오류'다.[1] 폴린 카엘은 〈시민 케

---

[1] '단순정위의 오류' 역시 화이트헤드로부터 빌려온다(『과학과 근대세계』, 3, 4장). 단순정위의 오류란 한 사물이 지니는 여러 시공간적 관계를 기술하려고 할 때, 사물을 그 본질적 관계로부터 떼어낸 뒤 추상적인 특정 장소와 시간 내에 자족적으로 존재하는 것처럼 위치시키는 오류다. 간단히 말해 단순정위의 오류는 구체적인 사태를 이미 추상된 것과 혼동하는 오류다('잘 못 놓인 구체성의 오류'라고도 불린다). 화이트헤드가 자주 드는 예는 뉴턴의 물체와 절대공간, 그리고 아리스토텔레스의 실체와 속성이다. 절대공간이 물체가 위치되는 데에 무관심한 기체(substratum)가 되는 것처럼, 실체는 속성이 위치되는 데에 무관심

인〉의 시나리오가 웰스 본인의 창작물이 아님을 폭로하려고 했다. 그러나 이는 웰스가 대명사임을 증명하기보다는, 웰스 본인이 그 고유명사에 걸맞지 않음을 증명하려는 노력이었다는 점에서 '단순정위의 오류'였다. 그녀는 – 다른 많은 미국 비평가가 그렇듯 – 여전히 고유명사를 믿는 비평가였다. 그녀가 이 오류를 피하려면 시나리오에서 이미지로 발전되는(연장되는!) 공정을 역추적해서 웰스의 이름이 스태프 집단의 대명사임을 밝혔어야 한다. 웰스의 이름이 웰스 본인의 소유물이 아님을 밝힐 게 아니라. 은연중에라도 감독의 위대함이란 판단은 시나리오부터 촬영장과 편집실뿐만 아니라 그 시대와 장소까지 펼쳐지는 연장성에 대한 모독, 고로 영화의 본성에 대한 모독이다. 위대한 감독이란 없다. 위대한 작품만이 있고, 그 위에 새겨지는 이름들이 있을 뿐이다.

영화가 연장의 예술이고, 고로 개체화의 예술인 것이 참이라면(그 덕분에 연극성을 필요로 하고, 장르분화가 일어난다는 것도 참이라면), 영화감독이 대명사라는 것도 참이다. 왜냐하면 감독 개인은 개체가 아니라, 개체화되는 수많은 하위개체들 중 하나이기 때문이다. 감독도 스태프의 일종이다. 나머지 스태프들 틈바구니의 스태프일 뿐이다.

감독과 술 한잔한다고 해서, 그의 개인사를 한 줄 더 안다고

한 기체가 되고 있다는 것이 화이트헤드 근대성 비판의 요지다.

해서 꼭 그만치 그의 작품을 더 알게 되는 것은 아니다. 영화감독은 송신자가 될 수 없다. 영화는 그 스스로 제일 잘 안다. 심지어 그는 감독보다 더 많이 안다. 작품이 고유명사지, 감독은 아니다.

같은 이유로 영화감독은 천재도 될 수 없다. 아무리 깐느 영화제에 초대되고 유명해지고 황금종려상을 받아보라. 그럴수록 증명되는 것은 감독 개인의 고유성이 아니라, 그의 작품(군)이 반영하는 집단 혹은 관계의 고유성이다. 감독이 누리는 실재성은 집단의 특이성을 반영하는 그때 그곳의 관계의 실재성이지, 개인의 비범성으로 한정되는 배타적인 실재성이 아니다. 황금종려상을 열두 트럭으로 받아도, 깐느·베니스·베를린 영화제의 레드카펫을 모두 석권하는 우주킹왕짱 그랜드슬램을 달성해도 감독은 천재가 될 수 없다. 그와 함께 접촉하고 그의 이름으로 조직되었던 어떤 집단, 관계, 마주침이 천재적일 뿐이다.

자본주의에서 우리는 잘 팔린다는 것과 위대하다는 것을, 유명하다는 것과 고유하다는 것을, 이름값과 가치를, 신화와 실재를 혼동하도록 교육받고, 결국 고유성을 개인의 소유물로 오인하도록 교육받는다. 마치 가치가 화폐 안에 들어 있는 것처럼. 불행히도 가끔씩은, 감독 자신도 이를 오인하여 자뻑에 허우적 댄다.

영화감독은 실재하는가? 명사인 한에서 그렇다고 할 수 있다. 그러나 고유명사 자체로서 그는 실재한 적이 없다. 그가 고유명사로 유통되는 것은 그가 대명사로 생산하는 한에서다. 영화감독은 언제나 대명사로서만 실재한다.

이것이 바로, 임권택의 이름은 정일성 촬영감독 없이, 장선우의 이름은 유영길 촬영감독 없이 아무런 의미가 없음에도 불구하고, 그저 임권택, 장선우라고 줄여서 부르는 이유이기도 하다. 임권택은 위대하지 않다. 그의 이름이 대표하는 살아내어진 어떤 것들이 위대할 뿐이다.

임권택 본인의 술회처럼. "그 감독 자신이 살아낸 삶, 그 삶에서 누적되어 온 경험들, 그거를 찍는 거여. 그 이상도 그 이하도 아닌 거 같애."(〈102번째 구름〉 인터뷰).

영화감독의 이름은 그가 함께했던 스태프들, 그가 함께했던 기계들, 그와 동시대에 마주쳤던 말과 사물들을 대표할 뿐이다. 그가 겪게 되는 모든 행운과 불행은 하늘의 뜻이지, 결코 브랜드의 뜻은 아니다.

7장   스크린은 평평한가?

두루 공인된 정답은 이미 나와 있다. 스크린은 평평하되 구멍을 전제로 해서만 그렇다는 것이다. 알베르티 원근법을 실현한 17세기 광학장치 중에 가장 효과적으로 현대의 카메라-스크린 구조를 선구했던 카메라 옵스큐라camera obscura가 꼭 그랬다. 여기서 빛은 조그만 구멍을 통해 들어와 상자 내벽에 맺힌다. 스크린은 평평하지만, 이는 어디까지나 구멍과 마주 보는 한에서다. 아마도 구멍과 스크린을 종합한 은유는 "거울"이나 "창문"일 것이다. 영화는 세상을 비추는 거울이라거나 세상을 바라보는 창문이라고 할 때, 그런 은유는 스크린의 공평무사함(실재와의 유사성)과 구멍의 투과성(이미지의 신뢰성)을 잘 버무리고 있다. 알베르티도 스크린을 너무도 적절히 "시각 피라미드piramide visiva를 횡단하는 투명한 유리판"[1]이라고 썼다. 그런데 이런 생각들은 고대적인 것이다. ─ 고대제의에서 아무도 샤먼의 권위를 문제 삼지 않는 것처럼 ─ 거울을 든 사람과 창문을 만든 사람의 자리를 질문하지 않기 때문이기도 하거니와, 그를 인간으로 치환하여 거울과 창문의 출처와 공정을 계몽한다 할지라도 여전히 매우 고대적인 관념 하나가 더 남아 있기 때문이다. 그것은 구멍과 스크린이 어떤 '거리'를 두고서 떨어져 위치한다는 관념이다. 거리의 관념은 아무리 구멍과 스크린의 개념을 한데 버무려놓아도,

---

1. 레온 바티스타 알베르티, 『알베르티의 회화론』, 노성두 옮김, 사계절, 1998. 1권, 32쪽.

실재의 연속체가 흘러들기 위해서는 그렇게 들어오는 거리가 필요한 것처럼, 그 안에 오롯이 남아 있다.

잘 알려진 대로 이 관념의 원조는 플라톤이었다. 자동인형들의 그림자만 보며 평생을 살았던 동굴 안 죄수들은, 사실 동굴이 아니라 동굴 벽면과 그 광원이 이루는 거리에 갇혀 있었다. 플라톤의 이 비유는 거리의 관념에 대한 완벽한 도해다. 즉 거리는 스크린(동굴 내벽)과의 물리적 거리, 피사체(자동인형)와의 개념적 거리, 광원(태양)과의 존재론적 거리로 이루어지며, 그 각각은 플라톤 철학에서 자연학·형이상학·신학의 차원을 구성한다. 그리고 신플라톤주의는 그 비례관계에 따라 르네상스의 인간보다 훨씬 더 일찍 존재의 피라미드를 구축했고. 신플라톤주의가 "유출"eranatio을 개념을 개발했을 때와 마찬가지로, 니엡스도 "헬리오그래피"heliography란 단어를 떠올렸을 때는 태양(신)–천사(이데아)–피조물(현상)로 이어지며 플라톤의 죄수를 옭아매던 거리의 관념에 부지불식간 투항했다고 해도 과언이 아니리라. 과연 스크린에도 볕 뜰 날이 있다. 그러나 플라톤의 죄수들에겐 그날이 가장 불행하다. 볕이 거리의 사슬을 더욱 강렬히 이루어 옥죄기 때문이다.

그러나 영화는 달랐다. 영화가 비록 막내지만 근대예술 중 그리 많은 기대와 환호를 받았던 것은 그가 천성적으로 거리를 줄이는 데 매우 능했기 때문이었다. 한자리에 고정되어 있던 카메라는 점점 앞뒤로 전진·후진할 수 있게 되었고, 대상과의 거리를 자유자재로 늘였다 줄였다 할 수 있게 되었다. 또 앵글과 관점을 얻어 대상이나 상황을 여러 국면에서 다각적으로 볼 수 있게 되었다. 심지어 그는 컷도 한다. 시공간도 다각화하는 것이다. 특히 쿨레쇼프와 푸도프킨이 이에 크게 탄복하였다. 즉 영화는 단지 보는 게 아니라, '뜯어본다.' 모든 의미에서 죄수를 옥죄던 거리는 갈기갈기 뜯고 찢기고 헤쳐져 남아나질 않았다. 만약 영화의 스크린이 여전히 동굴 벽면이고 거기에 펼쳐지는 이미지들이 여전히 그림자라고 하는 플라톤주의자에게 이렇게까지 잘게 쪼개고 붙여놓은 이미지가 과연 실재보다 못한 것이냐는 질문을 거꾸로 던질 수 있을 정도로는 충분히. 이렇게까지 올록볼록해지고 들쭉날쭉해지고 알록달록, 올망졸망, 울긋불긋, 울퉁불퉁해지며 오만 사물에 접촉할 수 있는 스크린이 여전히 평평한 것이냐는 질문을 거꾸로 던질 수 있을 정도로는 충분히. 영화는 옹알이는 반데카르트적으로 하더니, 걸음마는 반플라톤적으로 했다.

영화는 플라톤이 천상에서 동굴로 드리워 죄수를 옥죄던 거리를 갈기갈기 찢고 헤쳐 놓았다. 그렇다면 그렇게 족쇄가 비로소 풀렸을 때 죄수는 동굴을 탈출했을까? 대답은 예와 아니오, 둘 다. 죄수를 관객의 육체로 본다면 그는 탈출하지 않았다. 육체는 여전히 어두운 극장 안에 머무르기를 선택했다(뉴미디어를 반기는 이들이 이 사실을 강조한다). 그러나 다른 한편 죄수를 관객의 지성과 감성으로 본다면 그는 탈출했다. 아니, 동굴이 더 이상 동굴이 아니었기 때문에 탈출할 필요가 없었다. 그는 가만히 앉아서도 로마도 갔고, 예루살렘도 갔고, 히로시마도 갔고, 화성도 갔고, 트랜실베니아도 갔고, 또 바람과 함께 사라지기도 했다. 거리는 ─ 그것이 지성이든 감각이든 ─ 의식의 밑바닥부터 천정까지 얼마든지 줄어들어 연장이 되었다.

그러나 불행히도 그를 못 따라간 것은 아마도 바로 의식 자신이었던 것 같다. 여전히 극장 안에 고정되어 있던 관객의 육체로부터 유비적으로 그 의식도 거기에 고정시켜 버릇한 우리의 사유 속엔 아직도 거리의 관념이 남아 있다. 그리고 그것은 영화를 체험하는 방식과 완전히 유리된 방식으로 사유를 지배한다. "번개가 번쩍인다"[2]고 말할 때처럼, 우리네 말버릇과 생각버릇 속에 굳건히 남아있는 〈송신자─메시지─수신자〉라는 사유의 모델이 그것이다. 이 영화는 위대하고 저 영화는 후지기 때문에 이 감독은 위대하고 저 감독은 후지다고 말할 때, 스크린에 펼쳐지는 내용에 현실윤리를 투영하며 이 영화는 옳고 저 영화는 그르다고 말할 때, 가장 빈번하게는 난해한 영화에 대해서 젠체하는 비평가들이 "이건 몰랐지?"라며 대신 해석해주는 메시지에 귀 기울일 때, 우리 모두는 저 거리의 구도를 은연중에 사용하고 있다. 왜냐하면 위 경우 모두 스크린 앞의 관객에게 메시지

---

2. 물론 니체의 유명한 오류추리 논의를 염두에 둔다. 『도덕의 계보』, 1장 13절; 『힘에의 의지』, 548~551절. "주관, 객관, 술어─ 이런 분리는 조작된 것이다."(549절)

가 도달하는 것과 유비적으로(원근법적으로) 스크린 뒤로는 메시지를 송달하는 원점을 상정해야 하며, 결국 그 메시지의 전달 경로로서의 거리를 상정해야 하기 때문이다. 당신이 아무리 단어를 바꾸고 표현을 고쳐 봐도 이것은 불가피하다. 우리가 영화를 해독의 대상으로 삼는 순간, 모세가 중간에서 해독해주어야 할 하느님의 말씀처럼 영화를 생각하는 순간, 흡사 하느님의 천상으로부터 무지몽매한 히브리인의 땅 사이에 벌어진 그 거리처럼, 우리는 스크린을 기준으로 해독될 메시지를 송신하는 감독에서 그를 수신하여 해독하는 관객 사이에 벌어진 거리를 상정하기 마련이다. 이데아와 천사 같은 고대인들의 허황된 생각을 이미지와 예술로 대체했다는 데에 자축하면서도, 저 오래된 거리의 삼각구도인 〈태양(신)-피사체(이데아)-죄수(인간)〉를 〈송신자(감독)-메시지(이미지)-수신자(관객)〉로 유비함으로써 다시 영화와 우리 사이의 거리를 벌려놓는다. 그리고 그 거리 위에 어김없이 별점의 채점표가 펼쳐진다.

무엇보다도 영화를 사유한다는 언어. 거리 관념을 전제함으로써 영화에게 그를 전가시켰던 세 가지 유형의 언어가 있는 것 같다. 첫 번째 것은 송신자와 수신자 간의 간극을 만들어 놓고 이를 다시 잇기 위해 계속해서 벌려 나가는 방법이고(자연학), 두 번째 것은 반대로 송신자와 수신자라는 양 극점을 최대한 억압하여 그 중간과정만을 남기는 방법이며(메타자연학), 세 번째 것은 저 모든 구분이 무의미해질 때까지 실재성의 개념만을 남기는 방법이다(신학). 먼저, 자연학의 층위에서 인지심리학 혹은 정보과학의 전통이 있다. 여기서 송신자는 작가, 메시지는 스크린을 통해 송신되는 정보이며, 관객은 그를 해독하는 지성^{nous}의 기능이다(게슈탈트 심리학, 러시아 형식주의, 내레이션 이론). 아마도 이 전통이 철학과 동맹을 맺는다면 틀림없이 구조주의보다는 현상학일 것이다. 여기서 지성은 정보나 자극의 노출을 수용하고 또 보충하는 순수의식의 노에시스처럼 작동하기 때문이다. 둘째, 구조주의 영화기호학의 전통이 있다. 여기서 송신자는 (작가 혹은 인물의) 의식이 아니라 그 무의식이고, 메시지는 정보가 아니라 기표다. 메시지는 정보의 축적과 분배로는 결코 다 분석될 수 없는 자율적 의미작용이며, 언어에 의해 구조화된다. 인지심리학이 정보의 농축과 분산이 통합적인 인과계열을 구성한다는 점에서 자연학적^{physical}이라면, 여기서 의미작용은 인과법칙이 아닌 압축과 전위 같은 비통합적인 정신^{psyche}의 작용을 먼저 따른다는 점에서 메타자연학적^{metaphysical}이다(정신분석학). 물론 이 기호학적 전통은 송신자와 수신자의 존재와 자리를 최대한 지우고 그 사이 전 달작용만을, 즉 스스로 쓰이는 텍스트, 스스로 말하는 담론 같은 자율체계만을 남기려 했다는 점에서 〈송신자-수신자〉 모델을 극복하려 했다 할 수 있다. 하지만 그럴수록 그 간극은 더욱 커지며 송신자를 미지의 괴물로 더더욱 키울 뿐이었다. 마지막으로 모사이론 전통이 있다. 앞선 두 전통과 마찬가지로 모사이론도 스크린을 불투명한 것으로 상정했다. 다만 모사이론이 달랐던 점은 스크린이 투명해져야 할 당위가 있다는 그 윤리학적·미학적 태도에서였다. 모사이론에서 송신자는 실재 세계 자체이고, 메시지는 실재의 이미지 자체다. 실재에 대한 사랑만이 이미지를 의미화시키기 때문이다(리얼리즘 미학). 리얼리즘의 수신자는 프시케라기보다는 에로스eros다. 기표와 이미지가 다른 것처럼, 프시케는 에로스와 다르다. 프시케는 실재에 관심이 없다(혹은 일부러 그런 척해야 한다). 그 확증이 실패할 것을 잘 알기 때문이다. 외려 프시케는 그가 받은 저주를 분석하고 그 금기를 넘는 데에 관심이 있다. 반면 리얼리즘의 관심은 오직 실재, 사실, 어떤 작위에도 오염되지 않아 신조차 취소할 수 없는 자연 자체다. 이것이 리얼리즘의 심장 깊숙이 묻혀 있는 그의 신학적 측면이다. 에로스는 완벽한 송달이 실패할 것을 알면서도, 설령 그것이 성공하더라도 확인할 과학적 방법이 없음을 잘 알면서도, 그 믿음을 포기하지 않는 사물 자체에 대한 사랑이다. 리얼리즘에서 사물 자체의 현현은 거의 은총에 가깝다.

이 모두는 메시지의 가공·전달방식과 그 정도의 차이가 있을 뿐, 스크린 앞뒤로 송신자와 수신자를 상정하며 그 사이 거리를 상정한다. 비록 어떤 것은 그 거리를 부정하는 경우처럼 보이고 또 어떤 것은 거리의 근거를 찾는 데 애를 먹을 순 있으나, 이 세 전통은 각자의 약점을 보완하며 하나의 거리를 이룰 수 있을 정도로는 일관되게 〈송신자-수신자〉의 구도 속에 있다(가령 정신분석학은 의미작용의 권위를 보장받기 위해서 리얼리즘이 필요하고, 리얼리즘은 주관적 경험의 실재성을 설명하기 위해서 인지심리학이 필요한 식이다). 이게 바로 각자의 약점과 강점에도 불구하고 세 전통이 하나의 공통특성, 즉 스크린이 앞으로 한 겹, 뒤로 한 겹, 도합 두 겹으로 벌어지는 스크린 양면화 현상이라는 공통특성을 공유하는 이유다. 예컨대 인지과학에서 파불라fabula와 수제syuzhet(메시지와 코드, 자극과 추론), 정신분석학에선 1차 과정과 2차 과정(시네마와 필름, 노출증과 관음증), 리얼리즘에선 실재 시간과 가공된 시간(지속과 순간)이 바로 그러한 양면화들이다. 이 모두는 스크린 앞뒤로 정보, 기표, 이미지가 송달되는 거리를 잡아 끌어내는 양면화다. 이데아를 정보, 기표, 이미지로 세속화시켰을 뿐, 스크린 앞뒤로 죄수와 태양을 다시 돌려놓는 현대의 (신)플라톤주의적 사유방식이다. 설령 영화는 아닐지라도 이런 언어 안에서라면 스크린은 여전히 볕 뜨는 동굴 벽면인 셈이다.

3차원이니 2차원이니 곡률이니 횡면이니 알베르티 원근법에 대한 논쟁은 영화가 은유냐 환유냐 따지는 것만큼이나 정말 무익하다. 실재와 이미지 간의 미학적 원근 문제가 가려버리는 것은 바로 고대로부터 지금까지 지긋지긋하게 이어지고 있는 이데아와 이미지, 죄수와 관객 간 성립하는 존재론적 원근법이다. 이런 점에서라면 정말 "우리는 결코 근대인이었던 적이 없다."

	송신자	메시지	수신자
인지심리학	의식	정보	누스(nous)
정신분석학	무의식	기표	프시케(psyche)
리얼리즘	세계	실재	에로스(eros)

왜 이런 플라톤적 거리 관념이 몇 천 년이 지난 오늘날까지도 남았는지를 질문하는 것은 부질없을지 모른다. 그건 영화만이 아니라 다른 예술형태에도 고스란히 남는 끈질긴 녀석이니까. 오히려 제대로 된 질문은 영화가 그렇게 반플라톤적으로 동분서주했고, 거리란 거리는 모조리 박멸하려고 분투했음에도 불구하고 도대체 어떻게 영화에도 살아남았냐는 것이다.

물론 "이 감독이 위대하다"고 말하고 생각한다고 해서, "이 영화는 이래서 옳지 않아"라고 말하고 생각한다고 해서, 어떤 재수 없는 비평가가 "이건 몰랐지? 이게 이 영화의 진짜 메시지란 말이다"라고 젠체하니 고개를 끄덕인다고 해서, 우리 모두가 플라톤주의자가 되는 것은 아니다. 그런 생각과 말들은 도리어 매우 실용적이고 편리하다. 위 세 전통의 이론들 또한 결코 틀린 것이 아니다. 외려 우리가 영화를 볼 때의 경험과 의식작용을 해명하는 데 너무나 유용하다. 하지만 함정도 바로 거기에 있다. 〈송신자-메시지-수신자〉의 구도는 우리가 영화를 경험하는 방식에 대한 설명이지, 결코 영화가 세계를 경험하는 방식에 대한 설명은 아니다. 둘은 완전히 다른 것이다. 유용하다고 옳은 것은 아니다. 라이프니츠가 맞다. 볕이 뜬다고 말하는 게 편리하다고 해서, 사실은 볕이 뜬 게 아니라 땅이 돈 것이라는 진실이 없어지진 않는다. 볕과 땅의 입장에서 말하는 것보다 볕을 쬐는 입장에서 말하는 것이 더 편하고 더 실용적이라는 것이 우리의 탓은 아니지만, 그렇다고 우리의 탓이 아닌 것도 아니다. 지나친 실용주의가 비평이라는 이름으로 편의에 의한 서열을 존재론적 서열로 바꿔치기하며, 흡사 스탈린주의 언어학이 변증법을 진화론으로 대체할 때 그랬던 것처럼, 비평의 인간들이 그토록 사랑한다던 영화경험의 차이를 지식권력의 위계로 대체하고 그 이득은 다 챙겨가면서, 뒤로는 거리 관념을 무방비로 확산시켜 플라톤주의의 대중화에 일조할 때 특히 그렇다. 그러나 실용성은 우리가 경험하는 방식과 사물이 존재하는 방식을 혼동해도 좋다는 빌미가 될 수 없다. 그것은 말을 독점한 자들끼리 협약된 복지기금일 뿐이다. 볕을 쬐는 입장보다는 볕의 입장에서, 영화를 보는 입장보다는 영화의 입장에서 말하는 언어를 찾아야 한다. 설령 그런 언어가 멀티플렉스에 진열된 영화간판들 앞에서 간만의 망중한을 허비하지 않기 위해 고민하다가 비평가와 리뷰어들이 매긴 별점과 인터넷 댓글을 참조해야만 하는 오늘날 우리네의 인식과 이해를 크게 증진시키진 않더라도 말이다. 분명히 그 별점과 댓글이 틀린 판단은 아니다. 분명히 송신자도 있고 수신자도 있다. 작가도, 그의 무의식도, 그가 사는 세계도 분명히 있다. 하지만 바로 그 때문에 우리가 묻기를 그만두면 안 될 것은 바로 그 존재의 의미다.

무엇이 있는가? 스크린 앞에는 관객이 있는가? 스크린 뒤에는 작가가 있는가? 관객이 극장에 오기 전에 머물렀던 세계처럼? 〈송신자-메시지-수신자〉의 언어에 함축된 거리 관념을 분석해보면, 스크린 앞뒤로 존재의 등급을 나누고 있음을 알게 된다. 그리고 그런 언어들은 관객이 영화에 대해 유지하는 거리는 영화가 세계로부터 유지하는 거리로부터 기인한다고 암시하는데, 이때 영화는 세계 자체는 아니나, 여전히 세계의 일부라는 관념을 기정사실화한다. 동일성과 차이 사이에서 방황하다가 실재성의 등급이 조금 떨어졌을 뿐인(그만큼 멀어졌을 뿐인) 유사세계로 영화를 안착시키며 말이다. 즉 이런 언어들은 세계로부터 영화가 복제된 만큼 관객은 영화와 거리를 둘 수밖에 없다고, 영화가 세계의 일부인 만큼 관객은 여전히 세계의 일부라고 암암리에 전제하는 것이다. '거리' 혹은 '원근'의 관념엔 '전체-부분'의 관념이 함축되어 있다(저 부분성에 도전하면서 리얼리즘이 태동한다). 하지만 이런 생각은 우리의 극장경험과도 다소 유리되어 있다. 영화관람은 결코 세계의 일부를 유지해서 성립하지 않으며, 반대로 세계로부터 완전한 단절을 선언하면서 비로소 성립한다. 극장은 암막과 방음벽으로 스스로를 유폐시킨다. 관객도 핸드폰을 끄고서 바깥세상과의 인연을 잠시 끊는다. 영화 또한 이 고립상태로부터 바깥세상을 섣불리 환기시키지 않도록 조심한다(관객의 신체를 쳐다보지 않는다는 터부가 대표적이다). 이렇게 서로 노력하는 가운데 영화가 재미없으면 관객은 짜증이 난다. '홀랑 깨기' 때문이다. 아무리 좋은 의도에서라도 섣불리 현실상황을 지시하는 장면이 나오면 관객은 또 짜증이 난다. 또 '홀랑 깨기' 때문이다. 그렇다고 꿈은 아니다. 보통 꿈은 깨면 실재로 돌아오지만, 이 꿈은 깨면 반대로 실재를 잃기 때문이다. 영화는 바깥세상의 시간을 보전하려는 데에 어떤 미련도 없다. 외려 좋은 상업영화는 말 그대로 킬링타임, 시간을 잘 죽이는 영화다. 반대로 예술영화는 시간을 잘 되살려내야 하며, 실패할 경우 호되게 욕을 먹는다. 영화는 시간을 죽이고 살린다. 보전하는 게 아니라. 영화관은 무인도다. 우리가 들고 들어가는 팝콘과 콜라는 고독을 버티는 식량이다(연극이나 갤러리에선 이것이 허용되지 않는데, 이는 품위유지의 문제라기보다는 고립유지의 문제다). 모든 경우에서 영화관람은 세계를 완전히 차단함으로써 성립한다. 영화가 저 세계의 가상적 일부가 아니라, 반대로 또 다른 세계 전체가 됨으로써 성립한다.

관객은 영화를 대하지 않는다. 관객은 세계의 일부가 아니라 영화의 일부가 되어 그 또 다른 세계에 참여한다. 로빈슨 크루소에게 무인도가 대상이 아닌 것과 마찬가지로. 그의 대상은 희망이지 결코 무인도가 아니다.

최초의 관객이었던 감독과 스태프도 마찬가지다. 어떤 감독도 귀신이 무서워서 귀신영화를 무섭게 찍진 않는다. 둘은 너무도 다른 각자의 세계다. 1976년도 작 〈오멘〉(프리드킨)의 스태프들이 흡사 영화 속 저주처럼 다치고 죽었다는 사실은 너무도 유명하고 지금까지도 홍보효과가 엄청나다. 하지만 그 홍보효과는 저 두 세계의 연결과 유비가 불가능하고 예외적이기 때문에 성립하지, 결코 가능하고 당연해서가 아니다. 일반적으로 영화 촬영현장에 관련한 루머는 영화와 현실세계가 서로에게 유폐되어 엄연히 다른 세상임을 증명해주는 가장 강력한 증거다. 그런 루머가 만약 홍보효과를 가진다면, 사실을 과장해서가 아니라 SOS 조난신호처럼 긴급하기 때문이다.

이에 비해 우리가 살펴봤던 앞의 세 가지 전통은 영화의 이런 유폐를 너무 널널한 조건 아래서만 수용한다. 필요하면 가져다 쓰고 필요가 없을 땐 내버리는 식으로 말이다. 그리고 결국 극장 안의 경험을 극장 밖에서 설명하려고 한다. 한마디로 그들은 닫는 시늉만 한다. 진정 영화를 사유하는 언어는 영화에 대한 언어가 아니라, 우리가 영화관 안에서 그러하듯이 영화의 일부가 되어 그와 함께 세계를 경험하는 언어일 것이다. 그것은 닫음을 마다하지 않는다. 반대로 닫음을 어설프게 할 때 저 플라톤의 거리 관념이 다시 고개를 들며, 영화는 세계의 일부라는 저 등급 유사세계로 전락하고 만다.

다행히 그런 언어를 찾았던 몇몇 선구자들이 이미 있다(대부분 이론가나 평론가이기 전에 작가인 이들이다). 플라톤주의의 진정한 적들. 그리고 그들의 처방은 우리가 살펴봤던 각 전통이 누락시켰던 것을 보충하는 방식으로 이루어진다. 브래키지는 기존 내레이션이 못마땅했다. 정보와 자극을 미리 독해되기 좋게 외적인 것으로 상정해놓고 그 인지과정의 발생 자체는 생략하기 때문이다("녹색 자체를 모를진대, 풀밭을 기어가는 아기에겐 얼마나 많은 색깔이 보일까?"[3]). 그는 모든 자극이 그의 내감이 되어, 우주의 발생과 그 자신의 발생과 일치하는 내재적 "셀프"self, 즉 "닫힌 눈"closed eye 개념을 제안했다(같은 시기에 프램튼이 이를 이성 개념으로까지 밀고 나간다). 한편 데렌은 정신분석학을 비판했다. 작가 개인 혹은 그 무의식의 자유표현이란 것은 있을 수 없는데, 그 이유는 작가와 관객 사이에 언제나 그보다 더한 기계적 무의식, 차라리 영화의 이드Id라 할 기계(카메라·렌즈·편집기·프린터 …)가 언제나 끼어들기 때문이라는 것이다. 그리고 그 기계는 언제나 하나의 주체, 하나의 시간에 한정되지 않고 "집단주체"collective subject의 이질적 시간을 겨냥하므로 더더욱 개인을 표현할 수 없다. 파졸리니도 기호학을 비판했다. 1차 과정과 2차 과정, 랑그와 파롤은 오직 가설적으로만 구분되는데, 그 이유는 그 사이에 추상적 실재가 아닌 특정 시공간을 살아내고 또 죽을 수도 있는 역사적이고 물질적인 실재, 즉 "육체"가 끼어들기 때문이라는 것이다.[4] 파졸리니는 당

3. Stan Brakhage, "Metaphors on Vision", *Metaphors on Vision*, ed. P. Adams Sitney, Film Culture, 1963.
4. Pier Paolo Pasolini, *Heretical Empiricism*, New Academia Publishing LLC, 2005. 수록된 67년 글들을 보라. 특히 "Living Signs and Dead Poets".

대 기호학자들과 논쟁했으나 그의 진짜 의도는 — 그가 "자연주의"naturalism라고 맹비난했던 — 기존 모사이론의 개혁이었다. 파졸리니는 영화문법은 따로 사전이 없는데, 그 이유는 영화의 언어가 모사하는 것은 단지 순박한 실재가 아니라, 언제나 타자에게 속하는 사회학적 실재(다른 계급·다른 성·다른 육체…)이기 때문이라고 말한다. 파졸리니가 플랑세캉스를 경멸했던 이유다.

이런 작가들이 영화언어를 구축하는 과정에서 닫힘이나 유폐의 개념이 반복되는 것은 우연이 아니다(브래키지의 "닫힌 눈", 데렌의 "폐쇄회로", 파졸리니의 "죽음"). 또 각 전통들이 거리를 벌리거나 줄이기 위해 일부러 누락시켰던 요소들을 정확히 보충하고 있는 것도 볼 수 있다("노에시스"를 대체하는 브래키지의 "셀프", 무의식을 대체하는 데렌의 "집단주체", 사실을 대체하는 파졸리니의 "육체"). 그들은 모두 영화를 자율적 체계, 그러나 송신자와 수신자, 작가와 관객, 주체와 객체라는 양극단을 과장하거나 누락하기 위한 방편으로서가 아닌, 그 둘을 모두 포괄하려 스스로를 수축하거나 확장하는 닫힌계로 사유한다. 그들은 송신자나 수신자의 소멸을 두려워하지 않는다. 반대로 송신자나 수신자가 소멸되는 과정이야말로 영화의 탄생과 직결됨을 직감했다(《오후의 올가미》에서 데렌이 송신자를 거울로 캐스팅한 것은 의미심장하다). 브래키지, 데렌, 파졸리니는 송신자와 수신자는 얼마든지 역할교대를 할 수 있는 임시적 개념, 혹은 기호와 사물의 변형을 더 잘 설명하기 위한 한계개념임을 잘 알고 있다. 또한 그들 간 분리, 모순, 경쟁, 타협보다 영화를 더 잘 정의하는 것은 자연과 작위의 전통적 구분을 넘어서 스스로 또 다른 세계를 꾸릴 수 있는 영화의 자기증식과 자기입법능력임을 너무나 잘 알고 있다. 영화의 그런 능력이란 다름 아닌, 시간을 새로이 짜는 능력, 즉 이질적인 것들을 쪼개고 붙이는, 시간을 연장하는 능력이다. 위 작가들은 이를 자신의 작품에서 충분히 보여주었다. 브래키지는 스타카토 편집을 통해, 만물의 합생이 곧 자신의 역사가 되는 '닫힌 눈'의 탄생을 보여주었고(《독 스타맨》), 데렌은 순환편집으로 분신들의 공전과 함께 구성되는 '신화적 주체'를 보여주었다(《오후의 올가미》 〈대지에서〉). 파졸리니는 평행편집을 통해 각기 다른 시공간에 존재하는 육체들 간에 이루어지는 사회학적 '미메시스'와 그 역전에 이른다(《캔터배리 이야기》 〈돼지우리〉). 어떤 경우에서도 영화는 거리를 늘리려고도 줄이려고도 하지 않고, 없다고 우기며 방기하지도 않는다. 오히려 이제 거리는 있어야 할 것이 된다. 쪼개고 붙이고 빙 둘러치기 위해서다. 데렌, 브래키지, 파졸리니의 영화에서(뿐만 아니라 다른 미국 언더그라운드 영화들과 자유간접화법 영화들에서도) 화자나 샷 간의 거리는 원근이 아닌 연장이 된다. 그리고 그 연장은 어김없이 닫힌계를 구성하는데, 이때 닫음은 '개체화'와 구분되지 않는다. 추론 없이도 물, 불, 대지, 태양을 감싸는 브래키지의 범pan-개체화, 엿보지 않고도 이질적 분신들을 회전 혼합하는 데렌의 공syn-개체화, 동시대를 공유함 없이도 인간과

돼지가 능히 공멸을 이루는 파졸리니의 역retro-개체화 등, 주체화와 객체화 어디에도 배타적으로 속하지 않으면서 가용한 이질적인 것들을 능히 흡수해내는, 이때 이곳의 이 개체화 말이다.

그런데 이것이 영화관에서 일어나는 사태가 아닌가. 우리는 각기 다른 기억을 가지고 한자리에 모여 다 같이 어둠 속에 잠긴다. 또 원하건 원치 않건 집단주체를 형성하여 영화를 중심으로 공전하며, 각기 이질적인 시간들이 회전혼합되는 집단적 "폐쇄회로" 혹은 "닫힌 눈"으로 개체화되어 영화의 한 지점, 한 인물, 혹은 반대로 집단의식의 한 지점, 집단기억의 한 시점을 국지화한다. 우리는 영화를 단지 보는 게 아니라 그 형성 과정에 참여한다. 영화와 함께 생성된다. 바로 이 때문에 우리는 범인을 추론하되 탐정과 함께 추론하고, 괴물을 두려워하되 탐험가들과 함께 두려워하고, 공주를 사랑하되 기자와 함께 사랑하는 게 아닌가. 극장 밖 어떤 시공간의 일부가 아닌, 오롯이 견고해진 우리네 시공간에서, 다른 어떤 곳의 일부가 아닌 바로 이 뒷골목, 이 정글, 이 로마에서.

영화를 본다는 것은 세계로부터 관객까지 이어지는 원근법적 거리에 의해 성립하지 않는다. 만약 거리가 있다면 그것은 오직 연장되기 위해서만 주어지며, 그것이 누스든, 프시케든, 에로스든 관객의 의식은 영화의 모든 단위들과 함께 공-연장syn-extend된다. 이 궁극적 사실에 비한다면 딥포커스냐 몽타주냐는 그다지 중요하지도 않다. 우리는 영화와 함께 쪼개지고 붙는다.

영화와 함께 공개체화synindividualize된다. 로빈슨 크루소도 말괄량이 공주와 스페인 광장의 젤라또만 주어졌다면 무인도와 함께 공개체화할 수 있었으리라. 공개체화, 우리는 이것이 에티엔느 수리오가 "공동체에의 참여"로 말하고자 했던 바라 믿는다.

끝내 죄수는 탈출하지 않았다. 탈출할 필요가 없었기 때문이다. 이미 동굴 안이 너무나 충만한 또 하나의 실재, 또 하나의 사실, 또 하나의 세계이기 때문이다. 이 동굴엔 볕이 뜰 날이 오지 않는다. 볕은 이미 동굴 안으로 들어와 있다. 그리고 볕이 도망가지 못하도록 그 입구는 차폐되어 볕은 우리와 함께 여기서 끝장을 봐야 한다.

사람들이 너무 쉽게 말하는 것과는 달리, 영화의 몽타주는 가상공간의 창조가 아니다. 영화는 가상적 시공간을 창조할 수 없다. 하고 싶어도 할 수가 없다. 허구이려면 실재로부터 상대적으로 거리화되기 위해 열려 있어야 하는데, 영화는 닫혀 있기 때문이다. 엄밀히 말해, 영화는 허구가 아니다. 영화는 다른 실재일 뿐이다. 덜한 실재가 아니라. 영화이론가 중에 닫힘을 선구했던 이는 셰페르다. "영화는 우리로부터 세계를 지운다." "세계의 일시 정지."[5] 즉 거리의 철폐. 셰페르는 최고의 반플라톤주의자가 되기 위해 최고의 반리얼리스트임을 택했다.

더 이상 스크린은 거울도 창문도 아니다. 내다볼 필요도 없

5. Jean Louis Schefer, *L'Homme Ordinaire de Cinéma*, Gallimard, 1980. pp. 109, 110.

고, 내다볼 것도 없기 때문이다. 내다볼 게 있다고 우기는 거리의 이론과 그 제자들이 있을 뿐이다. 스크린은 차단벽, 차폐막이다. 셔터다. 그것은 거리를 막고 폐쇄한다. 관객과 함께 공연장하고 공개체화하기 위해서다. 영화 〈셔터〉(반종 피산타나쿤·팍품 웡품)의 한 장면, 여주인공이 사진 여러 장을 넘겨보면 희미하게 찍혀 있던 귀신이 연속적으로 떠오른다. 그리고 남자주인공이 가는 곳마다 막아서고, 심지어 그의 어깨 위에 올라타 있다. 귀신이 단 하나의 출구도 허용함 없이 영화의 포토그램들 사이, 그 틈새 어디나 존재하고 어디서나 들러붙는 이 방식, 이 것이 영화가 관객을 가두고 팝콘과 콜라만을 쥐여 주고는 극장을 차폐하여 공개체화를 일구는 방식이 아니겠는가. 얼마나 반플라톤적인가.

비평의 언어가 영화경험을 기술하기 위해선 거리와 닫힘 사이에서 하나를 선택해야 한다. 한쪽은 배부른 플라톤주의다. 다른 한쪽은 가난한 반플라톤주의다. 존재의 원근법을 따라 태양에서 동굴 지하까지 내려오는 거리 위에 별점들을 줄 세우는 것이 확실히 덜 가난하리라. 나쁜 비평가는 으레 〈송신자-메시지-수신자〉의 구도에 기생한다. 그들은 송신자의 위대함을 섬기며 그 숭엄한 메시지의 해독자, 송신자의 대변인, 영화의 모세를 참칭하려고 한다. "이건 몰랐지? 이게 이 영화의 진짜 메시지란 말이다." 그러나 감독이 신이거나 신의 대리인이 될 수 없는 것과 같은 이유로, 아무리 영화를 많이 보고 책을 많이 읽고 가십을 많이 알고 채점을 많이 하고 카페를 많이 가고 SNS를 많이 할지라도, 당신은 신의 대리인 혹은 신의 대리인의 대리인도, 그 대리인의 대리인도 될 수 없다. 영화는 그 스스로만 말한다.

스크린은 평평한가? 평평하지 않다. 하지만 그렇다고 살짝쿵 굽은 것도 아니다. 영화의 경험은 원근법의 부분적 왜곡이 아니라 그 완전한 철폐로만 온전히 기술될 수 있기 때문이다. 영사기에 불이 들어오고 이미지가 그 위에 던져지면, 스크린은 빙 둘러치며 한껏 휜다. 폐곡선closed curve을 이루어 객석, 사람, 영화 속 인물, 괴물과 살인마, 공간을 채운 공기, 거기 날고 있는 먼지, 당신이 들고 있는 팝콘, 그 맛과 질감, 울분과 환희, 그를 둘러싼 모든 기억과 환영들을 휘감아 극장 전체를 개체화하기 위해서다. 더 이상 다른 세계의 일부가 아닌, 또 다른 '세계 전체'가 되기 위해서다.

이 사태를 브래키지보다 잘 소묘할 순 없을 것이다. "난 다른 사람들과 같은 세계same world에 살고 있다는 느낌을 원했다. 이건 소통communication과는 다른 것이다."6 소통이야말로 거리의 관념을 전제하는 개념이므로.

스크린은 평평하지 않다. 그것은 휘었다. 폐곡선을 이루며 그 양 끝이 당신의 뒤통수 뒤에서 맞닿는다.

---

6. Stan Brakhage, *Brakhage Scrapbook*, ed. Robert Haller, Documentext, 1982.
   p. 187.

8장

관음증자는 누가 죽였나?

비명이 울려 퍼졌다. 우리는 일제히 그곳을 돌아본다. 한 여중생이 (이어폰이 연결된) 핸드폰을 보다가 비명을 지른 것이었다. 공포영화였다. 이제야 주변을 의식했는지 얼른 손으로 입을 막아보지만, 눈가에 야속하게도 몇 초 더 잔류한 떨림까지 감추진 못했다. 여중생은 다음 역에서 서둘러 탈출한다. 원치 않던 도착점이었겠으나. 여긴 지하철이다.

르네상스 이후 500년을 스크린(책·액자·모니터·윈도우…) 앞에 감금되어 있던 죄수들이 곧 VR과 시뮬레이션을 따라 엑소더스를 감행할 거라며, 미디어학자들이 영화에게 짓궂게 던지곤 하는 질문, '영화, 당신은 언제까지 버틸 수 있다고 생각하나?' 이 질문에 우리가 선뜻 대답하지 못한다면 이는 우리가 아직 〈송신자-메시지-수신자〉의 구도에 머무르기 때문이다. 그러나 영화는 동굴을 탈출하지 못한 것이 아니다. **영화는 동굴에 남기를 스스로 결단했다.** 동굴 내부에 그러모아지는 모든 것을 자신의 실재로 싸잡아 변환하기로. 물론 믿는 구석이 있어서다. 사진, 문학, 연극이 가지기 어려운 영화만의 고유한 독점적 특질은 그 스스로 닫는 본성으로부터 온다. 그것은 "분위기"atmosphere다. 분위기는 아우라aura가 아니다. 아우라는 대상과의 거리로부터 성립하는 반면, 분위기는 반대로 거리의 영점에서 성립한다. 키틀러의 서술을 조금 변용하자면 분위기는 송신자를 매직랜턴으로, 수신자를 카메라 옵스큐라로 통폐합하여 아우라를 내재화한다. 어디에? 동굴 안에.

엄밀히 말해, 분위기는 가까이 다가온 대상에 대한 느낌이 아니다. 그것은 어떤 대상도 가까이 다가올 수 있을 가능성에 대한 느낌이며, 그런 의미에서 연장가능성에 대한 느낌과 구분되지 않는다. 극장에 들어서서 불이 꺼지고 안개가 피어오르고 군인들이 모습을 스윽 드러낼 때, 사막이 펼쳐지더니 총잡이가 잔뜩 긴장한 채 걸어 나올 때, 반대로 아무 일도 안 일어날 것처럼 태연하게 웃고 떠드는 해맑은 젊은이들의 얼굴이 너무 불안해 보일 때, 이 모든 것이 분위기다. 어떤 대상이 발발하거나 다가오지 않으면 안 될 것 같은 느낌, '어떤 일이 터지지 않으면 도저히 못 베길 것 같은 느낌', 그것이 분위기다. 설령 아무 일이 안 일어나더라도 그 느낌은 사라지기는커녕 외려 더 강렬해져 애달은 학수고대로 번진다. 그것이 분위기다. 심지어 극장에 들어서기 전에 어떤 영화의 포스터나 그 타이틀을 볼 때, 혹은 TV 광고 트레일러를 볼 때 느끼는 바로 그 임박함, 그것이 분위기다. 아우라는 외려 이것과 반대다. 아우라는 대상과의 거리를 공고히 하면서 모든 일들을 관객의 머릿속에서 상상적으로 완결한다. 머릿속에서 유사성이나 법칙성을 표상함만으로 구렁이 담넘듯 대충 해치우는 것은 분위기로서 자격미달이다. 분위기는 담 뒤에서 실제로 구렁이가 다가오고 있음을 계속해서 느끼도록 해주어야 한다. 분위기는 반복될 수 있어야 한다. 믿을 때까지. 분위기는 어떤 대상의 다가옴, 어떤 일의 터짐에 대한 약속이다. 사건의 필연적 발발에 대한 파기불가능한 계약이고 서약이다. 그리고 설령 아무 사건도 발발하지 않더라도 이 서약은 깨지지 않고 우리는 그 믿음을 포기하지 않는다는 점에서 초월적이다. 그래서 분위기는 잠재성에 대한 지각이나 감각이라기보다는, 그 현실화에 대한 믿음이나 예감이라고 말하는 게 더 정확하다. 분위기는 연장적 연속체에 대한 최초의 느낌인 동시에 연장의 실현에 대한 거부할 수 없는 예감이다. 분위기는 디제시스의 사회계약론이다. 극장문만 닫히면 이 계약은 자동발효되며, 당신 또한 스크린 앞에 앉는 순간부터 이 계약을 너무나 충실히 믿으며, 극장을 박차고 나가지 않는 한 그 누구도 이 맹약을 깨뜨릴 수 없다.

멀리 아른하임이나 미트리까지 갈 필요도 없다. 아브라함의 신앙심으로 똘똘 뭉친 독실한 작품들을 애서 뒤질 필요도 없다. 한국 뉴웨이브는 바로 저 초시간적 대상의 발발, 설령 끝내 도래되지 않더라도 퇴색되지 않는 그에 대한 맹신과 맹약을 영화의 본질로서 보여주었다. 배창호의 너무도 정확한 지적처럼 "영화를 보는 마음은 일차적으로 믿는 마음이다."[1] 이것이 분위기다.

분위기는 닫아야 생긴다. 방문을 닫아야 무드가 잡히고, 창문을 닫아야 어스름해지는 것처럼. 그리고 다가올 수 있음에 대한 느낌이므로 시각보다는 촉각의 차원이다. 분위기는 에워싼

---

1. 배창호, 『기쁜 우리 젊은 날』, 우석, 1992. 178쪽.

다. 둘러싼다. 둘러친다. 그래서 분위기는 여러 이름을 가지고 있다. 앰비언트ambient, 환경surrounding, 무드mood 등등. 분위기는 기체다. 하늘에 먼저 속한다. 빈틈없이 사방팔방 포위할 수 있어야 하기 때문이다. 분위기는 기체atmos로 에워싸는sphere 것이고, 안개·연무·기운霧, 氣으로 둘러싸는圍 것, 포위하는 잠재태다. 그런 점에서 풍경風景도 분위기다. 공기와 바람風로 에워싸기 때문이다. 사진엔 분위기가 없다. 최소한 기억과 연상에 의존해야 한다. 닫지도 않거니와 너무 고집스럽게 대상이기를 주장하기 때문이다. 사진은 "에워싸지 않는다."[2] 문학은 분위기에 이를 수 있으나, 프루스트나 사르트르가 했던 것처럼 엄청난 양의 어휘와 형용사를 투하해야 한다(시는 문학 중에 가장 분위기를 잘 창출하는 형태일 것이다). 연극도 분위기에 이르긴 어렵다. 둘러싸기엔 연극무대가 너무 좁기 때문이다. 배우의 신체가 즉각적으로 노출되어 있어서 공간을 과장하거나 증폭시키기 어려운 점도 한 몫을 한다. 아마도 연극이 분위기를 연출하기 위해선 거대한 콜로세움이 필요할 것이다(실제로 나치는 그렇게 했고 현대 대형 콘서트도 그렇게 한다). TV는 연극이 못했던 바로 그 방식으로 에워싼다. 전 지구적 융단폭격과도 같은 순전히 양적인 방식으로. 본성상 무대 뒤가 없으므로 TV에게 분위기를 만드는 건 밑 빠진 독에 물 붓기다. 하지만 물을 대량으로 또 끊임없이 쏟아부

2. 롤랑 바르트, 『밝은 방』, 김웅권 옮김. 동문선, 2006. 37절, 115쪽.

으면 독이 비진 않을 것이다(그전에 독이 깨지리라. 망상장애와
해리장애가 그것이다). 모든 매체가 분위기를 만들려 엄청난 노
력과 공을 들이고도 쩔쩔맬 때, 영화는 단 한 컷, 단 한 장면만
으로도 너무 쉽게 분위기를 창출한다. 아무리 넓은 장소가 주어
져도 가장 좁게, 또 아무리 좁은 장소가 주어져도 가장 넓게도
닫을 수 있기 때문이다. 분위기는 이만희의 "휴일"이다. 아무리
넓은 공간뿐만 아니라 아무리 자유로운 시간마저 그 바깥이, 그
내일이 없도록 가뿐히 닫아버리는 모래바람이다(〈휴일〉). 분위
기는 영화만의 고유한 특성이고 그의 독점물이다. 분위기는 영
화의 심장이자 그의 숨이다. 이에 비한다면 사진, 문학, 연극은
숨까지는 아니다. 그들은 고집하고, 부유하고, 집중할 뿐이다. 이
정도로 숨 막히게 하진 않는다.

리오타르는 현대 회화에서 분위기를 보았다. 분위기는 "숭
고"하다. 그것은 "사건"이다. 하지만 회화가 색과 형태를 지울 때,
영화는 지우지만은 않는다. 영화는 그 뒤에 실질적인 발발을 보
여주어야 하며, 그전까지도 그 물리적 압력을 유지해야 한다. 또
상상력을 폭격하는 것으로는 부족하며 직접적으로 망막을, 고
막과 신경을 폭격해야 한다. 이것이 사진, 문학, 연극과 같이 회
화에서 보는 경악이 비명으로 이어지진 않지만, 영화에서 보는
경악은 비명으로 이어지는 이유다. 영화의 분위기는 "숭고의 부
정적 현시"가 아닌, 그 긍정적 현시다. 차라리 숭고의 기체역학적
이고 기후학적인 현시다.

앤디 워홀은 분위기를 가장 잘 이해했고 또 잘 이용했던 작가다. 그러나 그는 "너무 밀어붙이지 말고pushy, 사람들이 네가 주변에 있다는 것만 알도록 해"라는 엄마의 충고에 너무 충실했고, 너무 밀어붙이진 않는 TV를 사랑하기로 했다.3 그러나, 영화의 분위기는 밀어 붙인다pushy.

영화가 사진에서 푼크툼을, 문학에서 말을, 연극에서 무대를 그토록 연장하는 것은 그 연장가능성 자체에 대한 느낌, 그 분위기를 자신의 본성으로 독점하기 위해서다.

영화만이 홍보용 포스터나 광고지를 가진다는 사실 하나만으로도 영화는 분위기의 독점주다. 각 영화의 분위기는 대부분 그 영화 타이틀에 은유되어 있거나, 광고 트레일러에 압축되어 있다. 영화광고지에 자주 등장하는 "숨 막히는"breathless 혹은 "숨 빼앗는"breathtaking라는 말은 영화의 독점물을 묘사하는 말로 너무나 적절하다.

'공기'가 중요하다. 문자 그대로 텅 빈 기운空氣. 당장 보이진 않지만 거기에 분명히 있고, 무엇보다도 여기 바로 내 옆에서 나를 포위하고 조르고 있다는 믿음과 확신, 또 그것은 무언가를 반드시 끌고 들어오리라는 예감, 그 기운, 안개, 증기, 분진, 바람, 그 흐름과 이끌림. 분위기는 쇼크이고 폭탄이다. 지뢰다. 누적되

---

3. Andy Warhol, *The Philosophy of Andy Warhol*, 10장, p. 147. 분위기에 관한 장이다. 엄마의 충고 원문은 "Don't be pushy, but let everybody know you're around." 앤디 워홀의 엄마만큼 TV의 공간성을 잘 파악한 이도 드물 것 같다.

는 공기의 무게가 그 뇌관을 누르는. 분위기에 의해 영화는 고도Godot를 폭탄으로 전환하는 신묘한 능력을 가지게 된다. 분위기가 가장 총애하는 문학작품의 제목은 아마도 '폭탄을 기다리며'이리라.

무언가 폭발한다는 것은 영화가 누리는 사치가 아니라 영화만의 특권이다. 특수효과팀이 화약과 뇌관을 취급하고 거대한 소음과 화염을 무대 안에서 직접 일으킬 수 있는 것은 영화 카메라가 야외로 나갈 수 있는 이동가능성이 아니라, 그가 분위기를 농축하고 장전하고 또 격발할 수 있는 쇼크의 가능성으로부터 온다.

심지어 그토록 열악하고 가난했던 이만희의 분위기 안에도 폭탄 같은 사건이 기다리고 있다. 그것은 일요일 뒤에 월요일이 오지 않는다는 가장 격정적인 사건이다. 이보다 더 숭고한 사태가 있을까.

동시대를 누리는 많은 작가들의 차이는 사실 분위기의 차이다. 푸도프킨과 도브첸코의 차이는 폭풍과 미풍의 차이다. 미조구치, 오즈, 나루세, 구로사와의 차이는 물안개, 백주대낮, 구름, 비의 차이다. 김수용과 이원세의 차이는 흩날리는 검불과 짓누르는 광선, 휘점과 격자선의 차이다. 아르젠토와 카펜터의 차이는 반짝이는 색채와 불투명한 어둠이나 안개의 차이다. 스반크마예르와 퀘이 형제의 문드러지는 살덩어리와 비틀리고 흐릿한 규소덩어리의 차이다. 타르코프스키와 앙겔로풀로스의 차이는 유황가스와 포연의 차이다··· 그런 기후학적 상변이의 위상 사이사이에 각 작가들이 견지하는 자연, 인간, 시간, 운명에 대한 미묘한 입장차들이 존재한다.

더욱 분명하게 영화 장르는 분위기의 정형화된 유형들이다. 서부극과 갱스터 장르는 사막의 모래바람과 뒷골목 가스등 불빛에 흐무지는 먼지의 차이다. 지평선이 보이느냐, 아니면 지평선이 도시의 수직선과 대각선으로 엉켜있는가 하는 차이다. 똑같이 감추는 분위기더라도 추리형 하드보일드와 액션형 하드보일드는 다르다. 전자는 누군가를 숨기거나 지목하기 위해 방안에 머물러 대류하는 분위기이고, 후자는 언제든지 밖으로 열려 바람으로 변환될 수 있는 분위기의 차이다. 홍콩 느와르는 또 다르다. 다른 여타의 하드보일드 느와르에 비한다면 홍콩의 공기는 더 끈적거린다. 멜로의 공기는 무겁고, 스크루볼의 공기는 가볍다. 재난영화의 공기는 환경에 직접적이고, 괴수영화의 공기는 간접적이다. 슬래셔의 앰비언트는 외생적·공간적이고, 오컬트의 앰비언트는 내생적·시간적이다. 일견 비슷해 보일 지알로와 슬래셔는 그 공기가 정형적인가 무정형적인가에서 달라진다. 귀신영화도 분위기가 다 다르다. 한국 귀신, 일본 귀신, 태국 귀신 모두 다른 질감의 공기 속에 있다. 태국 쪽이 가장 습하고 그 기후변화가 변덕스럽다. 영화는 분위기다. 분위기는 물론 연출될 수 있는 것이지만, 연출되기만 하면 되는 것은 아니다. 그것은 실재성을 빌려오면서 많은 부분이 결정된다(극영화 감독들이 헌팅에 그리 심혈을 기울이는 이유다). 다큐멘터리에도 분위기가 있다. 다른 영화들보다 실재성을 가장 많이 빌리기 때문이다. 펠레시안의 편집 스타일을 지칭하는 "거리 몽타주"distance-란 말은 매우 부적절하며 오해의 소지가 있다. 우글거리는 군중과 짐승, 폭발하는 대자연과 질주하는 물질문명 등 너무 먼 범주와 종들을 병치하는 그의 몽타주는 외려 횡적 거리를 지우며, 그들이 속하는 세계를 하나의 내재적 분위기로 묶어내기 때문이다. 펠레시안은 반거리 몽타주anti-distance 혹은 분위기 몽타주다. 일반적으로 분위기를 유형화하는 최대극점에 장르영화가 위치하고, 최소극점에 다큐멘터리가 존재한다. 나머지 영화들은 모두 그 중간에 있으며 예외란 없다. 어떤 영화도 분위기를 지닌다.

같은 백주더라도 오즈의 하늘은 청명하며, 나루세의 하늘은 구름이 흐른다. 서크의 하늘은 그보단 더 가공된 색채다. 서양 느와르는 담배를 그냥 물지만, 홍콩 느와르는 담배를 꼬나문다. 심지어 담배보다 성냥개비를 더 선호한다. 이미지로서는 작은 차이일 수 있는 것이 분위기로서는 엄청난 차이다. 우리는 비슷하지만 이렇게 다른 두 영화들을 두고서 "공기가 다르다"거나 "결이 다르다"고 말하곤 하는데, 그게 바로 분위기다. 분위기는 결이고, 그레인, 입자, 먼지, 그 비가시적 흐름과 촉감, 캐릭터와 시공간을 송두리째 규정하는 질감과 패턴, 또 그 거부할 수 없는 방향성이다.

분위기의 개념사는 유장한 것이나, 잘 드러나지 않아 추적이

쉬운 것은 아니다. 아마도 처음엔 원소나 에테르가 그 역할을 대신하고 있었을 터다("아페이론"apeiron). 신학과 철학이 결합되어 있던 시기에는 신성의 역할이었을 터고(나가르주나의 "공"空도, 플로티누스의 "유출"eranatio도 분위기다). 반대로 근대과학과 근대철학은 분위기를 경계했다. 그 기후의 변덕이 마뜩잖았기 때문이다. 그래서 그 지우개로 진공을 개발했고, 그렇게 지워진 자리엔 측정가능한 에너지 혹은 중력을 채워 넣었다("신의 감각중추"sensorium Dei). 생기론이나 애니미즘 전통이 "기"氣나 "혼"animus 의 명맥을 잇고 있을 뿐이었다. 분위기가 개념계에 본격적으로 명함을 돌린 것은 지구 전체를 뒤덮은 포연을 본 후였다. 실존주의는 분위기의 철학이다. 그중 니체가 "분위기"라는 개념을 본격적으로 개시하였다(『반시대적 고찰』). 물론 니체는 분위기가 "비객관적"이라고 쓰지만, 이는 단지 주관적임을 뜻하진 않는다. 니체가 말하고자 하는 바는 분위기는 선험적인 객관적 척도를 지니지 않는다는 것이다. 사실 객관적이지 않은 분위기는 없으며, 엄밀히 말해 주관적이기만 한 분위기는 분위기가 아니다("무드"mood란 말과 많이 혼동되는 것 같다). 분위기는 모두 '대상'object이기 때문이다. 단, 휘감고 감싸고 에워싸는 기체상태의 대상일 뿐이다. 분위기는 "포괄자"das Umgreifende(야스퍼스)다. 현대미학은 이를 "숭고"로 포착하였다. 영화이론이나 비평에서는 "이미지"나 "현실"이란 개념이 분위기를 추상적으로 대신하기도 했다. 미국비평에는 "분위기 있는"moody, atmospheric이라는 말이

자주 등장한다. 하지만 이는 그들이 분위기를 잘 이해해서라기보다는, 흡사 "각본, 연기, 연출 모두 완벽하다"라고 버젓이 말할 때처럼 분위기를 채점해야 할 엔터테인먼트 평가과목 중 하나로 축소했기 때문이다. 유럽비평과 마찬가지로 한국비평도 — 최소한 3세대까진 — 분위기란 개념엔 인색한 편이다. 모더니즘은 분석이 먼저이기 때문이다. 하지만 분위기는 분석되지 않는다. 공기를 어찌 쪼갤 것인가. 분위기는 연장성에 대한 느낌이지, 결코 연장 자체는 아니다. 세페르는 "그림자"와 "덩어리"를 말했다. 정성일은 "공기"를 말했다. 허문영은 "초월적 거리"를 말했다. 유운성은 "유령"을 말했다. 이게 분위기다. 분위기는 아무 일도 안 일어더라도 결코 제거할 수 없는 압박감이다. 어떤 기호도, 심지어 서사조차 그것을 완벽하게 장악할 수 없다.

분위기는 신체적이다. 차라리 물리적이다. 미디어학은 영화를 여전히 동굴이고 감옥이며 관객은 그 죄수라고 조롱하지만, 바로 그게 영화의 가장 강점이다. 분위기는 관객의 시선을 빨아들이는 대신, 아직 스크린 밖에 남아있는 그의 육체를 포위하고 조른다. 사실 촉각이란 말로는 부족하다. 분위기는 압박한다. 또 전이되고 증폭된다. 아우라는 본성상 압박하지 못한다. 명령할 뿐이다. 아우라는 증폭될 수도 없다. 물론 아우라가 분위기에 꼽사리 낄 때가 있고 영화를 번번이 재주술화하지만 말이다.

네오웨스턴은 서부극에 구멍을 냈다. 특히 레오네는 아무것도 안 함으로써 공간에 구멍을 냈는데, 총을 뽑기 직전 서로의 빈틈을 노리며 대치하고 있는 두 총잡이, 그 사이 공기, 교차되는 샷이 길어질수록 거기에 과포화되는 잠재적 빈틈들이 바로 그런 경우다. 레오네는 서부극의 분위기를 '증폭시켰다.' 분위기에 볼륨감은 절대적이다.

마찬가지로 느와르는 니코틴이 필요해서 담배를 물었지만, 홍콩느와르는 필요 없는데도 성냥개비를 물었다. 필요에 한정되고 있던 분위기와 피를 잉여의 차원으로 대방출하고 '증폭'시키리라는 홍콩 느와르의 경고다.

영화의 관객은 필시 관음증자가 된다는 주장은 사실이 아니다. 엿볼 때라도 관음증자는 자신의 육체를 이용하여 무언가라도 참여하며(하다못해 자위라도 할 것이다), 영화에서 관객은 더더욱 그러하기 때문이다. 그 대상과 단절은커녕 분위기로 접속되지 않는 어떤 관음의 상황도 영화에선 존재할 수 없다. 대표적 사례로 꼽히는 〈이창〉에서도 그렇다. 제프가 건너편 창안을 훔쳐보는 행위는 그 분위기가 이쪽으로 전이되어 리사와 제프, 간호사가 논쟁을 벌이고 작전을 짜고, 심지어 편지와 전화로 역압박하는 그들 분위기의 변화 없이는 아무것도 아니다. 훔쳐보는 육체는 대상과 단절되지 않는다. 분위기가 그들을 잇는다. 육체는 아무것도 할 수 없는 게 아니다. 그는 분위기에 압박될 수 있다. 압박되어 애간장을 태울 수 있다(〈로프〉). 실상 이것이 히치콕이 현대 스릴러를 정초한 방식이다. 범죄는 단지 어떤 살인사건이 아니다. 범죄의 상상은 언제나 분위기를 남기고, 분위기에 의해 범죄는 음모가 된다. 분위기 없는 범죄란 없다(히치콕 이전의 하드보일드 장르는 범죄의 분위기가 아니라 범인의 분위기를 다루는 데 더 치중했다). 나아가 드 팔마는 히치콕의 상황들을 뭐든지 두겹 세겹으로 중첩시켰다. 관음을 관음하고, 또 관음하다가 역으로 관음되기도 한다(〈바디 더블〉). 무엇보다도 관음하는 눈들이 너무나 많아진다. 비좁은 엘리베이터 안에 거울, 면도칼, 눈동자 등 모든 반사면이 모두 눈의 기능을 하며(〈드레스트 투 킬〉), 미세한 온도변화와 진동까지 감지하는 첨단금고에서는 공간의 모든 부분이 도둑질을 고자질하는 감시자가 된다(〈미션 임파서블〉). 모든 면에서 히치콕에게 필요에 의해 최소화되던 것들이, 드 팔마에게선 그 필요를 넘어서 잉여가 되고 넘쳐난다. 드 팔마는 히치콕을 베낀 게 아니다. 그는 히치콕적 분위기를 '증폭'시켰다. 히치콕의 서스펜스가 애간장을 태운다면, 드 팔마의 서스펜스는 애간장을 녹인다(섬광과 파열을 향하는 플랑세캉스, 이미지의 파열과 절멸). 히치콕에서 시선의 교환이 분위기를 구성했다면, 드 팔마에선 시선의 누적이, 그 무수한 눈들이 분위기를 구성한다(클로즈업 몽타주, 분할화면). 드 팔마에게서 눈들은 둘러싸고 압도하며, 그를 응시하거나 그에 응시당하는 육체는 실질적인 변신을 거듭하게 된다. 이것이 분위기다. 아우라와 달리 분위기는 압도하고 증폭하며, 반드시 육체를 덮치고 옥죄고 일깨우고 움직인다. 영화가 감상 중에 비명을 지를 수 있는 유일한 매체인 것은 분위기 덕분이다. 아우라는 아무리 강력해도 비명을 지르게 하진 못한다. 그 거리 때문에 압박하진 못하기 때문이다(TV도 할 수 있겠으나, 그것은 교통사고나 재난현장의 라이브를 통해서이지 결코 분위기를 통해서는 아니다). 공포영화를 보던 여중생은 스크린과 단절되어서 소리를 지른 게 아니다. 반대로 제아무리 조그만 핸드폰 액정일지라도 그로부터 귀신이 용케 흘러나와 그녀의 성대를 압박했기에 비명이 터진 것이다.

해리와 샐리는 심각하게 대립하였다. 분위기는 아우라일 수 없다는 해리와 분위기도 아우라처럼 "속일 수 있다"는 샐리. 그러나 정작 그녀가 오르가즘의 증폭을 연기했을 때, 그것은 귀류법 논증이었다. 그녀 육체를 중심으로 식당 손님들을 관객으로 만듦으로써 하나의 분위기를, 어떤 기류를 형성했기 때문이다. "저 여자가 먹는 걸로 주문할게요."(롭 라이너 〈해리가 샐리가 만났을 때〉).

아우라는 거리의 수호천사다. 최소한 그 엔젤링이다. 아우라는 이미지를 그림의 떡으로 만든다. 분위기는 그런 거리를 살해한다. 거리란 거리는 모조리 죽인다. 거리 터미네이터다. 고로 분위기는 그림의 떡인 것이 아니라, 떡을 정말 준다. 그 덩어리에 당신의 육체가 실질적으로 압도되게끔. 떡의 무게에, 그 삭제불가능한 질량에. 우린 눌리고 쥐어지고 포획되기 위해 동굴에 남았다. 육체를 가지고서. 이 동굴 안에 육체가 남아있는 한, 영화에 관음증자란 없다. 영화에 참여하는 모든 육체는 먼저 마조히스트다. 분위기에 압박되고 압도됨을 사랑하기 때문이다. 그 숨 막힘을, 숨 뺏음을. 이것이 미디어학자들의 저 짓궂은 질문, '영화는 언제까지 버틸 수 있는가'에 대한 영화의 대답이다. 마조히스트가 필요한 한, 영화는 살아남을 것이다. VR 시뮬레이션은 동굴에 속박되기를 욕망하는 마조히즘을 벗어나려고 고안된 매체다. 물론 그것이 마조히즘을 구현할 수 있겠으나, 그때 그것은 영화와 구분되기 어려우리라. 마조히즘엔 어김없이 분위기라는 비너스가 필요하기에. 반대로 영화도 마조히스트가 필요하다. 영화 자신에게 — 플라톤주의적 비평언어가 신에게 임대했다고 주장하는 — 송신자의 남근이 존재하지 않음을 증명하기 위해서. 분위기는 송신자를 거세했다. 감독이 위대할 수 없는 것과 같은 이유로 관객은 관음증자가 될 수 없다. 영화의 모든 관객은 본성상 마조히스트다.

누가 관음증자를 죽였나? 분위기가 죽였다. 관객의 육체를 어김없이 들통 냄으로써. 하지만 그건 질식사다. 아무리 작은 핍홀이더라도 분위기는 그리로 흘러나가고 또 흘러들어오며 엿보던 그의 숨통을 조른다. 분위기는 아무리 무겁더라도 기체이기 때문이다. 하늘에 먼저 속하기 때문이다.

이 모든 의미에서 아무나 아무리 엿보든 건너보든 얕보든 칩떠보든 영화는 리얼리즘이 아닐는지도 모른다. 차라리 분위기-리얼리즘, 즉 아트모-리얼리즘$^{atmo-realism}$일는지도.

9장

멀티플렉스에도
비가 오는가?

분위기는 육체를 드러낸다. 분위기 없이도 육체를 드러내는 방법은 연극처럼 그 현전을 노출시키는 수밖엔 없다. 아직까진 그렇다. 그래서 TV엔 육체가 없다. 삶만이 있을 뿐이다. 아마도 삶과 육체를 이리도 잘 분리하는 매체는 TV밖엔 없을 것이다. 아직까진 그렇다. 반면 영화는 오직 분위기를 통해 육체를 드러내며, 육체는 분위기 속에서만 실존을 얻는다. 분위기는 육체에 피부를 주고, 반대로 육체는 분위기를 빨아들이는 그의 내장이 된다.

물론 영화가 처음부터 이를 깨우쳤던 건 아니다. 실상 육체와 분위기가 관계 맺는 방식은 고전 시기와 고전 이후를 가르는 기준이 된다. 고전 시기에서도 육체는 분위기에 잠겨 있지만, 이는 어디까지나 정신의 매개를 통해서였다. 육체는 무엇보다도 먼저 정신의 담지자였기 때문이다. 반면 고전 이후의 시기에 육체는 정신의 매개 없이 분위기에 직접 접촉한다. 이를 가장 잘 보여주는 것이 종교영화들이다. 고전적 육체는 말하고 기도하고 번뇌함으로써만 분위기를 끌어들였다. 물론 드레이어와 베르히만의 영화에도 육체가 있으나, 그것은 검거나 하얗게 지워져서 복원되어야 할 정신의 심도보다 결코 먼저이진 않다. 그러니까, 고전주의에선 심도가 분위기를 대신하고 있었다. 클로즈업이 고전주의를 대표하는 문법인 것은 이 때문이다. 클로즈업은 심도 없는 심도화면이다. 고전적 클로즈업에서 얼굴은 로고스를 말하고 보고 느낌으로써 로고스가 지시하는 사유나 정신의 심도를 직접 표현하면서, 육체의 자세와 질감을 넉넉히 대리하고 있다. 확실히 클로즈업엔 무언가 기독교적인 것이 있다. 고전주의는 심도다. 그리고 심도는 믿음, 기억, 근거, 정당성이다. 클로즈업은 유한자에서 무한자로, 인간에서 신으로 이르는 정신적 유추를 수행하는 심도 없는 심도화면이라는 점에서 고전주의의 핵심문법이 된다. 따라서 고전적 육체는 정신의 심도를 복원하기 위해 필요한 최소분, 즉 입(로고스)과 얼굴(믿음)로 국지화되고 그 움직임 전체는 느릿느릿 굼뜰 필요가 있었고(특히 드레이어 〈분노의 날〉 〈오데트〉). 정반대의 전략을 취했던 미국식 종교영화로 가봐도 사정은 마찬가지다. 여기선 반대로 물질문명의 풍요와 그 휘황찬란한 색깔이 가장 깊고도 화려한 심도를 꾸리지만, 이 역시 육체에겐 정신적 심도의 재건을 촉구하기 위함일 뿐이다(특히 드밀, 와일러). 1959년도 〈벤허〉(와일러)의 제작진이 7만 헥타르 부지에 3만 톤의 모래를 부어 전차경주장을 건조했던 건, 분위기의 규모가 클수록 정신의 투쟁이 커지기 때문이었지, 결코 육체를 더 드러내기 위함은 아니었다. 죽기 전 메살라는 "네가 증오할 사람이 여전히 많다. 경주는 끝나지 않았다"고 말한다. 당대 시나리오 작가들의 판단처럼 이 유언이 육체 쪽으로 전향하기 위해선 벤허와 메살라의 동성애밖에는 답이 없었다.

한마디로 고전적 육체는 정신의 수단이고, 고전적 분위기는 아직 신의 편이었다. 반면 고전 후기의 육체는 정신적 매개를 잃고서 비틀거리며 넘어지고 다칠 때 나타난다. 여기서 분위기는 신의 품을 떠나 육체들을 흔들어대고 굴리고 조르고 또 내동댕이치는 기압이나 기후가 된다. 심도는 소용도 없었고 있지도 않았다. 신계로 인도해준다던 심도는 허울이나 위선이었고, 배반의 칼날로 되돌아올 뿐이었다. 이제 육체는 심도 없이, 폭풍우가 되어버린 분위기와 직접 대면해야 한다. 현대적 육체는 고삐 풀린 분위기에 무방비로 노출된 육체, 그래서 진짜 피 흘리고 다칠 수 있는 육체로 정의된다. 팔다리만 있다고 육체가 아니다. 팔다리는 떨어져 나갈 수 있어야, 비명 지르고 펄쩍 뛸 수 있어야 진짜 육체다. 어떤 압력에 의해 찢기고 피 흘리고 또 죽을 수 있는 능력, 그것이 현대적 육체를 태동케 한다. 이런 점에서 사제의 손발을 프레임으로 자르고, 잔 다르크를 화형대로 옮겨놓은 브레송은 현대적 육체에 한 걸음 더 다가갔다고 할 수 있다. 고전 시기를 빠져나온 현대 종교영화들에서 심도화면과 클로즈업의 퇴행은 불가피하다. 죽을 수 있는 육체의 비명과 해체될 수 있는 그의 팔다리가 말씀(로고스)과 얼굴(믿음)을 대체하기 때문이다. 카발레로비치는 클로즈업을 뒤집는 것만으로도 얼굴을 육체에서 떼어낼 수 있는 해체가능한 일부로 만들어버렸다(〈수녀 요안나〉에서 허리꺾기 장면). 조페는 얼굴이고 뭐고 전신을 이과수 폭포에 아예 처박아버렸다(〈미션〉). 현대적 육체는 정신의 보호막에 숨기를 포기하고, 그 자신의 가멸성可滅性을 떠안고 분위기와 직접 대면하는 접촉면이다. 이것이 우리가 타르코프스키와 앙겔로풀로스의 영화에서 볼 수 있는, 심도화면을 대체하는 풍부한 기후변화에 휩쓸리는 참회자들의 육체, 말하는 입과 응시하는 눈을 감추기 위해 고개를 돌린 순교자들의 클로즈업이 가지는 영화사적 의미다. 타르코프스키의 영화엔 실내에도 유황가스가 피어오르고 바람이 불고 비가 내린다. 혹은 실내와 실외가 구분되지 않는다. 육체가 있는 곳이면 그가 번뇌를 하건 참회를 하건, 불경을 외우건 찬송가를 부르건, 거기엔 반드시 어떤 기후, 어떤 기압, 즉 분위기가 있기 때문이다. 가브리엘의 오보에 파동과 같은.

어떤 의미에서 고전 서부극엔 육체가 없었다고도 할 수 있다. 모래바람은 있어도 피가 없기 때문이다. 엄밀히 말해 고전 서부극에서 모래바람은 육체가 말과 역마차를 달릴 때 날리는 부산물로 제한될 뿐, 결코 서부의 정의를 침범하는 압도적인 폭풍까지는 아니다. 물론 드밀, 포드의 서부극에서 백인도 죽고 인디언도 죽는다. 그러나 이는 정의의 수호자와 그 방해꾼이 죽은 것이지 결코 육체가 죽은 건 아니다. 또 〈십계〉(드밀)의 홍해 장면에서도 죽는 것은 로마제국이라는 관념이지 그 병사들의 육체는 아니다. 그나마 그 육체들은 거대한 파도에 휩쓸려 잘 보이지도 않거니와. 이에 비한다면 네오웨스턴의 육체는 정말로 피 흘리고 다치고 찢긴다. 모래바람은 폭풍이 되어 그들을 밀치고 넘어뜨리는 거부할 수 없는 압력이 되고(가장 유명한 모래폭풍은 장고가 기관총으로 난사해서 만든 총알 폭풍이다, 코부치 〈장고〉). 정의라는 정신적 보호막은 허물만 남아 육체는 생존본능에만 충실한 동물로 기꺼이 퇴행한다(특히 레오네, 페킨파). 사실 페킨파의 슬로우모션은 드레이어의 플랑세캉스를 대체한 것이다. 분위기가 증폭되는 이 경향은 심도화면을 서스펜스로 대체하는 오늘날의 경향과 결코 무관치 않다. 육체를 보호하던 정신의 프레임은 이제 그를 가두는 감옥이 되거나(히치콕), 분열·증식하여 그를 사방팔방에서 감시하는 무수한 눈들이 되거나 하면서(드 팔마), 그렇게 감금과 감시가 확산되는 과정이 곧 시간을 구성하기 때문이다. 신의 은총을 표현하던 심도는 이제 더 거센 피바람을 불러들이는 기제에 지나지 않게 된 셈이다. 기도를 백날 해도 이제 심도를 채우는 것은 로고스가 아니라 피다. 〈영웅본색〉(오우삼)에서 소마가 뱃머리를 돌린 이유다.

네오웨스턴의 잔혹성을 승계한 유파를 하나 꼽으라 한다면 그것은 틀림없이 홍콩느와르일 터다. 홍콩느와르는 네오네오웨스턴이었다. 의리를 더했다고 결코 덜 참혹한 것은 아니었는데, 의리는 더 큰 압력으로 더 많은 피를 부르기 때문이다. 의리는 신을 왕따시킨다(〈첩혈쌍웅〉의 교회 총격씬은 차라리 신을 허풍쟁이로 고발한 패러디였다). 동양이나 서양이나, 신에게 배반당하느니 죽고 만다, 이것이 현대영화의 신앙심이다. "한 발을 남겨둔다는 걸 잊었군… 적이나 내 자신을 위해서 말이야." 이젠 신에겐 총알도 아까운 것이다.

이 모든 것은 육체가 넘어지고 쓰러지고 죽을 때, 그 피부에 상처나 피를 더 입히나 마나 같은 분장의 문제는 아니다. 피를 더 칠한다고 존 웨인이 갑자기 기관총을 들고 설치진 않을 것이며, 피를 덜 칠한다고 주윤발이 갑자기 절에 들어가 반야심경을 읊진 않을 것이다. 모든 것은 육체가 분위기를 영접하는 방식의 차이다(그것은 몽타주와 플랑세캉스에 있어서의 변화와 결코 무관치 않다). 고전 시기에 육체는 분위기와 유기적인 비례관계를 이루어 예언-현현, 신념-보상, 행동-반응, 희생-부활과 같은 일종의 경제학적 보상체계를 이루고 있었다. 반면 고전 후기의 육체에 그런 비례관계와 경제학은 성립하지 않는다. 보상될 것도 없다. 믿을 구석도 없다. 정신의 통일성은 해체되었고, 분위기는 고삐가 풀렸다. 그 둘을 중매하던 신은 도망가고 없다. 육체는 혈혈단신 분위기의 폭풍우에 내던져져, 예언과 신념이 어떤 보상도 주지 않을 수도 있고, 어떤 행동이 예측된 반응을 주지 않을 수도 있으며, 어떤 희생이 아무런 부활도 보장하지 않을 수도 있음을 목격하고 또 경험하며 그 빗줄기, 유황가스, 모래폭풍, 총알의 융단을 몸소 버텨냄만을 자신의 유일한 생존법으로 삼아야 한다. 육체가 있는 곳 어디든, 아무리 보이진 않더라도 그곳은 죽음의 습기를 머금고는 언제라도 비를 내릴 수 있는 실외임을 깨우치며. 이젠 안전한 실내 따위란 남아있지 않음을 깨우치며.

조금 추상적으로 요약하자면, 고전주의엔 아직 공동체나 정신이라는 실내가 있었고, 그것은 속도와 심도의 비례관계(서부극·역마차) 혹은 믿음과 심도의 비례관계(종교극·얼굴)에 의해 보장되고 있었다. 비례관계는 곧 신의 로고스였고, 그래서 인내하고 믿어볼 만했다. 공동체의 정당성이나 자아의 통일성이라는 기억의 보상이 은총으로서 보장되어 있었기 때문이다. 즉 '정의로운 자가 건국한다', '희생하는 자가 부활한다.' 반면 고전후기에 그런 실내는 더는 남아있지 않았다. 신은 뺑소니쳐 속도와 심도, 믿음과 심도 사이에 비례관계는 깨져버렸고, 헐벗겨진 육체는 기억의 보상은커녕 정신의 에덴동산에서 추방되어 황야의 밤이슬과 늑대떼 앞으로 내몰리게 되었다. 육체에겐 저 불비례관계를 악화시키고 심지어 반비례 관계로 뒤집는 수밖에 다른 생존법이 없었다. 즉 '정의감과 희생정신은 개나 줘버리고 도망쳐라, 배반해라.' 그러지 않으면 황야가 먼저 그를 갈가리 찢어놓을 것이다. 저 황야가 내수화된 '분위기'다.

고전영화에서 현대영화에 이르는 이 심도의 변질과정을 들뢰즈는 베르그송의 기억원뿔이 탈유기화되는 과정으로 아름답게 서술했다. 또 그는 이렇게 정신과 사유의 깊이를 해체함과 동시에 육체의 감각으로 개방하는 실외의 힘을 "바깥"이라 불렀는데, 그것이 딱 우리가 '분위기'라 부르는 것이다. 들뢰즈는 생략했으나, 베르그송의 기억원뿔로 다시 도해해본다면 다음과 같을 것이다.

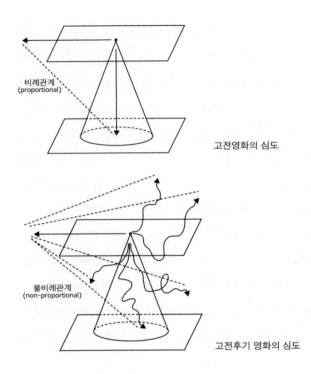

비례관계
(proportional)

고전영화의 심도

불비례관계
(non-proportional)

고전후기 영화의 심도

　　고전 시기에 분위기는 푸도프킨의 강물이나 폭풍처럼, 해리
하우젠의 해골병사처럼 여전히 실외에 남아있었다. 그것은 육체
의 실외에서 정신이 문을 열어줘야 비로소 초대될 수 있는 드라
큘라 백작과도 같다. 하지만 고전 이후의 분위기에게 문지기는
무용지물이다. 이미 공간과 육체의 실내에 거하기 때문이다. 고
전 이후의 분위기는 드라큘라가 아니라 귀신이다. 그는 어디에
도 있고 또 어디에도 없다. 실내와 실외의 구분이 점점 불가능해
지기에 죽음의 편재성과 육체의 가멸성이 기지개를 켠다. 현대영

화는 분위기의 내수화domestication다.1 귀신이 어디에도 있는 만큼. 이젠 어디든 실내가 된다. 그 바깥으로의 영원하고도 무자비하게 개방되기 위해서다. 하지만 이것이 다시 열림의 철학을 의미하진 않는다. 개방은 어디까지나 분위기에의 더욱 철저한 닫힘과 몰입을 위한 디폴트이기 때문이다. 빠져나갈 수 있다면 귀신이 아니다. 바깥으로 열림은 바깥에 닫힘만을 위함이다.

분위기가 내수화함에 따라 영화사에 나타났던 크고 작은 변화는 때로는 놀랍고 때로는 우울하다. 분위기는 때로는 육체를 이미지 일반으로부터 독립하도록 허용하면서도, 때로는 그를 헐벗겨서 실존의 구석탱이로 내동댕이친다. 영화에서 의상이 꼭 그렇다. 고전 영화에서 의상은 그 인물이 처한 사회적 지위와 정신적 지향을 대변하고 있었다. 고전 영화는 옷을 벗지 않는다. 하지만 그것은 당대 검열이 오늘날보다 보수적이어서가 아니라 벗을 필요가 없었기 때문이었다. 고전영화에서 의상은 곧 육체 자체였다. 그것은 벗겨지지도 찢어지지도 않는다. 의상은 정신을 대변하는 한에서만 바뀌는 그의 육체이며, 그의 찢어짐은 곧 정신의 몰락과 퇴폐를 의미하기 때문이다(고로 육체를 유일한 의상으로 삼았던 고전 포르노엔 외려 정신의 고양이 있을 것이다).

---

1. "내수적"(domestic)이란 단어는 다음 책에서 빌려왔다. Vivian Sobchack, *Screening Space*, Rutgers University Press, 1999. 4장. 고전 SF 영화에서 현대 SF 영화로의 변모를 말하고 있으나, 장르 전반으로 확대되어도 무방한 서술이다.

반면 현대영화에서 의상은 찢어진다. 육체에 상처가 나는 것과 같은 이유로. 두 인물이 격투를 벌인다. 의상이 먼저 찢어지고 어김없이 피가 흐른다. 아름다운 여인이 샤워실에 들어선다. 가운이 발밑으로 떨어지고 수증기가 피어오른다. 어김없이 살인마가 찾아든다. 그들의 옷을 벗기고 찢은 자, 그가 분위기다. 육체를 압도하는 데 있어서 걸리적거리기 때문이다.

고전 시기를 졸업하자마자 할리우드를 찾아온 것이 특수분장과 특수효과의 부흥이었음은 전혀 놀랄 일이 아니다. 그보다 더 놀라운 것은 여전히 고전적인 함축을 지닌 저 "특수"란 말이다. 현대영화에서 특수한 피, 특수한 조우란 없다. 분위기는 육체에 실질적 마찰과 침투를 통해 보편적인 출혈을, 낯선 시공간과의 보편적인 조우를 부여한다. 바로 이것이 공포영화의 특수분장 기술자뿐만 아니라, SF 영화의 특수효과 기술자들이 분위기를 사유하는 현대적 방식이었다. 더 이상 밖으로 흘러나온 피를 강조하는 게 아니라, 반대로 그것이 육체 안에 있었다는 사실을 표시하는 것이 중요해진다. 즉 피는 단지 한 인물이 죽었다는 표지가 아니라, 한 육체가 부분들로 찢겨나갈 수 있는 운명과 가능성의 표현이어야 한다. 가령 현대액션물, 공포물, 스릴러물에서 피는 단지 검거나 붉은 색인 것으로 충분하지 않으며, 벽에 튀기거나 바닥에 흐르고 쏟아지는 등 육체가 죽는 순간의 자세를 반드시 증언해야 한다. 특수분장과 특수효과에 있어서 분위기의 발전사는 법의학의 개입과 동궤다. 현대영화에서 뚫리거나 베는 상처의 패턴(자창·열창·좌상·찰과상·절단…)이 그러하듯, 낙하하거나 비산하는 혈흔의 패턴(직하혈·비산혈·분무혈·응고혈…)은 분위기의 결을 이룬다. 반대로 60~70년대 고어영화와 하드코어 영화는 분위기를 외려 경감시키는 경향이 있는데, 이는 피의 내재성에 신경을 덜 써서라기보다는 반대로 그를 너무 남발하여 패턴의 인플레이션을 일으키기 때문이다(고로 허셸 고든 루이스의 경우처럼 연극이나 쇼에 가까워진다). 현대 공포영화가 피를 다루는 방식으로 현대 SF영화는 미래를 다룬다. 대략 70년대를 기점으로 고전적 특수효과와 현대적 특수효과를 가르는 것은 미래의 이미지를 처리하는 방식이다. 전자에서 미래의 대상은 여전히 공동체의 외부에 낯선 것으로 남아 튀고 있었다(해리하우젠 스톱모션). 그러나 후자에서 미래의 대상은 결코 낯설어 튀면 안 되는 것이 되었다. 조지 루카스는 "중고 미래"used future를 말했다. 즉 이제 미래의 기계나 무기는 이미 현재와 과거에 내재화되어, 무엇보다도 오래전에 이미 그리되어, 벌써 닳고 닳아 친숙해졌거나 그 메커니즘을 한눈에 이해하고 당장 조종할 수 있을 것만 같은 것이어야 한다(〈스타워즈〉 시리즈). 특히 ILM의 특수효과는 혁명이었다. 미래기계들의 외관을 멋지게 보여줘서가 아니라, 반대로 그 내부의 조종석을 보여줬기 때문이다. 그것은 미래의 기계지만, 우리가 익숙하게 휘발유 자동차를 타듯 당장이라도 탈 수 있을 것 같은 중고미래의 중고 기계다. 마찬가지로 〈블레이드 러너〉(리들리 스콧)의 공간은 당장이라도 들를 수 있는 중고미래의 중고공간이다. 죽음의 분위기를 육체에 내수화함으로써 현대 공포영화가 태동하는 것처럼, 미래의 분위기를 현재에 내수화함으로써 현대 SF영화는 태동한다.

분위기의 내수화는 네트워크 사회의 도래와 결코 무관치 않으리라. 후기 자본주의를 연구하는 맑시스트들이 시공간의 압축에 대해서 진지하게 논하는 것은 맑스와 레닌의 이론이 지닌 과학적 측면을 되살리려고 함이다. 즉 전 지구적인 수준에서 분위기가 팽창하고 있다. 자본이라는 분위기가. 맑스와 엥겔스가 『자본당 선언』이라는 책을 다시 썼다면 그 첫 문장이어야 할 자본주의라는 유령이. 시간이 흐를수록 분위기는 전이되고 증폭되고 팽창한다(세계전쟁이나 혜성충돌과 같은 거대한 방지턱이 없는 한 계속 그럴 것이다). 모든 예술은 이를 무시할 수 없다. 영화는 그중 가장 빨리 반응했어야 했다. 분위기라는 엄청난 무기를 가지고도 인터넷과 핸드폰보다 늦춰진다면, 그래서 상업적 실패와 미학적 나태를 자초한다면 당최 무슨 핑계를 댈 것인가. 실제로 영화는 변화를 재빨리 수용했다. 그 대표적인 것이 90년대 이후 본격화된 망원촬영법의 확산이다. 진원지는 물론 할리우드였으나 오늘날 이 문법을 따르지 않는 영화를 찾기란 어렵다(중국, 인도 정도?). 사실 서부극, 멜로드라마부터 액션영화까지 고전영화는 망원렌즈를 멀리하는 편이었다. 조명만 많이 먹을 뿐 너무 흔들리고 심도가 얇아 달리는 피사체를 정확히 포착해내기 힘들뿐더러 좁은 화각 때문에 피사체의 속도감이 잘 드러나지 않기 때문이었다. 고전주의는 광각렌즈를 사랑했다. 분위기 앞에 선 피사체의 존재, 즉 분위기에 사로잡히지 않거나 그를 돌파하는 사물의 단단함뿐만 아니라, 사물의 의지와 분위기를 뚫고 나가는 그의 궤적 사이에서 성립하는 유기적 비례관계를 사랑했기 때문이다(살려는 의지만큼 역마차는 빨라졌고, 범인을 잡으려는 의지만큼 자동차는 빨라졌다). 그런데 이것이 바로 고전 시기에 의상과 육체의 상관관계가 아닌가. 고전적 물체는 시공간의 옷을 입고 있었다. 의상이 곧 육체인 것처럼, 시공 단면은 곧 물체였다. 점하면 점해지는 것이다. 그러나 고전 이후의 상황은 너무나 다르다. 시공간은 압축되어 상대화되었고 그 가변성과 돌발성이 너무 심해져 이젠 점한다고 점해지지 않는다. 속도는 이제 분위기가 되었다. 시공간에 편재하는 가변적이고 예측불가능한 속도가 사물에게도 내수화된 것이다. 망원렌즈는 바로 이 사태를 포착한다. 사물이나 육체는 이제 움직이지 않을 때조차 정주할 수 없는 흔들림의 상태에 있으며, 존재는 속도의 한 속성이 되어버린다(핸드헬드와 포커스아웃을 더하면 효과는 배가된다). 망원렌즈의 좁은 화각은 속도를 더 줄이는 게 아니다. 반대로 그 화면의 진동상태는 피사체를 바라보는 주체조차 이 분위기의 외부에 있지 않음을 표시함으로써, 피사체의 속도는 줄일지언정 세계의 속도를 늘린다. 요컨대 특수효과가 시공간의 내수화인 것처럼, 망원렌즈는 속도의 내수화다. 망원렌즈는 분위기가 옷을 벗기고 찢듯 사물로부터 시공간을 벗기고 찢는다. 망원촬영의 대가 토니 스콧의 〈에네미 오브 스테이트〉의 한 장면, 감시망을 피해 달아나던 주인공은 위치추적 장치가 자신의 옷에 붙어있음을 깨닫고, 옷을 벗고 뛰기 시작한다. 현대영화가 의상, 시공간, 육체, 속도에 대해서 가지는 복합적인 식견을 이보다 아름답게 표현한 장면은 없을 것이다.

특수효과의 역사를 기술하며 미시역사가 노먼 클라인은 영화뿐만 아니라 인간의 지각방식의 변천을 "표현적"expressive 방식에서 "흡수적"immersive 방식으로의 전환이라고 썼다.[2] 이것이 바로 분위기가 내수화되는 과정이다. 물체 혹은 육체가 아직은 바깥의 대상으로 남아있던 분위기(피·타자·속도 …)를 정신을 매개로 表現ex-press, 바깥으로 누름하는 방식에서 분위기를 한껏 머금어 그를 내감하고 그에 몰입im-press, 안으로 누름하는 방식으로의 변천, 영화의 역사는 이것을 너무나 잘 보여주고 있다(그럼에도 불구하고 이를 보지 못한다면, 그것은 분위기의 내수화에 대해서 윤리적·정치적 의견이 다른 평론과 담론 때문이다).

이 모든 의미에서 고전영화와 현대영화를 가르는 주요한 기준 중 하나가 '고통'이다. 영혼이라는 방어막이 홀라당 벗겨진 채 존재는 분위기에 노출되어 포위되었을 뿐만 아니라 그 외압이 내압이 되어 육체가 옴짝달싹 못 하게 되었을 때, 그리하여 더

---

2. Norman M. Klein, *The Vatican to Vegas*, The New Press, 2004, 11장. p. 225.

이상 신학, 과학, 철학만으로는 세계와 시간의 존재마저도 확신하지도 못할 때, 들숨과 날숨으로 분위기를 몸 안으로 들이는 고통만이 그 유일한 돌파구이자 증명법이 되기 때문이다. 흡사 이미 뱃속에 들어와 있는 이물질처럼, 겉옷 안쪽에 붙어있는 추적 장치처럼, 피부밑에 박혀있는 바늘처럼, 또 모든 실내에 이미 오래전부터 함께 살아왔던 살인마나 귀신처럼, 비록 분위기의 입자 하나하나가 가시가 되어 육체의 모든 부분과 신경을 누르고 찌르고 찢어낼 터이지만, 바로 그 고통이 시간은 여전히 존재하며 또다시 흐를 수 있음을 알려주는 유일한 증명이 된다. 이것이 현대영화의 육체가 직면한 역설적 사태다. 저주인 동시에 또 한 번의 구원의 기회가 되는.

그것이 피든 우주선이든 속도든, 이 모든 분위기의 증폭과 팽창, 그리고 그 내재화는 어떤 기후의 출현이다. 거대한 안개나 모래바람과도 같은. 이제 시간은 우리가 안심하던 것처럼 순순히 흐르지 않는다. 분위기는 시간은 언제라도 정지할 수 있음, 최소한 그 순진한 진행이 저항받아 언제라도 휘고 꺾이고 접힐 수 있음, 나아가 근원적으로 다른 시간을 언제라도 끄집어 올릴 수 있음의 징후이자 증상이고, 결과이자 원인이다. 현대의 분위기는 육체에게 안전지대를 허용하는 순박한 연속체가 아니라, 그 자체로 급변하고 돌변하는 잠재적 폭풍과도 같다. 이게 만약 플랑세캉스라면 그 안에 너무 많은 잠재적 플랑들이 있어서 카메라가 어디로 움직여야 할 줄 모르는 연속체이고, 이게 만약 편집이라면 그 안에 이미 너무 많은 잠재적 컷 포인트가 있어서 어디서 잘라야 할지 모르는 불연속체다. 소비에트 선배들의 가르침에 그다지 미련이 없었던 타르코프스키가 현대영화에 대해 탄복했던 바도 이것이다. 오늘날 놀라운 것은 "편집해서 시간이 흐른다는 것이 아니라, 편집했는데도 시간이 흐른다는 것"[3]이다. 타르코프스키는 더 이상 시간을 믿지 않는다. 앙겔로풀로스는 더 믿지 않는다. 시간은 이제 그 평형추를 잃고 난립되어 뿔뿔이 흩어졌고 더는 소용없을 지성, 사유, 얼굴만을 정신에게 준다. 비록 휩쓸려 상처받고 짓눌려 질식하더라도 우리가 다시 믿어야 할 것은, 시간을 여전히 흐르도록 하는 힘, 분위기다(《영원과 하루》). 분위기는 시간 자체는 아니다. 타르코프스키는 새로운 개념을 제안한다. 분위기는 시간압력, 즉 "시압"time-pressure이다. 고로 시간은 시압이 아니다. 시압은 시간조차 그로부터 주조되고 조형되어 나오는 분위기의 압력이다. 분위기란 시압감이다. "시압"보다 영화의 고유한 본성을 더 잘 설명하는 건 없다.

시간은 열고 흐르지만, 시압은 가두고 압도한다. 시압은 옷을 찢어 육체를 드러내고 상처를 내고, 시공간을 압축하고, 실내와 실외의 경계를 지우고, 바람과 안개를 흩뿌리고 비를 내리고, 가멸성의 깨달음을 대지에 파종한다. 분위기는 기다림은 아

---

3. Andrei Tarkovsky, "De La Figure Cinématographique", *Positif*, no.249, déc. 1981, p. 38.

니나, 그렇다고 무언가를 전복시키지도 않는다. 하지만 분위기는 육체에게 전복의 긴급성과 필요성을 알려준다. 시압은 전쟁터의 이름 없는 재 한 줌에도, 시냇물에 흔들리는 수초 한 포기에도 있다.

분위기가 기억이나 감정을 배제한다고 생각해선 안 된다. 반대로 기억과 감정은 모두 분위기에 의한다. 철학자와 과학자들이 그 단위를 이미지, 데이터, 양태, 자극, 게슈탈트, 뭐라고 부르든 기억은 과거한 것의 압박 없이 이뤄질 수 없고, 감정은 현재 육체에 대한 압박과 그 불균형 없이 생겨날 수 없다. 무엇보다도 우리 기억 속에서 그 자체로 연장을 이루는 모든 과거는 시압으로 충만하다. 아무리 쪼개고 붙이고를 반복해도 그 모든 것을 온전히 다 기억해낼 수 없다는 점에서 더욱 그렇다. 바로 여기에 영화가 사진, 문학, 연극이 부분적으로만 시도하던 것을 종합함으로써 단숨에 해내는, 영화만의 고유한 시간증폭법이 있다. 그것은 과거를 자꾸 기억해내는 것과는 정반대로, 과거를 기억 심층 쪽으로 계속해서 밀어내고, 대과거를 넘어 더는 과거라고도 할 수 없는 '시간의 바깥'까지 밀어내서, 영영 다다를 수 없는 미지의 x로 변형시키는 방법이다. 이때 현재가 푼크툼이 되는 것은 불가피하다. 현재는 과거를 기지의 범주에 감금하는 교도관 혹은 문지기이기 때문이다. 무수한 예들이 있겠으나 가장 분명한 일례로 타르코프스키의 〈거울〉의 플래시백 회로가 딱 이 모델을 본 따고 있다. 〈거울〉의 플래시백에서 먼저 맞물리는 것은 과거와 현재가 아니라 과거(어머니)와 그의 가능적 분신일 미래(아내)이고, 현재는 그 선후와 우열에 대해 아무것도 결정할 수 없이 빈틈으로 물러나 있다(보이지 않는 남자 내래이터). 여기서 미래^{未來}는 '앞으로 올 것'이 아니라 문자 그대로 '아직 오지 않은 것', 나아가 '앞으로도 오지 않을 것'의 뜻이다. 우리는 이를 일부러 혼동하는데, 왜냐하면 〈거울〉에서 어머니와 아내를 일부러 혼동하는 것처럼, 영화가 이를 일부러 혼동하기 때문이다. 그 혼동에 영화의 고유함이 있기 때문이다(양 끝이 물려있는 필름스트립을 생각해보라!). 즉 영화는 현재를 빈틈으로 내어주는 대신, 과거(기지^{既知})를 미래(미지^{未知})로 역전시킴으로써 과거의 분위기를 증폭시킨다.

이를 잘 보여주는 두 명의 거장이 있다. 레네와 임권택이 그들이다. 레네의 플래시백이 가지는 고유함은 하나의 기억에 내재하는 가능적 불확실성을 보여줌에 있질 않고, 두 기억이 서로에 대해 박아 넣는 필연적 불확실성을 보여줌에 있다. 상이한 트라우마와 전통을 가지는 두 인물은 각자의 기억이 완전할 수 없음을 서로에게 확증해줌으로써만 비로소 마주치며, 이때 기억은 영영 현실화되지 않는 순수한 잠재태(x)로 남는다(〈히로시마 내 사랑〉 〈지난해 마리엥바드에서〉). 레네의 영화는 사변적이지만 사변의 실패로 가득하다. 두 기억은 히로시마 같은 미지의 x를 영영 공유하지 못함으로써만 마주친다. 즉 두 과거는 서로에게 미래가 되는 한에서만 마주친다. 레네의 플래시백을 확률론적이라 부르는 이유다. 임권택의 플래시백은 일견 유사해 보이나 실상은 정반대다. 여기서도 두 인물, 두 전통이 마주치나, 그것은 단지 두 기억이 아니라 하나의 기억으로부터 갈라져 나온 두 현재의 계열들이다. 상실되어 다시는 복원되지 않는 기억, 영영 현실화될 수 없는 순수 잠재태 x는 만남의 광장이 아니라 돌아가야 할 집 혹은 본향의 기능이다. 고로 두 인물, 두 기억은 미지의 x를 공유하지 못해서가 아니라, 반대로 미지의 x를 공유하기 때문에 마주친다. 영영 돌아오지 않는 과거를 공유함은 영영 오지 않는 미래를 공유함이다. 레네처럼 두 과거가 서로에 대해 미래인 것이 아니라, 임권택에겐 두 과거가 모두 하나의 미래인 것이다. 그것이 일단 장소인 것은 사실이다(지리산·진도·길소뜸…). 그러나 그것은 공유를 통해 두 기억에게 유비적으로(그러나 상이한 의미로) 뻗어 나가는 실질적 대상도 지닌다. 가령 〈짝코〉의 두 자살한 아내, 〈불의 딸〉에서 용녀, 〈길소뜸〉에서 아들 맹석철, 〈씨받이〉의 아기, 〈서편제〉의 유봉이 그렇다. 대부분의 임권택 영화는 기억을 더듬어 어떤 장소와 그곳 사람들을 찾는 여행자의 현재계열과 그가 만나는 사람들이 기억해내는 과거계열이 교차하며 진행되는데, 그 교차가 너무 빈번하고 때로는 과대하여 마치 현재의 인물이 과거를 뒤돌아보는 만큼 과거의 인물들이 그들에게 닥칠 미래를 앞서보는 것처럼 보인다. 그리고 과거가 조금씩 밝혀짐에 따라 과거의 무언가가 변하기 전에 현재의 누군가가 이미 변해있음이 밝혀진다. 기억되지 않는 동안, 복구되지 않는 동안 이미 변해있음, 그것은 영영 오지 않는 미래를 공유함으로써 촉구된 변신이다. 임권택의 모든 인물들은 미래를 공유함으로써 변신도 공유한다. 〈길소뜸〉에서 화영과 동진이 이미 변해있음을 선택한 것은 그들의 아들이 미지의 타자 x(맹석철)가 되리란 것이 이미 선언되었기 때문이지, 결코 그 역이 아니다. 레네와 임권택의 결정적인 차이도 여기 있다. 레네의 마주치는 두 인물은 서로에게 미래가 되어줌으로써 거기서 '공존'할 가능성을 확보했다. 하지만 임권택에게 머릿속에서나 일어날 공존이 중요한 게 아니다. 반대로 전적으로 육체들에게 그 미래를 공유함으로써 동등하게 일어날 변화, 즉 함께 본향을 그리워하고 함께 그곳을 향하지만, 또 함께 실패할 필연성으로부터 동등하게 윤허되는 유일한 가능성, 즉 '공변'이 더 중요하다(〈씨받이〉와 〈아제아제 바라아제〉는 그 공유와 공변의 어려움을 다룬다).

요컨대 레네에게 미래는 상대적이다. 바로 거기서 두 기억은 공존의 가능성을 되찾으며, 고로 확률론적이다. 반대로 임권택에겐 미래는 절대적이다. 그것은 오직 공유될 수만 있는 필연이며, 고로 운명론적이다. 즉 레네의 인물들이 서로가 되어주는 미래에서 *공존할 수 있었다*면, 임권택의 인물들은 공통의 미래에서 *공변할 수밖에 없었다.* 임권택에게 **미래의 공유**는 곧 변신의 공유를 의미한다. 공유된 미래는 공유에 참여하는 모든 이들에게 변신을 명령한다. 그것이 생존이든 몰락이든 말이다. 짝코는 송

기열에게 "나도 나지만… 참 앵간히 끈덕지고 악착같구만이라우"라고 말한다. 이는 과거 장면이지만, 바로 그 때문에 미래의 그들 모습에 대한 예견일 수밖에 없었다. 세월을 넘어서는 이 대칭성, 악착의 전이와 유비, 이것이 미래의 공유다. 아무리 서글프더라도. 그것은 공통운명("같은 팔자")으로서의 변신이다. 이런 정서와 개념을 서구작가들에게서 찾긴 어려울 것이다. 미래의 공유와 육체의 공변은 시간의 분단, 생이별, 삶의 유랑에 대한 최후의 생존술이자 마지막 몸부림이기 때문이다.

임권택은 맨키비츠나 부뉴엘처럼 플래시백에 육체를 도입한 작가로 남을 것이다. 그러나 단지 선택의 문제로서가 아닌 운명의 문제로서의 육체를, 미래의 확실성에도 불구하고 남은 시간을 꾸역꾸역 통과해야만 하는 그 육체를. 임권택은 기억의 실패가 촉구하는 변신의 운명을 직시했다. 하지만 그것은 그만큼 공유되는 운명이다. 또 과거가 돌아오지 않는 만큼 오지 않는 미래 속에서 공유될 운명으로서의 변신이다. 임권택에게 플래시백은 단지 과거의 회상과정이 아닌, 미래를 공유하는 만큼 공유되는 변신의 분석과정, 그 역추적과 정당화 과정이었다. 임권택의 플래시백은 영영 오지 않는 것들의 선험적 종합이다. 또 그로부터 육체로 내리꽂히는 명령의 직시다. 임권택이라는 이름은 '시압'이라는 개념을 가장 잔인하게 보여주는 영화들이다. 그 모든 천신만고를 견뎌내는 세월 속에서 놀라운 것은 '기억해서 시간이 흐른다는 것이 아니라, 기억했는데도 시간이 흐른다는 것'이라고 말할 수 있다면, 이는 임권택 영화들에게 먼저 헌정되어야 할 묘사이리라. 임권택은 타르코프스키만큼 시간을 믿지 않는다. 얼마나 더 기다려보건 얼마나 더 되돌려보건 결코 복구되지 않을 이 분단과 이별에 대해서 시간은 이제 아무것도 해줄 수 없다. 반대로 이제 중요한 것은, 그럼에도 불구하고 시간이 흐르도록 육체를 끊임없이 밀어내고 압박하는 힘, 그럼에도 불구하고 쓰러져도 일으키고 또 일으켜 다시 변신을 다그치는 힘, 그럼에도 불구하고 공유된 미래로부터 시시각각 전이되고 있는 세월의 분위기다.

만약 오즈가 "하여튼"(정성일)이라면, 임권택은 "그래도"다. 아무리 끔찍한 시간의 잿더미에서도, 그래도, 육체는 변신해야만 했다. 이 애달픈 시압이 임권택 영화들을 사로잡는다.

오늘날 레네와 타르코프스키의 영화들뿐만 아니라 유현목과 임권택의 영화들을 극장 스크린에서 만나보긴 어렵다. 멀티플렉스는 그런 애달음이라면 딱 칠색 팔색하기 때문이다. 하지만 그들을, 그들의 영화를, 그 영화의 육체들을 사로잡았던 시간의 역전, 시압들의 아우성, 육체의 변형을 촉구하는 미래의 역류라면, 그것은 멀티플렉스뿐만 아니라 스크린이 펼쳐지는 모든 곳에 이미 있다. 그것이 영화적 분위기다. 임권택이 절감했던 사태를 다루지 않을 뿐, 분위기로 미래를 공유하고 또 변신을 압박하는 방식으로 세상을 본다는 점에선 멀티플렉스 영화들도 매한가지다.

분위기는 작가주의의 전유물이 아니다. 그 풍요에 힘입어 예술과 상업이 아직까진 평화롭게 공존하던 70~80년대가 지나고, 이제 작가주의와 상업주의의 이혼소송절차가 본격화된 것만은 사실이다. 그러나 이는 그만큼 분할청구할 재산(즉 분위기)가 더 많아졌다는 뜻이지, 결코 어떤 영화가 그를 포기했다는 뜻은 결코 아닐 터다. 작가주의와 상업주의는 날이 갈수록 증폭되고 있는 세상의 분위기를 영화화하는 두 가지 노선일 뿐이다. 전자는 "육체를 애도할 시간을 더 달라!"고 울부짖고(사유의 시간이라며 포장되곤 하지만), 후자는 "이제 시간이 없다, 육체여 달아나라!"고 울부짖을 뿐이다(시간의 상품화라고 욕먹곤 하지만). 한국은 마지막 분단국가라고들 하지만 이 세상엔 한국 말고도 분단되고 생이별된 것들이 아직도 너무나 많다.

우리는 상업영화와 작가영화의 차이가 없다고 말하려는 게 아니다. 우리가 말하려는 것은 그 둘의 차이는 본질적인 차이가 아니라, 분위기적 차이라는 것이다. 즉 분위기를 감각하는 방식의 차이.

분위기의 시제를 하나만 고르라고 한다면, 그것은 미래 시제다. 무언가가 반드시 일어날 것, 무언가가 아직도 가능하고 또 반드시 가능해야 함에 대한 느낌이기 때문이다. 그리고 그 주체는 언제나 육체였다. 사유가 아니라. 이렇게 말해도 좋다면, 분위기는 미래한다.

분위기는 "세계의 살"이다. 영겁이 지나도 아직 보여줄 것이 남아 있도록 하는 고갈되지 않는 가능성 자체다. "세계는 육체와 동일한 재료^{étoffe}로 이루어져 있다."[4] 현상학이 영화와 비로소 동맹을 맺는 것은 이렇게 분위기와 육체를 인정할 때부터, 의식의 순수현재로의 완전한 환원은 불가능함을 시인할 때부터다.

영화는 언제까지 버틸 것인가. 미디어학자들의 이 짓궂은 질문에 대한 영화의 응답은 이것이다. 영화는 미래가 두렵지 않다. 이미 그의 분위기가 미래 시제이기 때문이다. 여중생이 지하철에서도 비명을 지른 것은 휴대폰을 들고 다니는 것만으로도 그녀가 휴대용 극장 안에 있었음을 의미하지, 결코 극장의 폐업을 의미하진 않는다. 그녀의 육체가 조그만 액정창으로도 분위기에 사로잡혔음을 의미하지, 결코 핸드폰이 영화를, 그 액정화면이 스크린을 대체했음을 의미하진 않는다. 영화는 이미 미래에 가 있다. 미래가 이미 영화 속에 와 있기 때문이다. 이 사실을 변경시킬 수 있는 것은 브랜드 네이밍과 가십거리로 영화의 분위기를 몽땅 대체할 정도로 극단적인 유명론 씨네필 문화밖에는 아직까지는 없다.

분위기를 느끼기 위해서 깐느까지 갈 필요는 없다. 그것은 당산역에도, 신도림역에도, 동인천역에도, 울산역에도 있다. 파일공유 사이트에도, 비공개 트래커 사이트에도 있다.

---

4. 모리스 메를로-퐁티, 「눈과 마음」, 『현상학과 예술』, 오병남 옮김, 서광사, 1983. 292쪽. 분위기로서의 감각에 대해선, 『지각의 현상학』, 2부 1장, 2절, 12절.

멀티플렉스에도 비가 오는가? 타르코프스키의 실내에 비가 오는 것처럼, 임권택의 실내에 탈춤 노는 소리가 넘어오는 것처럼? 온다. 컴퓨터 책상 앞에도 비가 오는가? 온다. 지하철에도, 버스에도, 안방 건넌방 마루에도, 동대문 남대문에도 비가 오는가? 온다. 분위기가 아무리 좁은 화면도 뚫고 나오는 시압이고 그 앞에 육체가 주어지는 한, 비뿐만 아니라 눈도 오고, 진눈도 오고, 바람과 번개도 오고, 구름, 먼지, 피, 할라이드, 말, 빛과 소리의 입자, 그 대류와 역류가 어디든 온다. 육체를 압박하고 압도하여 그 변신을 촉구하는 모든 것이 온다.

10장

영화는
땅인가, 바다인가,
하늘인가?

어렸을 때만 해도 변두리 극장엔 이제 아무도 찾지 않아 시간표 땜빵용으로나 업주들끼리 돌려쓰던 옛날 영화 프린트들이 남아 있었다. 서부극이나 채플린, 키튼의 단편 같은. 특히 채플린을 좋아하시던 우리 엄마의 손을 잡고 가면, 스크린 속 찰리는 어느 날은 땅에 뿌리를 박고 나무가 되었고, 어느 날은 물에 잠겨 잠수함이 되기도, 또 어느 날은 천사가 되어 공중으로 솟구치기도 했다. 그의 놀라운 변신술에 대한 나만의 환호법이었을까, 막이 오르고 영사기에 불이 들어오면 오늘은 찰리가 땅으로 가나, 바다로 가나, 하늘로 가나를 맘속으로 점치는 것이 내은밀한 관람의례였었다. 더 놀라운 것은 내 점괘는 언제나 반은 맞고 반은 틀렸었는데, 그가 땅에서도 물을 찾아내고(〈어깨총〉에서 참호에 들어찬 물), 땅에서도 하늘을 찾아내고(〈황금광 시대〉에서 절벽 끝에 걸려 기우뚱거리는 집), 거꾸로 하늘에서 땅의 세속을 찾아내기도 했기 때문이었다(〈키드〉에서 추락하는 천사 찰리). 그때마다 어김없이 엄마는 옆자리에서 폭소를 터뜨리고 계셨고.

분위기는 육해공이다. 영사기에 불이 켜지기만 하면 엄마와 나를 감쌌던 영화의 분위기는 땅에도 있고, 바다에도 있고, 하늘에도 있었다. 오늘날까지도 그렇고. 분위기는 땅과 바다와 하늘을 환류하며 그 모두에 존재하고, 또 그에 따라 대지의 안개, 바다의 해무, 하늘의 구름으로 상변이相變異, phase transition 하기도 한다. 그리고 그에 따라 육체도 대지처럼 단단한 인형으로, 물처럼 흐물흐물한 무용수로, 환경에 흡수되어 공기처럼 형체나 무게가 없는 투명인간으로 변신을 거듭한다. 분위기는 T-1000이다. 고체, 유체, 기체로 능히 상변이 한다. 우린 영화를 그 분위기가 상변이할 수 있는 예술로 정의한다. 사진, 연극, 문학, 회화, 음악, TV가 어느 정도 분위기에 이를 수 있을지라도 영화만큼 자유자재로 상변이하지 못한다. 사진은 기억의 대지에 드릴질을 하는 데에, TV와 연극은 현존을 물처럼 끝없이 흘러가게 하는 데에, 문학은 공기처럼 가볍게 꿈꿀 수 있는 데에 아무리 뛰어나더라도 그렇다. 어떤 책도, 어떤 그림도, 어떤 예능방송도 푸도프킨의 수증기가 얼음에서 범람하는 강물로(《어머니》), 다시 폭풍으로(《아시아의 폭풍》) 변했던 것처럼 상변이함으로써 겨울철 얼어있던 우리 엄마의 얼굴을 저만치 빵 터뜨리진 못한다.

물론 땅이 흙과 고체만을, 바다가 흐름과 유동체만을, 하늘이 꿈과 공기만을 의미하는 것은 아니다. 그것은 철학자들이 "원소"element, "원형"archetype(바슐라르) 혹은 "근원재료"Grundstoff(슈미트)라고 불렀던 이미지의 정신적 유형에 대응하며, 그에 따라 기억, 이성, 상상력 등 더 국지화되거나 활성화되는 어떤 상태와 능력을 표현한다. 니체의 『차라투스트라는 이렇게 말했다』를 관통하고 있는 가장 주요한 세 가지 원형적 이미지는 대지(삶·세속·기억), 심연(몰락·비·망각), 하늘(도약·번개·초인)이다. 분위기의 상변이에 의해 영화는 차라투스트라가 된다. 고로 분위기 상변이는 영화가 세계를 사유하는 방식이고, 차라리 철학하는 방식이다. 영화에서 분위기가 감싸는 미지의 대상 x는 직접적으로 알려지는 법이 없이 그 상변이를 통해서만 알려지기 때문이다. 우리는 대지에 심어져 딱딱한 고체가 되기도 하고, 톱니바퀴 사이에서 흐물흐물하거나 미끌미끌한 유체가 되기도 하고, 날개를 달고 활공하기도 하는 찰리에게서 흡사 관념철학에서 말하는 '물자체'Ding an sich와 같은 '찰리 자체'를 찾을 수 없으며, 오직 저 변양을 통해서만 찰리를 인식하고 또 누릴 수 있을 뿐이다. 외려 '찰리 자체'는 웃는 데에 방해가 된다. 대지는 점유되고 측지되어 그 부분들이 고정될 수 있는 파지와 소유의 가능성이고, 바다는 흐르고 돌변하여 넘치며 누수될 수 있는 변화의 가능성이고, 하늘은 텅 비어 당장은 없는 것 같으나 그중 가장 강력하게 물질을 지배하며 때로는 불꽃을 때로는 해일을 일으키는 폭력과 운명의 초월적 가능성임을 직감하는 것만으로도 우린 심각한 시압의 소용돌이에 우리 자신을 내맡기며, 그 웃음과 울음을 통해 그 상변이를 사유하는 비非사유의 철학자가 된다. 철학은 다른 게 아니다. 분위기에 사로잡혀 그 느낌의 위상변이를 내감하는 것이 곧 영화로 철학함이다. 당신이 비평가들이 인용하는 전문철학자의 개념을, 또 그 전문철학자가 원문에서 펼쳤던 난해한 코드를 모두 다 이해하지 못했더라도, 극장객석에 앉아서 분위기의 상변이에 따라 땅에 눌러앉는 느낌에서 해류처럼 흐르는 느낌으로, 다시 공기처럼 떠오르는 느낌으로 상변이할 때, 당신은 이미 충분히 영화로 철학을 하고 있다.

영화는 분위기의 상변이 이외에 다른 사유의 방법을 가지지 않는다.

　같은 미지의 대상을 기술함에 있어서 문학보다도 개념적 엄밀성을 더 따지는 철학에서 상변이는 더 잘 나타난다. 조악하겠지만 생각나는 대로 읊어보면, 칸트는 이성의 대상독점권을 제한하고 지성에 범주라는 구획선을 그은 것만으로도 하늘에서 허풍을 떨던 철학을 땅으로 끌어내린 작가였다. 실상 코페르니쿠스적 전환이란 하늘에서 대지로의 전환을 의미한다. 동시에 그는 바다의 철학자이기도 했는데, 사변이성이 "짙은 해무와 빠르게 녹아내리는 빙산이 신대륙의 환영을 만드는" "광대하고도 폭풍우 치는 바다"[1]임을 간파하고, 그 바다 속으로 몸소 들어가 진정한 순수이성, 즉 실천이성을 인양해냈기 때문이다. 베르그송도 대지, 그것도 지하(기억)에서 바다(지속)를 끌어냈던 작가다. 반대로 화이트헤드는 바다(유동성)에서 다시 하늘(영원한 객체)을 끌어냈다. 이것이 의식의 심층에 묻혀있는 베르그송의 잠재태와, 주관적 극한에 얽매이지 않고 우주를 활공하는 화이트헤드의 잠재태 간의 차이다. 대체적으로 경험론은 의식이 미개척되어 경험으로 개간되어야 할 신대륙 "아메리카"라고 주장했고(로크·흄), 합리론은 의식이 어느 정도는 경작되어 이미 측지되고 구획되어 있는 구대륙이라고 주장했다(데카르트·스피

---

1. 칸트, 『순수이성비판』, 1편 2권 3장, B294~295.

노자). 심지어 모든 존재가 태어날 때 이미 경작이 완료되어 있는 하나의 충분한 도시라고도 주장했다(라이프니츠). 하늘과 땅 사이가 언제나 흐름이란 걸 알아낸 것은 변증법이었다. 현상학은 그 흐름이 지평선의 결을 따라 일어남에 주목했다(그래서 지평선 너머가 하늘인지 바다인지를 분별하는 것이 관건이다). 정신분석학은 그 흐름이 대지의 구획선을 따라 왜곡됨에 주목했다(그래서 구획선이 지평선인지 수평선인지를 분별하는 것이 관건이다). 하늘과 땅을 최초로 분리했던 작가는 플라톤이다…

영화에서 대지는 점유되고 측지될 수 있는 가능성이다. 모든 측정은 사실 측지다. 대지는 구획선이고 격자장이고 도식scheme이다. 기하학이고 길 내기, 지도 제작이다. 고로 대지는 나누되 고정하는 지성과 먼저 연관되며, 그 가장 중요한 몸짓은 파지나 파악, 즉 '움켜쥐기'다. 목표를 향해 길을 내고 황무지를 개간하는 행위, 또 목표를 점령하고 쟁취하는 행위가 모두 그런 움켜쥐기다. 과거형이든 현재형이든, 기억이든 현실이든 상관없다. 행여 이념과 같은 미래형이라도 상관없다. 대지의 욕망은 점유와 소유, 또 축적과 통치다. 목표를 겨냥하고 또 도달함이다. 기억이야말로 소유다. 그것은 역사, 정체성, 뿌리의 소유다. 어떤 개인이나 공동체도 기억함으로써만 대지에 뿌리내리고 단단해진다. 대지엔 통치자와 정주민이 우글거린다. 그들은 대지를 부분으로 나눈 뒤 각자가 눌러앉을 자리를 찜하거나, 그 모든 부분들이 공인된 목적지를 향해 아귀가 맞는지를 살피는 데 혈안이 되어 있다. 대지는 국가, 시스템, 사유재산, 통행료, 세금이다.

　반면 바다엔 그런 부분이 없다. 순수한 흐름flow이고 유동성 flux이기 때문이다. 부분을 나눠 일시적으로 고정한다 하더라도 파도와 물보라가 그를 이내 지운다. 결코 대지가 될 수 없다는 데에 바다의 가장 큰 힘이 있다. 바다는 아무것도 정해진 게 없어서 너무나 자유로이 나누고 또 나눌 수 있어서 그 부분을 고정할 수 없는 가능성이다. 고로 바다에선 도식보다는 그에 새로이 길을 내는 '방법'methods, meta-hodos이 더 중요하다. 그것은 소유물을 점취하는 길이 아닌, 반대로 길에 틈새를 내는 길, 길과 길 사이에 나는 샛길이다. 수단means이다. 바다에도 자유가 있으나, 그것은 법이 아니라 방법이 보장하는 자유, 고로 소유할 수 자유와는 대립되는 소유를 거부하거나 박탈할 수 있는 자유다. 그것은 부분적으로 약탈일 수 있으나, 전체적으로 평형, 균형, 정의다(그래서 법의 기원이 궁금했던 많은 이들이 심연으로 다이빙하고 나서 알아내는 것은 거기엔 대지의 법보다는 바다의 균형이 있다는 사실이다). 흙은 막고, 물은 뚫는다. 대지가 도식이라면 바다는 방법이다. 대지가 법이라면 바다는 정의다. 대지가 분수이고 유리수라면 바다는 분수fraction의 실패, 즉 무리수無理數, irrational-다. 바다의 욕망은 축적이 아니라 절도, 소유가 아니라 무소유다. 바다엔 약탈자와 유목민만이 우글거린다. 그들은 국가의 법에 연연해하지 않으며 스스로 법을 제정하고 스스로 재분배하는 자율성의 화신들이다. 자율성은 아무런 대상도 소유하지 않을 자유에서 최고의 권한을 뽑낸다. 슈미트조차 "땅에서 바다로의 원소적 전환"의 궁극적 전리품은 "텅 빈 공간"이라고 썼다.[2]

하늘은 대지와는 가장 멀지만 바로 그 때문에 바다와 혼동되기도 한다. 하늘에도 부분은 없다. 하지만 하늘이 나눠서 고정될 수 없는 이유는 그것이 나눠지는 모든 것을 만들고 부수기 때문이다. 하늘은 초월적이다. 땅과 바다에서 일어나는 모든 생성과 소멸은 하늘에 의한다. 뭍사람과 뱃사람은 성좌를 보고서 길을 찾아야 하지만, 하늘은 지진과 해일을 일으켜 그 길을 가뿐히 지울 수도 있다. 하늘이 만만해 보이는 것은 그것이 항상 곁에 있음에도 불구하고 보이지 않거나 텅 비어 보이기 때문이다. 공기나 바람처럼. 그러나 공기는 기압골을 형성하여 태풍을 만들고 번개를 내려친다. 아무리 땅에 구획선을 잘 긋는 통치자라 할지라도, 아무리 약탈을 잘하는 해적선이라 할지라도 번개를 맞고 해일을 맞고도 살아남을 수는 없다. 하늘은 대지의 법이나 바다의 정의가 아니다. 하늘은 거대한 파괴나 생성이 일어나기 전까진 잘 드러나지 않는 원칙, 뜻, '공리'axiom다. 하늘은 운명, 기적, 천재지변, 개벽이다. 하늘이 나눠서 고정됨(측정 및 측지)의 모순 혹은 불가능성으로만 먼저 검출되는 이유도 그것이 합리성을 초월해 있기 때문이다. 놀이, 도박, 내기, 제의, 점괘 등

---

2. 칼 슈미트, 『땅과 바다』, 김남시 옮김, 꾸리에, 2016. 12장.

운에 내맡기는 모든 활동은 하늘에 먼저 속한다. 하늘은 운명적이므로 폭력적이다. 보이지 않아 없는 것 같지만, 그 파괴력은 상상을 초월한다. 하늘의 권한을 위임받으면 바다로부터도 이탈할 수 있는 절대적 자유, 즉 꿈꿀 수 있는 자유를 부여받지만, 거기엔 으레 추락의 공포가 뒤따른다. 한마디로 하늘은 '천명'天命이다. 신의 공포이고, 천상으로부터 내리꽂히는 테러다. 정주민과 유목민은 모두 이를 두려워한다. 하늘에 속한 자들은 꿈꾸고 몽상하는 이들, 추락하거나 요격될 것을 알면서도 비행하는 자들이다. 하늘엔 몽상자, 도취자, 예언자, 초현실주의자, 광대와 무당이 우글거린다. 그들은 소유는 운이며, 나눔은 운명이라고 외친다.

　땅, 바다, 하늘의 위상과 특성에 따라서 영화의 유형과 작가군을 재분류해 볼 수도 있을 것이다. 실제로 많은 사조나 장르가 이미 그렇게 분류되어 있지만 말이다. 먼저 그리피스와 비더의 작품은 전형적인 대지의 영화다. 땅을 분할하여 점거하거나 힘에 밀려 그로부터 퇴거함으로써 영화의 모든 운동이 생겨나기 때문이다. 그들 영화에서 모든 투쟁과 속도는 권한쟁의였고 사적재산(땅·돈·목숨·여자 …)의 선언과 승인을 목적으로 한다. 서부극도 이 부류에 속한다. 달리는 속도만큼 더 많은 분지가 일어났고, 또 빠른 만큼 더 많이 소유했다. 물론 지평선에 한정되고 또 보호받는 한에서 그렇지만 말이다. 일반적으로 땅영화는 길에 천착한다. 그것은 지평선을 향해 길을 내는 행동의 자유를 보장하고, 목표점에 도달할 때마다 그곳을 점유할 소유의 자유를 보장한다. 길을 따라 역추론하며 단서를 수집하는 하드보일드 탐정물도 전형적인 미국형 땅영화다. 실상 이것이 미국인들이 대지에 대해 가진 생각이었다. 미국영화에게 대지는 로크가 말한 미개척지, "아메리카"와 같았다. 플래시백을 혁신한 작가들이 미국에서 먼저 대거 나타난 것은 결코 우연이 아니다. 기억은 대지 속의 대지로서, 어떻게 측지되고 구획되고 또 어떻게 나뉘고 분배되어야 할지, 그 축적의 법칙과 근거가 무엇인지가 무엇보다도 긴급한 내면적 아메리카이기 때문이다. 물론 이 모든 측지와 축적은 으레 완벽하지 않고 그 지평선의 끝엔 항상 모순이 나타난다. 또 그 모순은 언제나 하늘을 드러낸다. 가령 서부극을 뒤이은 네오웨스턴의 피바람이 그렇다. 플래시백에선 맨키비츠가 표백된 하얀 하늘을 더했고(《지난여름 갑자기》), 웰스는 산산조각 난 거울을 더했다(《상하이에서 온 여인》). 기억에 새겨졌던 길들을 따라가다가 꼬이고 꼬여 결국 "누명 씌울 자"fall guy를 찾는 탐정물들이 존재한다(휴스턴 《말타의 매》, 드미트릭 《살인, 내 사랑》, 와일더 《이중배상》). 비산되는 핏방울, 또 그만큼 흩어지는 거울조각들, 비활하는 새떼들, 선험적 기억상실, 그만큼 영원한 잠상, 로즈버드, 결국은 로즈버드를 안고 죽을 추락자fall guy, 이것이 미국영화가 지평선의 끝에서 발견한 하늘의 위력이다. 일반적으로 미국영화는 하늘로 대지를, 신으로 개간을 정당화하려는 영화들이다. 그리고 그 모순과 실패에 책임을 지는 자가 영웅이 되는 그런 귀류법적 공동체주의다. 서부극 이후에도 미국영화에선 수단(탈것·무기 …)과 전략(돌격전·진지전·정보전 …)만 바뀔 뿐, 모든 자유는 소유의 자유를 의미한다. 생명이나 돈을 다투고 영역싸움이나 속도싸움을 하는 전쟁영화, 갱스터필름, 액션영화와 스릴러는 아무리 성서와 이데올로기를 참조한다 하더라도 대지영화의 이쪽 부류에 불가피하게 속한다. 반대의 경향은 − 유럽영화나 동양영화가 아니라 − 상징주의 혹은 주술주의다. 여기서 대지는 정당화의 대상이 아니라, 외려 해석의 대상이다. 대지에 남겨진 모든 것이 하늘의 인장이기 때문이다. 종교영화나 일부 표현주의적·무정부주의적 영화들(마스무라 야스조·조도로프스키·린치)가 이 경향에 속한다. 여기서 대지의 모든 사물은 지하 깊숙이 묻혀있는 검은 공허의 인장들이다. 그리고 이 거대한 무는 당신이 대지로 가든 바다로 가든, 그것이 지표면이건 수면이건 봐주지 않고, 무의미, 무근거, 무차별 등 온갖 무에 감염시키며 그로 인해 초래되는 모든 붕괴와 몰락을 환대한다. 고로 공포영화도 이 부류에 속한다(특히 빙의물). 여기서 그 해석이 완결되기 전까지 대지의 대상은 소유되기는커녕 해석자를 소유한다possess. 빙의시킨다possess. 사실 미국영화의 개척정신은 이런 방향과는 거리가 멀다. 이 분파는 대지를 점유와 극복의 대상이기 전에 경외와 공포의 대상으로 삼기 때문이다. 미국영화가 이 방향에서 독자적으로 개발한 장르는 − 공포영화나 그 형식의 일부만을 참조하는 탐정영화를 제외하면 ─ 어드벤처물일 것이다. 부비트랩은 영영 불가해할 것까진 없지만, 그 해석이 실패할 경우 지하로의 추락을 감수해야만 하는 대지의 상징들이다(도너 〈구니스〉, 스필버그 〈인디아나 존스〉 시리즈). 미국영화 밖에서 이쪽 방향은 역사적 상황을 다루는 플래시백 영화들에 의해 탐구되었다. 역사의 기억은 대지에 난 길을 따라 시작할 수밖에 없다. 그리고 길이야말로 그를 통과함으로써만 해석해내야 하는 상징이다(임권택·레네·스트라우브-위예 등).

이에 비해 바다는 순수한 유동과 변형의 장소다. 물처럼 모든 것이 시시각각 변하는 곳이며, 사적소유권은 필요도 소용도 없는 곳이다. 재산이 축적될 장소도 없는 데다가, 재산은 물처럼 미끄러지는 데 짐만 된다. 해양인은 버리기를 즐기고 무소유를 사랑한다. 우리는 〈카사블랑카〉(커티즈)와 〈소유와 무소유〉(혹스)를 비교하는 이들을 이해할 수 없다. 하나는 사유재산의 손실총량을 최소화하기 소유권에 번지수를 매기는 지주의 이야기이고, 다른 하나는 전 재산을 버려서라도 달아나려는 해양인의 이야기일 텐데 말이다. 바다는 대지의 도식에 빈틈을 뚫는 방법methods, 계획plan, 수단means이다. 자신만의 방법으로 이틈을 통과하며 새롭게 길을 내는 모든 이가 해양인이고 항해사들이다. 이들은 대지인보다 더 빠르고 더 유연하여 쉽게 잡히지도 않을뿐더러, 무엇보다도 법에 의존치 않고 스스로 평형을 이룬다. 이것은 유속이 빠를수록 평형점을 더 빨리 찾아내는 물과도 같다. 특히 프랑스 영화는 물에 미쳐 있었다. 물처럼 고정점이 없고 시시각각 변화하고, 또 정체됨을 모르고 끊임없이 움직이는 모든 것을 사랑했다. 그들에게 무용수와 기계가 거의 동의어였던 이유다. 그들은 다 같은 항해사다(강스·엡스텡·클레르·그레미용). 바다에서 자유와 균형, 합리성과 정의는 동의어다. 지성은 이를 이해할 수 없다. 이는 전적으로 이성의 판단이기 때문이다. 아무리 그 계산에 지성을 동원할지라도 말이다. 프랑스는 느와르를 받아들였을 때도 여전히 물을 사랑했다. 비록 그 시초는 미국영화(휴스턴 〈아스팔트 정글〉)에 있으나 철두철미한 계획 짜기, 정체성의 끝없는 변형, 과거와 미래를 포기하는 집요함과 폭주, 법을 넘어서는 정의로서의 무정부주의와 무소유주의 등 케이퍼 필름의 거의 모든 측면들을 선구했던 것이 프랑스였던 건 우연이 아니다. 케이퍼는 소유마저 넘어서는 순수한 절도와 약탈, 틈 내고 틈타면서도 균형을 잃지 않는 기술, 즉 항해술이기 때문이다(다신 〈리피피〉, 멜빌 〈도박사 봅〉〈암흑가의 세 사람〉). 케이퍼 필름의 도둑과 사기꾼들은 단지 소유하려는 게 아니다. 소유는 법 안에서나 가능한 일이다. 반대로 그들은 소유권의 약탈 및 박탈을 통해 분배의 정의를 실현하려고 한다. 일반적으로 느와르 필름은 바다에 먼저 속하는 한에서만 하늘과 맞닿는다. 어둠이 대지의 구획선과 경계선을 지우거나 틈내는 물결이고 파도여야 하기 때문이다. 이것이 '느와르'noir, 어두운란 용어를 프랑스가 창조해야만 했던 이유다. 즉 어둠의 해랑화海浪化.

이후 프랑스 누벨바그는 해랑海浪을 방랑放浪으로 다시 읽고 썼다. 해류의 유동을 인물과 장소 사이에서의 방황, 그와 함께 일어나는 의식류意識流의 유랑으로 직역하는 로메르·바르다·고다르·트뤼포의 영화들은 여전히 바다영화다. 누벨바그는 그의 선배들이 기계-무용수(엡스텡)와 해적-범죄자(다신·멜빌)를 데리고 제기했던 이성과 균형, 정의와 분배의 문제를 인간-떠돌이를 데리고서 의식의 망망대해 한복판에서 재구성하려고 했다(로메르 도덕 이야기 연작, 바르다 〈5시에서 7시까지의 클레오〉, 트뤼포 〈쥘과 짐〉, 고다르 〈네 멋대로 해라〉).

일반적으로 영화에서 도둑은 모두 해적이다. 모든 도둑은 틈을 타야하며, 틈은 오직 바다에만 있기 때문이다. 그들은 돈도 훔치고 마음도 훔치지만 무엇보다도 정체성을 훔친다. 정체성 도둑들의 바다영화가 존재하며(클레망 〈태양은 가득히〉, 폴란스키 〈물속의 칼〉, 비글로우 〈폭풍 속으로〉), 함선이 더 기계화되고 정교해질수록 정체성의 절도와 표절은 더 위중하고 팽팽한 권한쟁의로 이어진다(페터젠 〈특전 U보트〉, 맥티어난 〈붉은 10월〉, 스콧 〈크림슨 타이드〉). 해변이나 물이 안 나온다고 해서 바다영화가 아닌 것은 아니다. 대지에 도망갈 구멍, 틈탈 구멍, 속일 구멍만 잘 뚫으면 아무리 단단한 대지도 강이 되고 바다가 된다. 프랑켄하이머는 대지의 구획선을 지우고 날조해서 대지를 바다로 상변이시켰다(〈더 트레인〉). 밀러는 지상군과 해적, 인간과 동물의 분별마저 지웠다는 점에서 밀러는 진정 모래

바다를 펼쳤다(《매드 맥스 2》). 80년대 이후 촬영기술이 비약적으로 발달하자 바다영화가 훔치는 영화에서 달리는 영화로 눈길을 돌린 이유도 여기에 있다. 모든 도둑이 틈 내는 자인 것과 같은 이유로 모든 속도는 틈 내는 속도다. 최근의 케이퍼 필름들에서 정보가 도달하는 시간차를 다투거나 CCTV 시선을 훔치는 등의 속도전이나 정보전이 두드러지는 것은 결코 흥행이 걱정되어 덧붙여진 것이 아니라, 그 해양적 본성으로부터 연역된 것이다. 훔쳐보는 것도 훔치는 것이다. 도시만한 바다가 없다. CCTV·도로·레일·통신선·미디어 모두가 틈새일 수 있기 때문이다(드 팔마 〈미션 임파서블〉, 소더버그 〈오션스 일레븐〉, 최동훈 〈도둑들〉). 비록 도둑을 많이 다루진 않았지만, 원격통신에 의한 시선의 게릴라화와 시공간의 압축, 극한속도 속에서 불가피해지는 결정장애와 정체성의 변형, 정보전과 속도전의 일의성을 보여주었다는 점에서 토니 스콧의 영화는 언제나 바다영화였다(《크림슨 타이드》 〈에네미 오브 스테이트〉 〈스파이 게임〉 〈데자부〉 〈언스토퍼블〉). 아마도 바다는 영원히 영화를 지배할 것이다. 바다는 진정한 자유는 소유를 재정의하는 자율, 진정한 법은 무법임을 보여줌으로써 영화가 현상계에서 펼칠 수 있는 최대한의 모험심과 그 광분을 표현하기 때문이다. 콘찰로프스키의 죄수들이 종단속도에 이르러 자유를 되찾은 그 방식대로(《폭주기관차》).

하늘로 가보자. 대지영화가 법과 축적, 바다영화가 정의와 약탈이라면, 하늘영화는 꿈과 재앙이다. 하늘영화는 자연이나 신의 파괴력과 치유력, 그 반복과 영속성을 다룬다. 상승하고 추락하는 사물과 사람은 모두 하늘에 먼저 속한다. 하늘은 그들의 운명을 결정하는 초월적이고 폭력적인 힘이다. 하늘영화는 지역이나 민족 간의 대비, 특히 동서양의 대비가 가장 심한 부문일 것이다. 하늘에 대한 생각은 햄버거와 된장찌개만큼이나 다르기 때문이다. 가령 서양에서 하늘은 사회계약, 그리고 그를 추론하고 확증하는 이성의 형태로 먼저 주어지지만(아무리 천부권이라 포장해도 그렇다), 반대로 동양에서 하늘은 뜻 혹은 명命, 그리고 그를 수용하고 포용하는 자연의 형태로 먼저 주어진다(아무리 초연함이라 겸손을 떨어도 그렇다). 먼저 하늘에서 떨어지는 추락의 계열을 보자. 독일 표현주의는 너무 일찍이 이 계열을 개시하였다. 일부 종교영화나 공포영화도 이 부류다. 불가해하고 숭고한 힘을 내감으로써 이성 스스로 짊어지는 안티노미(생명-죽음·빛-어둠·운동-정지 …)는 하늘이 내린 벌이라는 점에서 이 계열을 천벌영화라고 부를 수도 있겠다. 물론 이 천벌의 내림을 외적인 것으로 오해해선 안 된다. 하늘은 상상력과 이성의 대상이기는커녕 그 내적인 추진력이므로 언제나 상승은 자기애로, 추락은 자학으로, 천벌은 자폭으로 나타난다. 고로 모든 몰락은 우연적이 아니라 운명적이다. 단추의 추락보다 더 무자비한 운명은 없다(무르나우 〈마지막 웃음〉). 666보다 더한 천벌은 없다(프리드킨 〈오멘〉). 절도와 음모를 다루는 느와르엔 어느 정도 천벌영화의 성격이 있다. 이 부류에서 하나의 유파를 형성한 드문 사례가 바로 뉴 저먼 시네마다. 그들은 모든 몰락과 추락이 이성적 존재 스스로가 자초한 자학과 자폭에 지나지 않음을 여실히 보여준다(헤어조그·파스빈더·벤더스). 뉴 저먼 시네마는 니체의 영향을 가장 많이 받은 사조다. 거인은 영겁회귀의 원환 속에서 난쟁이에 불과하며, 가장 높은 산을 오르려하다가 대지로 추락하고 마는 인류의 이성 자신이다(헤어조그 〈난쟁이도 작게 시작했다〉 〈아귀레, 신의 분노〉). 할리우드의 천벌장르는 재난영화와 괴수영화다. 자연재해는 환경으로서의 천벌이고, 괴수는 대상으로서의 천벌이다. 테크놀로지 재난을 다루는 SF 영화도 이쪽이다. SF에게 천벌이란 기술의 자동화 이전에 먼저 찾아오는 재앙의 자동화였다. 어떤 경우든 천벌은 신의 테러다. 그래서 숭고하다. 천벌을 내리는 신은 기독교의 하느님이 아니다. 그것은 이성에 모순으로서 내재하는 하늘님, 즉 천성天性이다. 하길종이 재난영화를 비롯한 천벌영화에 최고의 정의를 선사한 적이 있다. "땅은 하늘로부터 반대 방향으로 멀어진다."[3] 그러나 그 멀어짐을 다시 역전시키고 숭고를 내면화함으로써 우린 다시 한 번 도약을 꿈꿀 수도 있다. 이 역전에 내기를 거는 것이 감옥영화, 혹은 감금의 형태를 빈 정치영화들이다. 미클

---

3. 하길종, 「타워링 인페르노」, 『사회적 영상과 반사회적 영상』, 한국영상자료원/부산국제영화제, 2009, 307쪽.

로슈 얀초, 코스타 가브라스뿐만 아니라 앨런 파커의 영화들에서 모든 투쟁은 대지에 육체를 속박하려는 권력과 하늘로 솟구치려는 꿈 사이에 일어난다(〈미드나잇 익스프레스〉 〈더 월〉 〈버디〉). 모든 전쟁은 땅과 바다의 투쟁일지언정, 모든 정치는 땅과 하늘의 투쟁이다. 탈출을 축하해주었던 비도 하늘에서 내렸다(다라본트 〈쇼생크 탈출〉).

반대로 하늘로 도약하는 계열이 있다. 이 부류는 감금·테러·추락과 반대로 놀이·몽상·내기를 통해 하늘로 비상하고 팽창하려 한다. 이 하늘영화들 역시 여전히 정치적이고 운명적이지만, 놀이는 천벌이 아니라 천명天命을 섬긴다는 점에서 앞선 하강의 사례들과는 구분된다(언제나 공존하긴 하지만). 그들은 놀이나 내기에 스스로 갇혀 운명의 죄수가 된다. 천명을 더 듣고 그에 더 다가가기 위해서다. 같은 하늘영화라 할지라도 이 부류를 천벌영화와 구분하여 천명영화라고도 부를 수 있으리라. 할리우드에선 뮤지컬 영화와 댄스 영화가 일찍이 이 부류였다. 신대륙의 사고방식 속에서 천명이란 사회계약과 동의어임을 감안할 때, 댄스야말로 캐스팅 재계약, 배역의 완성과 같은 천명을 가려내고 또 확증하는 놀이이자 도약이기 때문이다(특히 전후의 MGM 백스테이지 뮤지컬). 그러나 놀이와 도약의 계열은 서양보다는 동양 혹은 제3세계나 피식민국 영화에서 더 두드러진다. 더 추락할 데가 없기 때문이다. 여기서 뮤지컬과 같은 가정된 상황을 빌지 않고도 이미 사회계약은 무너져 더 이상 기도할

데도 기다릴 것도 없으므로, 이제 놀이는 무대를 확장하여 더욱 본원적인 천명을 타진하는 접신이 된다. 전 세계적으로 발흥했던 뉴웨이브 세력들 대부분, 특히 제3세계 영화가 이쪽 부류다. 남미 영화와 집시 영화들이 그렇다. 한국 뉴웨이브도 이쪽이다. 여기서 놀이가 너무도 순박한 역할교대에 의한다는 점에서 바다의 유동성에 속하는 것처럼 보일 순 있겠다. 그러나 그건 여전히 하늘이다. 놀이와 내기는 무언가를 훔치기 전에, 운을 걸고 운명을 점치는 행위, 꿈에의 신념이기 때문이다(하길종·김호선·이장호·배창호·김동원). 그래서 한국 뉴웨이브의 '고래'는 바다에 없다. 그것은 꿈속에 있다. 그것은 차라리 기적이다(한국 뉴웨이브가 해방신학적 측면을 가지는 것은 필연적이다). 이 부류에서 무당이나 예언자의 역할이 강조되는 것은 불가피하다. 모든 놀이는 접신이기 때문이다(정작 놀지 않는 무속영화들은 하늘영화가 아닌 경우가 더러 있다). 놀이의 영화에 비행술이 더해지면 활공영화가 된다. 꿈은 본성상 비상이고 도약이며 비행이다. 이 역시 항해나 잠수와 혼동될 수 없다. 하늘엔 틈이 따로 없는 데다가, 이때 비행은 계산과 지성에도 빚지지 않는 신출귀몰이기에 그 실패와 요격은 전적으로 우주의 뜻을 표현하기 때문이다. 가령 쿠스트리차의 물고기는 비행한다. 이명세의 형사와 검객도 춤을 추고 도약하고 활공한다. 미야자키 하야오의 어린이들은 태생적으로 뛰어난 비행술사다. 라울 루이즈의 사물들은 방위와 원근이 틀어진 채 정박함이 없이 떠다닌다. 이 모두는 그 비활이 우주적 순환을, 그 추락이 우주적 폐색을 표현하는 한에서만 이루어진다.

우주라는 말이 너무 거창하다면 자연이라고 말해도 좋다. 자연이 단지 풀과 나무만을 의미하진 않고, 인간, 기계, 무기, 도시 등 자율적으로 시간을 누리는 모든 개체를 포괄한다면 말이다. 물론 표현주의와 공포영화에서도 자연이 없다 할 수 없으며, 외려 자연 없이 무한한 힘은 드러나지 못했다. 허나 바로 그 때문에 무한성은 자연을 끊임없이 해체하고 되살림으로써만 표현되었다. 그러나 동양적인 관점에서 자연은 현상의 존재만으로 표현이 완결된 무한성으로서, 사물들의 '스스로 그러함'自然 자체다. 여기서 자연은 천벌이 아니라 천명을 먼저 내린다. 대지와 바다의 가장 조화로운 연합과 운행을 명령한다. 바로 이 점이 서구적 하늘과 구분되는 동양적 하늘의 측면으로서, 특히 동아시아 영화는 하늘을 완전히 다른 차원으로 열어놓았다. 파란 눈에 하늘은 유有의 극한일 수 있으나, 검은 눈에 하늘은 무無의 극한이다. 엄밀히 말해, 무는 '무'無가 아니라 '허'虛이고 '공'空이다. 허공으로서의 하늘은 번개를 치지도 폭풍을 일으키지 않는데도, 심지어 아무것도 안 하는데도 모든 것을 한다. 그가 포괄하는 모든 것을 공존시키는 일을. 여기서 이성의 비상과 추락이란 없다. 애초부터 날아오를 필요가 없었기 때문이다. 모든 것이 텅 빈 공허 속에서 모순 없이 공존함으로 충분하다. 일찍이 일본의 여백영화들은 동양적 하늘영화의 전형을 제시했다. 아버지와 딸을,

돈가스와 두부를, 게이샤와 아들을 공존시키고, 누군가 지나간 잔향과 누군가가 올 자리를 공존시키는 여백, 그것이 일본영화의 하늘이다(미조구치·오즈·나루세·야마나카). 여백이란 차라리 공기구멍, 숨구멍이다. 여백은 아무것도 점유하지 않음으로써 그를 점유한 만물이 스스로 그러하도록, 자연하도록, 숨 쉬도록 한다. 여백은 공간뿐만 아니라 시간에도 숨구멍을 낸다(특히 미조구치·나루세). 놀라울 정도로 땅욕심을 드러내지 않았던 일본영화는 이를 일찍부터 너무나 잘 알고 있었다. '공'이란 우리가 가장 일상적으로 체험하고 있는 하늘이다. '공'을 통해 시간 속에서도 영원을 꿈꿔서가 아니라, 반대로 시간을 영원의 꿈으로 만들기 때문이다. 구로사와 아키라의 독창성은 대지를 내달리는 속도를 포기하지 않고서도 이에 이른다는 데에 있다.

한국영화에도 우리 모두가 너무나 잘 알고 있는 유구한 하늘영화 전통이 있다. 신파가 그것이다. 신파는 제목에서부터 자신이 하늘영화임을 숨기지 않는다. 신파에서 하늘은 대지인들의 세속적 운동(돈이나 자식의 이동, 아무개 돕기 운동 등등)을 이끌어냄으로써 지상의 감옥을 집으로 변환하는 천명의 창발 자체였다(정소영 〈미워도 다시 한번〉, 이원세 〈엄마 없는 하늘 아래〉에서 대지의 격자선들을 재조립하는 하늘 이미지). 특히 김수용은 신파가 낼 수 있는 하늘의 가장 다채로운 변주에 이르렀다(〈저 하늘에 슬픔이〉 〈안개〉 〈만추〉). 한때 모더니즘 비평이 쏟아냈던 비난에 너무 익숙해진 나머지 종종 혼동되곤 하지만,

하늘은 이데올로기가 아니다. 이데올로기는 운명까진 아니며, 꿈꿔지지도 접신되지도 않기 때문이다. 김수용의 인물들이 모든 객관화를 거부하면서도 그 낙엽의 휘날림과 빗방울의 흐무짐을 통해 운명의 형상화에는 실패하는 법이 없는 이유다.

	대지	바다	하늘
행동	소유	약탈	비행
상태	길	틈	공
문제	도식	방법	놀이
공리계	자유(법)	자율(정의)	운명(천명)

물론 어떤 영화도 대지, 바다, 하늘 중 하나에 배타적으로 속하는 법은 없다. 아무리 잘난 영화도, 아무리 못난 영화도, 극영화건 실험영화건, 상업영화건 예술영화건, 여러 위상을 동시에 가진다. 예컨대 어드벤처물은 대지에 묻힌 부비트랩과 맞닥뜨림으로써 운명의 심판을 통과하는 과정이라는 점에서 대지와 하늘에 모두 속하고, 케이퍼 필름은 소유물이 보관된 벽에 틈을 내는 과정이라는 점에서 대지와 바다에 모두 속한다. 괴수영화 또한 그 괴수가 아무리 천벌일지라도, 그 싸움은 주어진 환경에 도망갈 틈을 파거나 그를 발 빠뜨릴 함정을 파는 과정이라는 점에서 바다에도 속한다. 하나의 위상이란 독자적으로 주어지는 법이 없다는 사실이 영화로부터 분위기를 빼앗지는 못한다.

외려 상변이의 독특한 방식이야말로 내러티브의 굴곡점, 각

장르나 작가의 변별점을 형성함으로써 그들에게 각각 고유한 분위기를 준다. 〈불가사리〉(론 언더우드)를 괴수영화의 모범으로 만드는 것은, 괴수가 도식으로 대지를 지배하는 반면, 사람들은 그 도식에 다시 빈틈을 뚫는 방법으로 괴수에 대항하는 식으로, 아무리 괴수가 땅 밑으로 다니고 뵈는 것은 네바다 사막의 모래바람뿐일지라도 모든 대결을 잠수정과 뱃사람의 대결, 해양전으로 몰고 가는 그 총체적 상변이에 있었다. 〈매드 맥스〉 삼부작을 만들었던 조지 밀러는 30년 만에 〈매드 맥스 : 분노의 도로〉를 만들었다. 이러저러한 캐릭터의 수정과 추가 외에 결국 무엇이 달라졌나? 이전 삼부작에는 없었던 꽉 짜여진 국가가 있고, 길 끝의 목표점으로서의 그린랜드가 있다. 무엇보다도 이전엔 누가 살고 죽건 수수방관하던 신이 모래폭풍으로서 개입하여 살 자와 죽을 자를 결정해준다. 온통 바다였던 사막에 도식이 그려진 대신 하늘도 내려와 더더욱 개입하는 식으로, 매드맥스 시리즈는 순수한 바다의 문제에서 대지-하늘의 문제로 상변이했다(고로 액션이 아무리 더 현란하더라도 〈분노의 도로〉가 더 웨스턴답고 덜 네오웨스턴답다). 반대의 사례로 들 수 있는 것은 부뉴엘의 필모그래피다. 마네킹, 십자가, 신발 같은 물신에 사로잡혀 있던 부뉴엘의 세계는 〈절멸의 천사〉 이후 본격적으로 닫힌계들의 모자이크 구조로 이행하였다. 부뉴엘의 우주는 (성직자들이 점유한) 땅 밑에 응결된 화석을 해석하는 대지의 문제에서 (성직자들조차 변신해야만 하는) 각기 다른 운명을 선택하는 하늘의 문제로 상변이했다.

비트겐슈타인이 혹독한 자기비판을 통해 언어를 땅철학(의미의 귀속)에서 물철학(규칙의 실천)으로 옮겨놓았던 것처럼, 영화작가 중에는 필모그래피에 저와 같은 변곡점을 박아 넣는 이들이 가끔씩 있다. 그런 작가는 분명히 상변이한 사례다. 마음과 육체를 상변이하여, 분위기 자체를 바꾼 사례들이다.

영화사의 어떤 사례도 분위기는 언제나 상변이로만 존재함을 막을 수 없다. 어떤 영화도, 장르도, 또 어떤 작가도 하나의 위상을 선택해야 하지만, 그렇다고 해서 나머지를 배제할 수 있는 것은 아니다. 반대로 어떤 영화, 장르, 또 어떤 작가도 분위기의 독특한 상변이를 통해서만 자신의 정체성을 찾는다. 즉 비로소 개체화한다.

'분위기는 상변이'라는 우리의 정의는 '영화는 몽타주'라는 오래된 정의와 결코 상충하지 않는다. 몽타주는 분위기에 있어서의 상변이를 전제하기 때문이다. 몽타주는 어떤 샷도 한 위상에 배타적으로 속하지 않게 하는 힘이며, 고로 어떤 몽타주도 분위기의 상변이를 겨냥하지 않고는 일어나지 않는다. 말년의 에이젠슈테인이 발견하고서 놀랐던 사실도 이것이다. 변증법적 도약도 풍경 전체의 상변이의 효과일 뿐이라는 것이다. 일찍이 쿨레쇼프가 이어 붙였다던 음식, 여인, 시체의 샷 또한 그 반응샷으로부터 각각 대지로의(먹을 수 있다는 소유권), 바다로의(훔치고 싶다는 욕동), 하늘로의(운명의 불가피성) 상변이를 이

끌어내는 분위기의 총체적 위상변이 없이 어찌 몽타주될 수 있었겠는가.

결국 우리 엄마를 웃게 했던 것은 대지였나? 바다였나? 하늘이었나? 우리 엄마는 대지, 바다, 하늘 그 사이사이에서 웃으셨다. 그 상변이에서. 우리가 흔히 감정이나 정념이라 말하는 것은 다른 것이 아니다. 그것은 물이 얼음이 되고, 얼음이 다시 기체로 증발하는 등의 상변이에 대한 우리 육체와 마음의 응답이다. 정체성이 그러하듯, 어떤 감정도 독립적 위상이 아닌, 그들 사이의 이행으로서의 분위기에 대한 반응이다.

영화는 땅인가, 바다인가, 하늘인가? 그 모두다. 영화는 사막에도, 태평양에도, 천당에도 있다. 무엇보다도 그 사이 들락날락, 오르내림이, 그 분위기의 상변이가 곧 영화다. 분위기 상변이에 의해 영화는 곧 과정이 되고, 과정은 곧 실재가 된다. 어떤 것도, 하물며 어떤 사상과 이론도 이를 막을 순 없다.

11장

영화는 몇 kg인가?

멜리에스가 달나라로 로켓을 쏘아 올렸을 때 영화는 지구의 중력을 거부하려 했던 걸까? 그러나 로켓 발사보다 더 중요한 장면은 그다음 샷이다. 로켓에 짓눌려 일그러진 달의 육체가 거기에 있다. 또 외계인들에게 놀라 넘어지고 도망가는 인간의 육신들, 내팽개쳐지고 폭발하는 외계인의 육신들 또한 거기에 있다.

영화에서 육체는 항상 짓눌린다press. 서로 누르기도 하고 그 각자도 예외 없이 밀리고 당겨진다. 아무리 물질과의 마찰이 최소화된 경우에도 이 사실은 변경되지 않는다. 멜로영화도 육체는 밀당한다. 다가서는 한걸음에 컷을 더 줄까 말까 고민하는 그 밀당 묘사에의 광적인 집착만 감안하자면, 영화만큼이나 육체가 능동성을 기권하는 예술형태도 없을 터다. 영화의 공간은 언제나 중력의 공간이다. 무언가가 육체를 누르고 밀고 이끌고 있다. 그것이 로마든, 화성이든, 귀신이든, 옆집 정원사든.

사진, 연극, 문학과 달리 영화의 육체는 정말 죽을 수 있다는 사실 하나만으로도 영화가 중력의 예술임을 말해준다. 영화의 육체들은 서고 앉고 눕고 또 쓰러진다. 심지어 다시는 안 일어날 수도 있다. 단지 수직 방향의 눌림만 있는 것이 아니다. 영화의 육체들은 걷고 뛰고 건너는 등 수평으로도 밀린다. 또다시 수직으로 일어나고 도약하고 춤춘다. 이처럼 영화의 육체가 다양하게 눌리고 밀리는 것은 분위기가 그의 중력처럼 기능하기 때문이다. 멜리에스는 중력을 이탈한 적이 없다. 반대로 그는 지구의 중력에서 달나라의 중력으로 갈아탔을 뿐이다. 더 새로운 분위기를 위해, 새로운 시간을 위해.

영화의 육체는 분위기에 눌린다. 분위기는 **영화의 질량**masso이다. 단지 비유가 아니다. 분위기의 내감은 중력의 형식을 가진다. 이게 바로 우리가 TV는 띄엄띄엄 보는 데에는 성공해도, 영화는 띄엄띄엄 보는 데에 항상 실패하는 이유다. 영화는 시선을 빨아들인다. TV가 보도하는 현존 이상의 새로운 시간으로 육체를 밀고 당기기 위해서다. 분위기가 질량인 것처럼, **중력은 시압**이다. 질량감이란 시압감이다. 고로 영화에서 중력은 대지에만 있는 게 아니다. 새로운 시간을 열어주기만 한다면, 또 그 질량의 상변이가 그를 향한 압박이기만 하다면야 중력은 바다에도 하늘에도 있다. 혹자는 영화가 가장 가벼울 수 있는 매체라며 갸우뚱할지도 모르겠다. 그러나 쿠스트리차의 물고기와 미야자키 하야오의 비행석이 그리 가볍게 활공할 수 있는 것도 하늘이 무겁고, 영화가 그만한 질량을 가지기 때문이지, 결코 영화가 무질량이어서가 아니다. 그 질량의 상변이가 곧 운동일진대 어찌 분위기 없이 날아오를 것인가? 아무도 눌러주고 밀어주지 않는다면 어찌 활공할 것인가? 푸도프킨의 강물과 폭풍처럼, 슈트로하임의 호수와 화염처럼, 김수용의 물안개와 추풍처럼 물도 무거울 수 있고 하늘도 무거울 수 있다. 그 무게가 시선과 육체를 이끈다. 육체가 새로이 살아낼 새로운 시간에게로. 영화는 그렇다.

관객의 육체에 대해서도 사정은 마찬가지일 게다. 영화는 그 분위기가 질량인 한에서 관객을 끌어당긴다. 그래서 영화만이 홍보용 트레일러를 가진다(다른 매체나 상품의 트레일러는 영화를 흉내 내는 것이다). 트레일러는 1~2분이라는 짧은 시간에도 영화의 분위기를 방방곡곡 전파하여 관객의 육체를 극장으로 이끈다trail.

중력은 분위기로의 초대와도 같다. 영화의 대부분은 중력감을 제목으로 내건다. 〈쉘 위 댄스〉(수오 마사유키)라는 제목은 사실 아무것도 지시하지도 함축하지도 않는다. 그것은 어떤 의미를 지시체 안에 가두기는커녕 최대한 많은 의미를 해방시키며 그에 연루된 최대한 많은 이들을 끌어당긴다. 댄스교실 다마코 선생님은 "댄스는 스텝이 아니라 온몸으로 느끼는 것"임을 강조한다. 중력으로 관객의 육체를 매혹하는 분위기가 꼭 그렇다.

또 그런 끌어당김은 단지 머릿속이나 마음속에서 맴도는 데에 그치지 않고 반드시 육체를, 두뇌를, 신경계를 압박하고 때리고 일깨워 그 변이와 변형을 독촉한다. '우리 함께 춤출래요?'란 '우리 함께 변신할래요?'다.

그러니까, 영화에서 공기는 가장 가벼울 때조차 가장 무거울 수 있다. 공기에 미쳐있는 또 한 명의 한국 작가 이송희일의 〈후회하지 않아〉에서 공기는 두 주인공의 거리에 내려앉아 밀당의 중력을 형성하고, 끝내 폭풍이 되어 파국의 중력을 이룬다. 이 영화는 동성애를 다루지만 그 공기의 동종화homogeneous하는 압력은 이성애자 관객의 육체마저 끌어당겨 "애매호모"하게 만들었고, 관객은 그런 변신을 결코 "후회하지 않았다."

영화가 질량에 대해서 갖는 관계는 사진과 회화가 질료에 대해서 갖는 관계와 같다. 우리는 앞서 영화가 사진적 본성을 통해 실재를 빌려옴을 살펴보았다. 사진의 사실성이 영화에겐 회화에 있어서의 질료나 재료가 된다는 의미다. 그렇게 (관객의 무의식과 경험을 포함한) 사실들의 집합으로부터 빌려오는 재료성, 그 갚는 과정이 그것의 상변이가 되는 질료성 혹은 물성, 그것이 영화의 질량이다. 질량은 영화가 단지 작가의 창작만으로는 완수되지 않는 어떤 사실성을 내포하고 있다는 증거이기도 하지만, 다른 한편으로는 그 기록과 재현만으로는 모두 상환되지 않는다는 존재론적 채무의 경고이자 독촉이기도 하다. 그래서 영화의 질량은 으레 바탕으로 흩어지며, 새로운 사건을 준비하는 일종의 캔버스로 펼쳐진다. 거기에 새로운 질량들, 즉 배우와 세트의 육체들이 추가된다. 질량이란 헌 사실을 빌려 새 시간으로 갚아야 하는 영화의 질료다. 이것은 카메라를 정말 붓질하듯이 쓸 수 있는 어떤 천재작가가 와도, 전 세계의 필름포맷과 극장구조를 일거에 뜯어고칠 만큼 부유한 어떤 재벌이 와도 에누리할 수 없는 영화 본연의 채무이자 숙명이다.

그러니까, 영화의 가장 고유함은 시간을 무게로 변환하는 능력이다. 어떤 다른 매체나 예술도 이토록 능수능란할 순 없다. 영화에선 비가 내리고 대지가 시키면 진흙탕이 되는 것만으로도 바로 시간은 무거워지고, 여기서 누군가 춤을 추고 노래를 부르는 것만으로 시간은 바로 가벼워진다.

영화사를 종으로 횡으로 분류했던 사조 혹은 입장은 이 질량의 환산법, 질량에 대한 태도, 혹은 그 번지수 매기기에 의한 분류였을 뿐이다. 우린 횡으로 리얼리즘과 판타스틱을 구분하곤 하지만 이는 전자는 질량이 현실의 것이고 영화는 그에 이끌리는 능력임을, 후자는 영화가 버티며 질량으로부터 멀어지는 능력임을 의미할 뿐이다. 또 우리는 종으로 고전영화와 모던영화를 구분하곤 하지만 이는 전자는 영화의 분위기가 단일한 거대질량을 가짐을, 후자는 자질구레하나 증식하는 질량을 가짐을 의미할 뿐이다(전자에서 내러티브가 단일한 무게중심에 의해 연속적이라면, 후자에선 다원적 무게중심에 의해 내러티브가 파편화된다). 그러나 어디로 가더라도 영화는 원천적으로 질량을 거부할 일이 없다. 영화의 분위기가 곧 질량이기 때문이다.

이론적으로 질량을 처음 발견한 것은 소비에트 유파였다. 특히 에이젠슈테인이 "견인"attraction이라고 할 때, 그는 영화는 어떤 질량을 지니며 그 형식은 중력임을 이미 직감하고 있다. 영화 고유의 질량이 이미지를, 내러티브를, 나아가 영화 전체를 밀고 당기는 끌개임을. 물론 에이젠슈테인은 그 철학적 함축을 나중에야 발견하였고, 또 견인을 의식화에 한정하면서 다른 몽타주 사조들은 무시하였으나, 당대의 다른 몽타주 기법들도 그만의 질량과 견인법을 일구고 있었다. 실상 미국 평행몽타주에선 평행선의 수렴을 견인하는 무한원점이, 프랑스 가속몽타주에선 물체의 속도를 견인하는 운동량이, 독일 표현주의에선 이성의 붕괴를 견인하는 블랙홀 암흑물질이 그 질량의 기능을 하고 있다. 이것은 단지 관념의 상상적 유희거나 세계의 이미지에 대한 묘사만은 아니었다. 이는 영화에 본성적으로 주어지는 분위기로부터 이미 작동하고 있던 실질적인 물질성을 발견해내려는 노력이었다. 카메라가 비추는 대지(지평선=무한원점), 바다(유속=운동량), 하늘(천성=암흑) 안에서 이미 기하학적·유체역학적·주술적인 방식으로 작동하고 있던 그 거부할 수 없는 질량을. 무르나우의 영화에서 화면 뒤에 도사린 어둠은 대지 위의 모든 사물을 잡아당겨 일그러뜨리다 끝내 붕락시킨다. 어떤 은유 없이도 단추를, 촛대를, 파우스트를, 태양을 끌어당겨 실질적으로 집어삼키는 블랙홀의 암흑물질이다. 영화의 질량은 아이스너가 무르나우의 영화에 대해 썼던 정확한 표현 그대로 "무거운 부동성"weighty immobility 1이다. 그 자신은 움직임 없이 모든 것을 움직이게 하는. 크라카우어는 바로 거기서 히틀러와 괴벨스를, 나치즘의 대중동원 방식의 징후를 보았던 거고.

아무도 유물론을 거들떠보지 않는 오늘날, 소비에트의 이론은 얼마나 고루하게 보이는가? 변증법은 역사에만 있네 자연에도 있네 하던 논쟁은 또 얼마나 고루하게 들리는가? 하지만 영화는 질량을 지니는 한, 마지막 유물론자가 된다.

---

1. Lotte Eisner, *The Haunted Screen*, University of California Press, 12장, p. 221.

사람들은 고전영화의 대전제가 행동과 반응의 '유기적 통일성'organic unity이라고 말하지만, 그것은 고전영화가 단일한 거대 질량을 품었기 때문이지 그 역이 아니다. 소비에트 유파에게서 가장 분명했던 것처럼, 고전주의는 질량의 단일성과 무게중심의 일원성을 추구했다. 무게중심이 물질 혹은 이성에 있느냐, 자연 혹은 인간에 있느냐에 따라 각 분파가 나눠지고, 각자의 몽타주가 파생되어 나왔을 뿐이다. 그러나 어떤 경우든 고전영화의 질량은 푸도프킨의 자연처럼 인간의 의식화에 대한 반응으로서 강물과 폭풍으로 상변이하여 그에 넘치거나 모자람 없이 조응하며, 무르나우의 블랙홀이나 파브스트의 불투명면처럼 물적 욕망에 대한 반응으로서 모호하고 흐릿하게 상변이하여 그에 합당한 응징을 내린다. 고전영화에서 인간은 거대질량을 밟고 살았던 셈이다. 그리고 어느 누구도 그를 빠져나갈 수 없다는 사실로부터 고전적 '전체'toto, tout, total(영화 전체·대상 전체·이미지 전체…)의 개념이 나온다. 고전영화는 아무리 비합리적인 상황을 다룰 때조차 견인과 맞견인의 매우 합리적인 보상체계를 전제하고, 또 반응 이전과 이후에도 질량의 총량은 소실되거나 추가됨 없이 일정하며 그 무게중심은 단일하여 다른 반응의 선택은 불가능하다는 질량보존의 법칙을 전제하고 있다. 이것은 흡사 더는 부스러지지 않는 단일한 돌이 스스로의 무게에 의해 굴러가는 것처럼, 영화 전체가 자신의 단일 질량에 의해 스스로 돌아가며 통일성을 보전하는 것과 같다. 아마도 우리가 영화에 대해서 모더니즘을 논할 때 먼저 꺼내야 할 것은 미학적 모더니즘이 아니라 이처럼 과학적 모더니즘일는지도 모르겠다. 그 초창기부터 근대과학의 패러다임에 이만큼 근접하고자 한 예술도 없을 테니까. (이를 감안한다면 사실은 뉴턴적 우주론을 가지고 있던 히치콕은 모던시네마를 개시했다기보다는 지켜냈다고 말해야 하지 않을까?)

그러나 현대영화가 마주친 상황은 너무나 다르다. (주로 50~60년대를 기점으로) 단일 이데올로기, 단일국가, 단일민족에 대한 신화가 붕괴되면서 단일한 무게중심에 대한 믿음은 더 이상 이전처럼 쉬이 용납되지는 않았다. 현대영화는 단지 이미지나 이야기의 파편화가 아니다. 그전에 그 가능적 조건으로서 질량의 파편화가 선행되어야 한다. 그리고 이는 이주민, 무국적자, 소수민족, 잉여인간과 같은 여러 무게중심으로 터져 나가는 질량 전체의 구조적 변이와 결코 무관치 않다. 크게 세 가지 대처법이 있었던 것 같다. 그것은 흡사 지구 전체가 한 편의 영화가 되어 5억 킬로미터짜리 지표면 스크린이라도 펼쳐진 듯이, 영화 자체를 대지, 바다, 하늘로 종횡무진 상변이하는 과정과도 같았다.

첫째 방식은 또 하나의 새로운 무게중심을 찾아 흩어진 질량들을 다시 모으는 것이었다. 흡사 더는 살 수 없게 된 지구를 떠나 화성으로 이주하는 것과 같았으므로 '이주법'이라고 불러도 좋겠다. 영화를 화성만큼이나 상상적으로 확장된 신개척지,

'스펙터클'로 이주시키는 방법이다. 그러나 이주도 정착을 위해서다. 여기서 중력은 헌 시공간과 새 시공간을 안전하게 압착하는 책무를 맡았으므로, 낯선 것을 친숙화할 수 있는 것이라면, 또 초현실주의를 역산할 수 있는 것이라면 모든 문법의 개발이 권장되었고 또 강요되었다. 특히 옵티컬 프린팅의 개발은 거의 죽기 살기였다. 프린팅이야말로 아무리 멀리 떨어진 이질적 시공간이더라도 그럴싸하게 압착하는 중력통제술이기 때문이다. 주로 미국영화가 택한 길이다. 가볍다고 비웃을 수만은 없다. 여기엔 엄청난 중력으로 이질적 시공간을 밀착할 뿐만 아니라 어떤 아니꼬운 시선도 빨아들이는 스펙터클이라는 절대질량이 이 신식민지의 최초 주민등록자이기 때문이다. 스펙터클은 현실의 질량이 소거된 것이 아니라 꿈의 질량일 뿐이었다.

둘째 방식은 헌 무게중심이 붕괴되기 전에 잽싸게 여러 무게중심으로 나눠주는 것이었다. 이는 화성 같은 무모한 꿈을 일찌감치 포기하고, 여러 여권을 위조해서 흩어져버린 대륙 사이를 이리저리 옮겨 다니고 결코 그 방랑을 멈추지 않는 것과 같았으므로 '유랑법'이라 불러도 되겠다. 주로 서유럽영화가 택한 길이다. 여기서 필요한 중력기술은 이질적 시공간을 하나로 압착하는 옵티컬 프린팅과는 정반대의 것, 즉 이질적 시공간을 외려 더더욱 분별하고 분리해내는 '거리두기'의 모든 기술이었다. 대상으로부터 거리를 두는 촬영과 몽타주, 디제시스를 평면화하는 플랑세캉스 같은 거리두기 전략들이 그것이다(오늘날 우리가 개인주의와 뒤섞어버리며 작가주의 문체와 동일시하는). 여기서 중력은 시선의 확장보다는 시선의 굴절, 변곡, 반사를 먼저 수행한다. 의식 안에서든 밖에서든 더 많은 무게중심들을 산출하기 위해서다. 특히 누벨바그는 그런 유랑의 형식 속에서 떠돌이들을 캐스팅하였다. 그것은 그들이 서로를, 또 세계를 반사해내는 여정으로서, 길거리뿐만 아니라 교실과 방안에서도 일어날 수 있는 헌 세계로부터의 도주이자 방랑이고(로메르·트뤼포), 허구와 실재 사이, 이미지와 이미지 사이에서도 일어날 수 있는 의식류의 전전유랑이다(바르다·리베트·고다르). 특히 후기 로메르는 유랑의 형식을 빛이나 시간의 흐름 자체에서 재발견하려고도 했다(계절 연작). 누벨바그에게 반사réflexion란 반성이나 사유와 동의어였고, 이 등식은 오늘날까지도 작가주의의 정답처럼 통용되고 있다. 누벨바그뿐만 아니라 미국 뉴시네마도 유랑의 길을 택했다(카사베티스·슐레진저·스콜세지 등). 유랑법의 주체는 급진적 타자가 되기 위해 모든 것에 거리를 두는, 아도르노의 "비동일자"에 가장 가까워 보인다.

세 번째 방식은 사방팔방에서 잡아당기는 중력선들이 저절로 만들어내는 중력의 맹점을 자신의 무게중심으로 삼는 방식이다. 이는 흡사 쪼개져 버린 대륙 어디에도 순순히 끼지 않음으로써 그 공백을 제자리로 선언하고 또 살아내는 국제미아의 신세, 공중에 붕 뜬 신세와 같으므로 '공중부양법'이라고 부르겠다. 공중부양법의 주체는 단지 유랑민이 아니라 문자 그대로의 부민浮民이다. 여기서 필요한 것은 거대질량이 너무 극단적으로 파편화되어 더 이상 타협불가능함을 인정하고, 그 파편들을 재결합하려 하지 않지만 섣불리 유랑하려고도 하지 않음으로써 그들 중 어느 하나를 먼저 선택하지 않으려는 초연함의 모든 문법이다. 그리고 그 무중력 상태를 자신의 유일한 중력으로 전환하여 그 안에서 내면적 화성 혹은 내재적 질량을 되찾는 승화술이다. 공중부양은 유랑이 아니다. 단지 반성이나 부정이 아니기 때문이다. 차라리 그것은 결정보류, 선택장애를 통한 정체성의 자발적 해체, 히스테리와 감각상실의 긍정, 내기와 놀이를 통한 운명의 발견에 가깝다. 고로 여기서 중력은 낯선 시공간의 압착(프린팅)이나 분리(거리두기)가 아니라 외려 중력 자체의 무화혹은 그 여백의 기능이다. 시간의 이편에도 저편에도 속하지 못하는 무중력 상태에서만 마음 혹은 육체의 질량을 되찾는 임권택이나 에드워드 양의 영화들이 좋은 예가 될 것이다. 장선우, 여균동, 변영주의 영화들도. 변영주의 걸작 〈밀애〉의 한 대사처럼, 이제 중력은 "하찮아졌다." 이 경향에서 촬영이나 편집보다 클로즈업이 더 첨예한 문제가 되는 것은 당연하다. 클로즈업이야말로 내적 질량의 발견이기 때문이다. 그러나 외화면과의 조화라는 고전적 조건이 붕괴되었을 때, 얼굴이 증언하는 질량이 더 이상 자기동일성이 되지 못할 때, 클로즈업은 바로 그 무중력 상태의 마비된 얼굴로부터 제3의 정체성을 끌어올려야 할 것이다. 얽히고설킨 중력선의 한복판에 자생되는 얼굴의 공백, 시선의 맹점, 이도 저도 선택하지 못하는 결정불능상태뿐 아니라 그 근거로서의 신의 부재와 구원의 불가능성을 포착하는 옆얼굴이나 뒤통수, 아예 무표정한 얼굴들을 포착하는 경우가 그렇다. 이것은 클로즈업이 아니다. '무표정'의 클로즈업, 차라리 얼굴을 지우는 탈클로즈업^{decloseup}이다. 버티는 것 빼고는 아무것도 할 게 남아있지 않았던 아시아·남미 영화들이 택한 길이다. 일부 북동유럽 영화들도 이에 합류했다(가령 키에슬롭스키·카우리스마키). 심지어 타르코프스키는 정말로 육체를 공중부양시켰다. 얼굴의 공중부양만 가지고도 모자랐던 게다.

단일한 무게중심을 잃은 고전주의의 위기를 영화가 질량의 산포를 통해 극복했음은 결코 놀랄 일은 아닐 것이다. 유성영화의 도래와 함께 고전 코미디가 위기에 봉착했을 때도 영화는 사방팔방에서 난입하는 소음과 전방위적으로 난사되는 수다로 그를 극복했으니까. 피할 수 없으면 즐겨라, 이것이 영화가 진화선상에서 보여주는 18번 처세술이니까. 외려 놀라운 것은 영화가 위기를 돌파하는 질풍노도에도 그토록 다양한 방식을 펼쳐내 보여주었다는 점(아마도 우리가 크게 나눈 위 세 가지 방식 말고도 그 사이사이, 혹은 그 밖에도 다른 여러 방식들이 반드시 있을 것이다), 또 그토록 다양한 방식 속에서도 질량과의 끈만은 놓질 않고서, 그 마지막까지 남아 있을 어떤 육체를 반드시 발견해내고자 했다는 점이다. 중력장이 아무리 흩어지고 찢겨져도 그 가냘픈 중력의 끈을 따라가면 어김없이 재발견되는 어떤 육체를. 바로 여기에 다양한 대처방식 속에서도 영화가 결코 포기하지 않았던 공통된 생각이 있다. 그것은 중력에 내포된 질량의 본성, 즉 **질량의 다수성**이다. 아무리 미약하고 가느다란 중력선을 상정하더라도 거기엔 최소한 두 질량체가 있어야 한다. 그리고 그들은 중력의 실패를 통해 그 당김이 더욱 절박해지고 그 실존을 더더욱 드러낸다.

실상 무표정이 클로즈업의 실패를 통해 보여주려는 바도 이것으로서, 거기엔 이 중력장애에 대해서 더 이상 아무것도 할 수 없는 영혼의 무심함이 비로소 마주치게 하는 두 육체가 반드시 있다. 브레송의 〈무셰트〉를 보자. 속내를 알 수 없는 얼굴은 프레임 안의 육체와 그 밖의 육체를 잇는 내면을 요구한다. 같은 식으로 얀초의 〈붉은 시편〉을 보자. 깊이를 알 수 없는 얼굴은 살아남을 육체와 죽을 육체가 손을 맞잡도록 한다. 키에슬롭스키의 〈데칼로그〉를 보자. 아무것도 선택할 수 없는 얼굴은 선택받을 육체와 배제될 육체를 반드시 맞붙인다. 카우리스마키의 〈황혼의 빛〉을 보자. 이 무미건조한 진공에 대해서 아무것도 할 게 없는 얼굴은 반드시 두 손이 포개지는 끈기를 준다. 무엇보다도 정물이 되어버린 오즈의 얼굴들을 보자. 그것들은 마주 보거나 혹은 나란히 보는 육체가 아무런 행동을 얹지 않고도 공존할 수 있는 여백의 자리를 형성한다. 모든 무표정은 중력이 고장 나기 전까진 드러나지 않던 중력의 가능적 조건으로서의 질량의 다수성을 드러낸다. 이는 마치 칸트가 숭고를 통해 보여준 상상력과 이성의 관계와도 같다. 상상력의 실패를 통해 이성의 무한성이 되찾아지는 것처럼, 중력의 실패를 통해 질량의 다수성은 되찾아진다. 브레송이 무표정을 "천의 얼굴"이라 적은 이유다.

이 선험적으로 다수적인 질량mass, 그것은 다름 아닌 **군중**mass이다(브레송은 유흥만을 쫓는 관객을 끝까지 신뢰하지 않았지만 말이다). 실상 영화가 거대질량의 붕괴라는 중대한 위기를 맞았을 때도 놓지 않았을뿐더러, 한술 더 떠 아예 치료약으로 가져다 썼던 것 또한 군중이었다. 비록 그 제자들은 아직까지도 서로 으르렁대지만, 저 위기에 대해 각기 다른 처방전을 내놓았던 세 분파는 그 처방약에 있어서만큼은 한마음 한뜻으로 "군중!"을 외쳤거니와, 신개척지로 이주를 해도, 물결 따라 유랑을 해도, 갈라진 대륙들 사이에서 공중부양할 때도 영화는 한목소리로 "군중! 군중! 군중!"을 외쳤거니와. 미국 스펙터클 영화는 군중을 더 모음을 통해(블록버스터), 유럽 작가주의 영화는 군중을 반사해냄을 통해(특히 고다르), 동아시아 영화는 군중을 환기함을 통해(한국·일본·대만 뉴웨이브) 병든 중력장을 수선하려고 한다. 외려 군중을 약으로 쓰기 위해 일부러 병 든 것은 아닐까 싶을 정도로, 옳다구나 기다렸다는 듯이. 위기의 순간마다 영화에게 군중은 그야말로 만병통치약이었다. 물론 조건부다. 영화가 육체를 저버리지 않는다는 조건이다.

고다르는 "언제나 하나가 아니라 둘이 있다"고 말한다. 이를 단지 사유에 국한된 사변적 문제로만 볼 순 없다. 고다르에게 사유란 곧 반사를 의미했다. 스크린이 반사하는 육체가 있으면 스크린에 반사되는 육체가 반드시 있는 것처럼, 언제나 두 육체, 두 무게, 두 질량이 있다. 즉 언제나 군중이 있다. 군중만이 반성한다. 고다르의 영화가 그리 잡다할 수밖에 없었던 건, 그의 스크린이 궁극적으로 반사해내려고(사유해내려고) 했던 대상이란 극장 밖에 지금도 우글거리며 서로를 반사하고 있을 군중이었기 때문이다.

미국 언더그라운드보다 이를 독립된 주제로 삼아 그 세세한 층위까지 살핀 유파는 없다. 영화가 모더니즘의 홍역을 앓고 있던 그때, 주류영화와 적당히 내외했던 것은 외려 그들에게 질량을 분석하고 실험하는 여유를 주었을 터다. 아방가르드 전통 속에서 미국 언더그라운드 작가들은 물을 다룰 때조차(슈타이너 〈H_2O〉), 땅을 다룰 때조차(마스·멘켄 〈신체의 지리학〉, 데렌 〈대지에서〉), 하늘과 접신을 다룰 때조차(앵거 〈불꽃놀이〉, 스미스 〈황홀한 피조물들〉), 중력을 따라 대지에 우글거릴 군중으로 복귀하려고 한다. 군중이야말로 쪼개진 시간의 틈새를 메울 수 있는 새로운 질량이기 때문이다. 당대 비평가들이 오해한 것과 달리, 그들의 반성의식은 매체가 아니라 스스로 매체가 되려던 군중을 향하고 있었던 게다. 앵거는 자신의 영화를 관중을 향해 영사하고 싶어 했다. 미국 언더그라운드에게 분위기란 군중의 우글거림 자체를, 중력이란 군중의 추동력을 의미했다. 낡은 시간을 내버리고 새로운 시간을 재발견하고, 없다면 아예 만들어내는 욕동 말이다. 그들이 언더그라운드란 존재하지 않는다고 선언한 이유다. 군중은 그라운드 위에 이미 있는데 어딜 가겠는가(거의 동시에 당대 미술이 갤러리를 탈출하고 있었음은 의미심장하다). 이것이 미국 언더그라운드가 영화의 질량분석을 통해 얻은 결론이었다. 즉 군중이란 그 자체로 상변이하는 영화의 질량이다. 군중은 새 시대를 욕동함으로써 영화 자체의 무게가 된다. 비록 미국 언더그라운드의 결론이지만 결코 다른 사조나 유파가 배제되는 건 아니다. 어떤 영화의 사조나 유파도 그세세한 분석법이 다를 뿐, 영화를 질량분석하면 언제나 같은 결론에 이른다. 제도권에 등을 돌렸으므로 군중에 더 민감해야 했던 아방가르드는 더 그렇다. 군중이 작품의 물리적 일부가 되어야 하는 확장영화 전통은 두말할 것도 없다.

결국 유럽적 처방전이었던 "작가주의"auteurisme, 미국적 처방전이었던 "사적 영화"personal film는, 그 용어들이 불러오던 오해와는 다르게 작가 개인이 아니라 군중에 대한 정책이었던 셈이다. 군중의 헤쳐모여를 통한 영화의 체질개선이랄까. 작가주의와 사적 영화 개념을 모두 흡수했던 동아시아의 경우도 크게 다르지 않으리라. 가령 한국 뉴웨이브는 무리짓기grouping를 통해 영화를 체질개선하려 했다. 비록 역사적 위기를 통해서긴 하나, 여기서 드러나고 있는 것은 보편적 측면이다. 즉 영화에게 질량이란 곧 군중이다. 중력이란 군중의 힘이다. 영화에게 군중이라는 덩어리보다 더 궁극적인 재료, 더 실재적인 사실은 없다.

영화가 감독 개인의 의식이나 무의식의 표현일 수 없다고 했던 마야 데렌을 다시 인용할 수밖에 없다. 영화는 세계로부터 실재성을 "빌려오는"borrow 것과 같은 방식과 목적으로, 영화는 **군중으로부터 몸무게를 빌려온다.**

이런 점에서 누벨바그나 구조주의보다도, 맨키비츠의 〈이브의 모든 것〉, 미넬리의 〈미녀와 건달〉보다도 훨씬 더 일찍 도착한 메타영화로 비더의 〈군중〉을 꼽아야 할 것이다. 비록 냉소적인 어조이긴 하나, 마지막 개인 하나하나까지 몽땅 빨아들여서 영화의 연료를 공급하는 군중의 위력을 보여주기 때문이다(마지막 극장 장면). 비더가 군중을 크레인 부감샷으로 잡은 것은 군중이 너무 커서가 아니었다. 군중이 너무 무거워서 그는 카메라를 공중으로 띄울 수밖에 없었다.

타르코프스키는 대지의 물웅덩이에 비치는 하늘이 아니라면, 하늘은 그 자체로 의미가 없다고 말한다. 만약 영화가 아무리 하늘로 치솟고 접신을 단행해도 결국 대지로 돌아가려는 듯 보인다면, 이는 영화가 대지를 편애해서라기보다는 군중이 언제나 대지에 우글대기 때문이다. 이것이 영화에게 적용되는 보편적 중력이다. 그것은 차라리 니체적 중력이다. 초인이 하늘로 도약하는 것은 언제나 대지로, 파리떼가 득실대는 시장과 무게의 땅으로 귀환하기 위해서라고 니체는 말한다("초인은 대지의 뜻이다"). 도브첸코의 비활하는 쌀알들은 언제나 대지로 귀환했다

《〈대지〉〈즈베니고라〉). 오즈의 어머니는 증발했어도 뒤뜰은 남았다(〈외아들〉). 한껏 증발되어 분열되었던 사우라의 소녀도 어머니의 육체로 돌아올 것이다(〈까마귀 기르기〉). 이명세의 공중부양하는 개그맨과 형사들이 속세의 진흙탕을 뒹구는 어떤 육체로 반드시 돌아오는 것처럼(〈개그맨〉〈인정사정 볼 것 없다〉). 반대로 벨라 타르는 대지를 저주했다. 하지만 이는 그 군중이 허울뿐인 메시아주의 같은 가짜 하늘에 감염되어서, 진흙탕에 발이 빠지고 제힘으로 잘 일어서지도 못하는데도 저 자신은 춤추고 도약하고 비행한다고 착각하는 무게의 인간이 되어버렸기 때문이었다(〈사탄탱고〉). 미국영화의 비행기도 언제나 대지로 귀환했다. 그게 아니라면 편대비행이라도 해야 한다. SF가 아무리 비행기를 우주선으로 업그레이드해도 마찬가지다. 무중력일수록 중력이 더 그립다. 〈그래비티〉(쿠아론)의 우주인조차 결국 대지로 귀환했다. 이 모든 것은 대지에 군중이 우글대기 때문이었다. 사람들은 발리우드 영화가 중력법칙을 무시하는 유일한 영화라고 농담하곤 하는데, 이는 사실이 아니다. 발리우드 영화야말로 우글댄다. 발리우드의 액션히어로들이 어처구니없는 공중제비를 돌 때, 연인 캐릭터들이 아무 개연성 없이 노래하며 하늘로 솟구칠 때, 화면 속을, 그리고 화면 바깥을 보라. 발리우드 군중이 할리우드 뺨치게 우글대고 있다. 어떤 경우건 영화는 대지로 귀환한다. 무국적 무중력의 상태가 커질수록 더더욱. 하지만 그 이유는 대지가 안전해서라기보다는 대지에 군중이 있기 때문이다. 귀환의 과정이 외로울지언정 그 결과는 결코 외롭지 않다.

거두절미 묻자. 영화는 왜 질량을 가지려 하는가? 벤더스의 천사는 무게를 가지기를 욕망했다. 하지만 이는 대지로, 그 사람들 곁으로 되돌아가기 위함이었다(〈베를린 천사의 시〉). 변영주의 여자들도 기체처럼 증발해버리나 여전히 대지의 육체를 그리워했다(〈밀애〉〈화차〉). 남기남의 드라큘라와 처녀귀신은 육체를 찾아 대륙횡단까지 했다. 그들이 한국에 온 이유는 "미국 사람들의 피가 AIDS에 오염"되었기 때문이었다(〈영구와 땡칠이〉). 영화는 대지로 돌아가기 위해서만 무게를 욕망한다. 분위기는 기체로 피어오르나 이는 어디까지나 대지 어딘가에서 응결되기 위함이다.

이명세의 수증기 또한 유리창에 결로되어 성에가 되거나 응결되어 비 내리는 한에서만 피어올랐다. "장대높이뛰기 선수도 장대가 땅에 닿아야 한다. 진정한 리얼리스트만이 꿈을 꿀 수 있다. 그리고 진정한 몽상가만이 진정한 리얼리스트다. 뜨려면 땅에 발을 붙이고 장대가 땅에 닿아야 한다."[2]

이 모든 의미에서 성장영화는 가장 영화다운 장르, 고전이니 현대니 할 거 없이 모든 영화 장르를 아우르는 메타장르가 아닐까. 〈스탠드 바이 미〉(라이너)에서처럼 성장영화는 감옥이

---

2. 이명세, 2010년 1월 시네마테크의 친구들 영화제, 〈동경이야기〉 상영 직후 시네토크에서.

나 다를 바 없는 대지를 떠나 죽음의 먹구름과 거머리떼를 거쳐서, 흡사 비 내린 뒤에 땅을 굳히려는 듯 다시 단단하게 뿌리내리기 위해 하늘에서 대지로 귀환하는 과정을 언제나 그 내러티브의 모델로 삼으므로. 증발되어 자아분열하고 심연으로 몰락하는 순간에서조차 자신이 떠나온 군중으로 돌아가기 위해 중력의 끈을 놓지 않는 영화의 자화상이 거기에 있으므로. 하늘과 땅 사이에서 자신의 질량을 끊임없이 상변이하며 자기파괴적 대류와 자기생성적 대류 둘 중에 하나를 선택하는 영화의 자화상이. 시인들은 그냥 죽지 않았다. 그들은 무덤이나 다를 바 없던 책상을 대지로 삼아 우뚝 일어섰다(위어 〈죽은 시인의 사회〉 마지막 장면). 호랑이는 죽어서 가죽을 남기고, 시인은 죽어서 사회화된다.

현대의 많은 예술형태는 군중에게 전시되기 위해 만들어진다. 그리고 그 전시를 위해 작품엔 미약하게 존재하는 분위기를 뻥튀기하려고 부수적인 노력들이 투여된다. 그러나 영화에게 사정은 완전히 다르다. 광장에 운집한 군중을 촬영하면서 그 기술과 문법들을 터득했다는 의미뿐만 아니라, 운명적으로 군중이 함께 만들어 군중이 모여서 감상해야 한다는 의미에서, 영화는 태생부터 군중과 함께 출현하고, 군중과 함께 성장한다. 영화에서 군중은 분위기 안에 있지 않다. 군중이 곧 영화의 **분위기다.** 군중은 영화가 그만의 분위기를 가지는 이유이자 목적이다(최소한 군중은 분위기의 인식근거이고, 분위기는 군중의 존재근거다). 영화는 이렇게 촘촘하고 **빽빽**하게 엉킨 중력장을 그 연결망으로 해서 직조되는 개체다. 영화는 군중으로 하는 대지미술이다.

가이 매딘의 〈세계의 심장〉의 마지막 장면. 영화는 임박한 지구 종말에 삶을 포기해버린 사람들의 가슴에 빛을 때려서 일으킨다. 그리고 군중은 흡사 각 그룹이 하나의 사조이고 유파이자 장르인 양, 각기 다른 영화의 이미지 주위로 끼리끼리 운집한다. 영화는 군중을 일으켜 세우지만, 군중은 다시 영화 전체의 분위기를 이룬다. 군중은 영화를 추동케 하는 바이오 연료다. 버리는 것 하나 없이 스스로 자라나고 발효되는 바이오 에너지. 우리가 볼 때 이것이 분위기, 질량, 군중의 연관성에 대한 가장 좋은 표상이다. 즉 분위기는 **군중을 견인하는 질량**이 되고, 군중은 **분위기를 구성하는 질료**가 된다. 영화가 스스로를 견인한다면 이는 군중이 스스로를 일으키는 한에서며, 그 역도 참이다.

영화가 운명적으로 현상학적이지 않은 이유 또한 그 질료와 연료가 군중이기 때문이다. 사물이 빛을 품었다고 하자. 현상학은 군중을 빛을 은폐하는 골칫거리로 치부하곤 한다. 현상학은 으레 근원으로서의 빛만을 찾기 때문이다. 그러나 영화는 근원Grund이 아니라 근원재료Grundstoff를 찾는다. 군중이 그런 근원재료다. 만약 '존재의 빛'이 아직도 유효하다면, 군중이 그 빛의 유일한 수용기이자 유일한 필터가 되는 것만으로도 영화는 너끈히 '존재'한다. 그게 본질, 이데아, 이념, 존재, 천명 뭐라고 불리든 상관없다. 영화에서 군중은 빛을 먹고 또 되먹는다. 이것이 영화의 분위기가 아우라 없이도 시선을 끌어당기는 동시에, 거기서 군중은 투영 없이도 자기 자신의 모습을 보게 되는 이유다. 벤야민은 옳았다. 영화의 탄생과 군중의 발생은 동일한 사건이다. 그것은 분위기의 발발이다.

영화의 분위기는 길가는 행인조차도 영화의 엑스트라가 될 수 있다는 가능성과 결코 무관치 않다. 배창호는 매우 적절하게도 엑스트라를 "분위기 연기자"[3]라고 불렀다.

군중, 그것은 영화를 영영 유물론자로 남아 있도록 하는 것이다. 운이 안 좋아서 관객이 단 한 명일지라도 이 사실에 변경됨은 없다.

상업영화판에서 영화는 대중의 입맛을 맞춰야 하는 것이 진리처럼 여겨진다. 그것은 진리다. 그러나 실용성에 있어서만 진리다. 흥행은 군중이 분위기를 이룬다는 것을 이용하는 것이지, 결코 분위기와 군중이 그 타이밍과 궁합을 서로 맞춰야 할 정도로 따로 존재한다는 것을 증명하는 것은 아니다. 영화가 제작되는 데에는 반드시 일정 기간이 소요되므로 그 완성본이 상영될 때쯤엔 군중이 으레 먼저 변해있음으로 인해, 또는 영화는 반드시 샷으로 포착하므로 군중의 어느 한 측면을 과장하거나 축소하는 것은 불가피함으로 인해, 영화와 군중이 분리되어 보이는

---

3. 배창호, 『기쁜 우리 젊은 날』, 우석, 1992. p. 92.

일시적인 착시현상이 있을 뿐이다. 분위기와 군중의 관계는 맑스주의에서 가치와 노동의 관계와도 같다. 돈을 벌어주는 것은 분위기이지, 결코 "지금은 이 분위기가 좋겠군"이라는 제작자나 배급업자의 생각이 아니다.

네그리는 개인적 필요노동의 감축이 집단적 필요노동의 확대가 될 수 있음을 보여주었다.[4] 동굴 안의 죄수와 분위기에 대해서도 마찬가지일 터다. 관객이 움직일 필요가 줄어드는 만큼, 집단적 공개체화의 필요는 불어난다. 그렇게 관객은 기꺼이 분위기에 감금되어 변신노동의 자발적 죄수가 된다.

차라리 이렇게 말할 수 있다. 군중은 영화에게 자신의 몸무게를 예치한다. 그 분위기의 상변이가 자신의 이자수익이 되게끔 하여 스스로를 견인한다. 이 채권-채무의 관계 혹은 위탁관계는 정치적 차원에서도 유효할 것이다.

회화, 사진, 연극, 문학은 운명적으로 귀족주의적이다. 영화는 운명적으로 민주주의적이다. 고로 사진, 연극, 문학이 귀족주의를 분쇄하는 데 쏟는 노력과 시간을 영화는 민주주의를 풍요롭게 하는 데 써야 할 책무가 있다. 군중은 데모스demos다.

영화는 스스로의 무게로 굴러간다. 이것이 영화가 모더니즘 시대에 뒤늦게 도착하면서 얻은 특권이며, 고전주의 시기에나 오늘날에나 변하지 않는 사실이다. 하지만 이는 영화가 그 무대

---

4. 안토니오 네그리, 『맑스를 넘어선 맑스』, 윤수종 옮김, 새길, 1994. 7, 8강.

를 닫는 한, 분위기를 그렇게 포괄하는 한, 군중만이 영화 그 자신의 몸무게이기 때문이다. 다 만들어진 영화가 감독과 제작진의 손을 떠나 유통되고, 영화제 프로그래머나 방송국 국장에 의해서 픽업되는 것은 그 유통을 거들 뿐이라는 의미에서가 아니라, 영화가 제작되고 상영되는 시공간엔 항상 군중이 존재하고, 고로 그 분위기의 상변이엔 항상 군중의 상변이가 포함된다는 의미에서 그렇다. 피카소와 로스코의 그림, 키치적 낙서만으로 예술이 예술로, 시각이 평면으로, 숭고가 안드로메다로 도망쳤다고 일반화하여 속단할 순 없다. 당대 모더니즘 비평이 '예술의 자율성'으로 오해했던 것은 사실은 '군중의 자율성'이다. 그들이 롤모델로 삼았다는 『판단력 비판』을 다시 읽어보라. 숭고한 것은 대상 안이 아니라 우리 안에 있으며, 공통감각의 갱신을 요청하며 우리의 운명을 알려주는 모든 사태가 숭고하다. 숭고의 체험이란 분위기다. 그렇다면, 무엇보다도 **군중이 숭고하다**. 군중의 발발이야말로 어떤 형상으로 그려낼 수 없는 무정형적인 덩어리의 현전이고, 몸소 체험됨으로써만 증언되는 열광과 고양, 공포와 격동으로서의 사건 자체이기 때문이다. 당대 해프닝·플럭서스 작가들이 길거리의 행인조차 작품의 일부로 끌어들이려 했고, 공연이나 연주회의 형식에서 탈피하여 퍼포먼스를 삶의 일부로 확장하려 했다는 사실은, 군중이 이미 숭고의 모든 기능을 행사하고 있었음에 대한 좋은 정황증거일 것이다. 그들은 세계를 하나의 해프닝으로 재발견해내고, 예술과 노동의 간극을 군중의 우글거림과 왁자지껄로 밀어버리려고 했던 것이다. 영화는 더했을 것이다. 물론 예술의 자율성과 개인주의를 선전하는 타이틀이 있긴 했었다(가령 "사적 영화"personal film). 그러나 정작 그 속내는 군중의 자율성에 환장한 우글거림의 지옥도였다(요나스 메카스·론 라이스·잭 스미스).

어떤 의미에서 영화는 다른 예술보다도 — 예술의 자율성과 거의 동의어로 간주되어온 — 노동소외의 거부로 굳이 우회할 필요도 없었으리라. 그 본성에 군중의 숭고한 발발이 내장되어, 분위기가 한번 내리깔리면 스크린 속과 겉, 안과 밖 사이에선 소외가 불가능하기에. 영화에서 노동의 소외가 있다면 그것은 특정 상품과 특정 스태프 사이에서 일어나지, 영화와 군중 사이에서 일어나지 않는다. 그림과 화가가 소외되지 그림과 물감이 소외될 순 없는 것처럼, 기계와 인간이 소외되지 기계와 금속이 소외될 순 없는 것처럼, 공기와 생명이 소외되지 공기와 산소가 소외될 순 없는 것처럼. 영화의 흥행 실패조차 그 소외의 증거가 될 수 없다. 그건 그저 잘못된 판단이거나 계산착오일 뿐이다. 모든 영화가 군중으로부터 소외되지 않기를 욕망한다.

영화는 무게의 예술이다. 군중의 예술이기 때문이다. 아무리 가벼운 코미디 영화라도 그렇고, 코미디 영화라면 더더욱 저 무게에 의존해야 한다. 더 많은 이들의 웃음과 공감을 자신의 추진연료로 삼아야 하기 때문이다. 특히 ZAZ 사단 작품과 같은 패러디물이 그 접면을 외재적으로 극대화하려고 했다. 그 결과물은 언제 어디서든 유사 이미지를 끌어올 수 있는 참조점들의 숭고한 무한집합, 분위기가 되어버린 각주들의 우주, 그 무자비한 현전이었다(《총알 탄 사나이》〈못말리는 람보〉).

　사람들은 영화가 점점 비현실적이 되어 간다고 개탄한다. 특히 작가주의라는 '정책'을 어떤 '입장'으로 혼동하면서 개탄은 점점 더 도덕이 되어 간다. 이미지가 대상으로부터, 카메라가 현실로부터, 영화가 세계로부터 멀어지고 있다고 안타까워한다. 그러나 저 개탄과 근심, 혹은 불안과 저주 깊숙이 똬리를 틀고 있는 대전제는 영화의 본질로서의 질량이 대지로부터 멀어지고 있다는 생각, 그리하여 그 현상형태인 영화가 점점 하늘로, 우주로, 하다못해 우리 마음속에서라도 하늘로(즉 현실감보다는 상상과 판타지 속으로) 붕 뜨는 신세가 되었다는 생각이다. 하지만 그것은 사실이 아니다. 영화는 세계를 떠난 적이 없다. 그 질량에 군중이 포함되고, 군중은 언제나 대지에 포함되기 때문이다. 거꾸로 말하자면 세계에 대해서 오해하는 것은 영화가 아니라, 영화가 그러리라고 생각하는 저 사람들이다. 다시 말해, 영화가 공중에 붕 뜬 미아 신세가 되었다고 생각하는 사람들은 질량이 군중은 아닐 것이라고 오해하거나, 최소한 군중의 상변이가 질량의 소실이라고 오해하거나 둘 중에 하나다. 영화가 그 중대한 위기를 극복하던 순간에서 뽐냈던 것, 또 그 이후에도 성장영화라는 메타장르를 통해 꾸준히 뽐내고 있는 저 엄숙한 후기 니체적 등식 '질량=군중'을 애써 못 본척하며, 영화가 저급해졌거나 관객이 저급해졌거나 둘 중에 하나라고 비아냥댈 뿐이다. 그러나 미안하지만, 저급한 군중이란 없다. 무자비한 군중이 있을 뿐.

영화는 미아나 고아가 된 적이 없다. 질량을 품은 한, 아무리 높이 비상해도 복귀해야 할 대지 전체가 그의 집이기 때문이다. 물론 대지가 썩었다고 맞받아칠 수도 있을 것이나, 그것은 반론이 아니라 불평이다. 썩어도 준치다. 영화가 대지를 떠나는 날은 그가 질량을, 그 군중을 포기하는 날이다.

반대로 말하자면, 군중을 빼놓고 영화를 사유하고 말하는 모든 평론과 이론은 뉴턴이 물체의 중력에 대해서 그랬던 것처럼 영화의 매력에 대해서 단순정위의 오류를 범하고 있다. 영화를 마치 절대공간에 덩그러니 놓인 무관심한 물체로 간주하며.

하지만 영화는 절대공간에도 진공에도 놓이려야 놓일 수가 없다. 군중이 그걸 채운다. 군중은 진공을 부순다.

군중은 말한다. "영화를 안 만든다고 내가 죽는 건 아니다."[5] 하지만 이는 영화가 없어도 군중이 존재할 수 있음을 뜻하는 것이 아니다. 반대로, 군중이 존재함만으로도 영화가 발생할 수 있음을 뜻한다.

영화는 무거운가? 무겁다. 그것도 겁나 무겁다. 하지만 그 분위기가 곧 군중이기 때문에 그렇다. 어떤 설치미술이나 대지미

5. 변영주, 2012년 10월 『프레시안』 인터뷰.

술도 이보다 더 무거울 수 없다. 거기엔 매 프레임의 질량 상변이가 없기 때문이다.

메를로-퐁티의 말처럼, 과연 "세계는 육체와 동일한 재료로 이루어져 있다." 과연 영화는 군중과 동일한 재료로 이루어져 있다. 동일한 덩어리, 동일한 두께, 동일한 질료, 동일한 질량으로.

영화는 몇 kg인가? 천근만근이다. 군중이 천군만군, 천명만명이므로.

영화는 군중이 무거운 만큼 무겁다.

영화의 몸무게는 군중의 몸무게다.

고백하자면 난 극장에 가는 것을 좋아하지 않는다. 귀찮거나 답답해서라기보다는 무서워서다. 스크린이 내뿜는 뿌연 앰비언트가 몇 분 전만 해도 잘 작동하고 있던 현존을 쓸어가는 것이 무섭기도 하지만, 그 불투명성 속에서 의당 무언가가 발발할 수밖에 없다는 당위성, 그게 언제인지 어디에서인지는 아직 알 수 없으나 분명히 그것은 언젠가 어디선가 일어날 것이라는 이유도 근거도 없는 그 당위의 불가해함이 무섭다. 그것은 불편한 초월성이다. 어떤 지식과 기억 없이도 그 당위는 언제나 정당하기를 우겨대며, 실제로도 언제나 정당하다. 그가 굳이 몇 컷을 더 동원하여 내러티브의 연결과 등장인물의 배경에 대해서 시시콜콜 설명하기 이전에도 이미 내 마음속에서 그가 그러리란 믿음으로 스스로 정당화하고 있으니까. 디제시스의 시공간에 아무런 인과적 연도 없는 주제에 분위기의 대상은 당당히 돌아오리란 그 초월적 뻔뻔함에 놀라고, 내가 어떤 지식과 기억을 동원해 봐도 그 뻔뻔함을 면박할 근거와 이유를 찾지 못한 채 이미 그를 위한 믿음을 준비하고 있는 나 자신에게 불쾌하다. 두렵다. 흡사 내 몸 안에 이미 들어차 있는 기생충이나 이물질처럼, 학습한 적도 없는 믿음을 이미 내가 가지고 있다는 게.

영화에서 대상의 문제는 인지의 문제와 혼동되어 왔다. 그러나 영화의 대상을 분위기 없이 논할 수 없다. 그는 반드시 분위기에 숨기 때문이다. 차라리 분위기가 대상이다. 분위기의 상변이가 곧 대상의 변양이라는 점에서 그렇다. 그리고 그 당위는 초월적이다. 그건 카메라의 현존에 대한 모든 물음들을 현상학의 자치구역 안으로 퇴각시킨다. 왜냐하면 카메라와 편집의 현전을 숨기거나 드러내는 기준이 되는 세계의 현전은 대상의 현전의 기준까진 될 수 없기 때문이다. 대상이 발발emerge하기에 세계가 현존present하지, 결코 그 역이 아니다. 영화의 대상은 그게 언제 인지 어디선지는 알 수 없으나 반드시 언젠가 어디선가는 발발 할 수밖에 없다는 데에 사진, 연극, 문학과 다른 그만의 고유성 이 있다. 즉 영화에서 대상은 반드시 돌아온다. 그리고 그 당위 성은 시공간을 초월한다.

그렇다면 우리가 먼저 질문해야 할 것은 거꾸로, 왜 저 초월 적 당위성이 작가의 손길이나 대중의 입맛과도 같은 현실적인 수준으로 격하되어 왔냐는 것일 터다. 그것은 아마도 분위기에 대한 오해 혹은 묵살 때문이리라. 앞서 살폈듯이 분위기는 대 지, 바다, 하늘에 존재한다. 그 사이 상변이로서 존재한다. 그런 데 우리가 그중 하나의 위상에 분위기를 고박시켜 그 앰비언트 를 응결시켜 버릴 때, 작가의 손길이나 대중의 입맛과 같은 〈송 신자-수신자〉 모델이 어김없이 사출되어 나온다. 분위기를 대지 에 고박시켜보라. 그에 속한 대상은 송신자(세계)가 되어야 한다. 분위기를 하늘에 고박시켜보라. 대지에 선 주체는 그 게슈탈트 의 수신자(이성, 상상력)가 되어야 한다. 분위기를 바다에 고박 시켜보라. 대지와 하늘 양자 간 흐름은 중개자(무의식)가 되어야 한다. 즉 분위기를 위상 사이의 변이로서가 아니라 하나의 위상

214

에 고정시켜 응결시키면, 우리는 이젠 **빼도 박도** 못하는 두 극점 사이에 갇히게 된다. 그것은 '현실적 대상'과 '영원한 주체'라는 두 극점이다. 송수신 모델에서 대상은 현실적이다. 대상은 대지에 응결된 사유물이기 때문이다. 또 송수신 모델에서 주체는 영원불멸하다. 그 사유물의 가치를 측정하는 기준이어야 하고 또 그 소유권이 보장되는 영토여야 하기 때문이다. 중개자는 이 현실적 대상과 영원한 주체를 뒤섞은 뒤 극점을 사상시킨 결과물이다. 즉 현실적 대상을 전송 중에 있는 영원한 주체가 곧 무의식이라는 식이다. 송수신 모델이 질량과 군중의 분리를 일으킨 주범이기도 하다는 것을 금방 알아챌 수 있다. 즉 시공간을 점하는 현실적 대상으로서의 질량을 송신자 쪽으로, 영원불멸의 주체로서의 군중을 수신자 쪽으로 넘기면 송수신 모델의 보급형 확장판이 나온다. 여기선 대상이 영원히 주체가 되지 못하는 만큼, 질량은 영원히 군중이 되지 못한다.

현실적 대상(대지에 떨어진 송신자)과 영원한 주체(하늘로 솟는 수신자)라는 이 두 극점의 구도가 전혀 낯선 것은 아니다. 그는 나이가 많다. 과학과 신학의 아슬아슬한 타협의 결과로 근대적 사유가 300년을 유지해오던 구도이기도 하거니와, 멀티플렉스와 영화제가 그만큼 타협하고 있는 오늘날까지도 우리가 영화를 생각하는 구도이기도 하기 때문이다.

가령 현실적 대상 쪽엔 리얼리즘의 예찬자들이, 영원한 주체 쪽엔 판타스틱 장르물의 예찬자들이 캠프를 꾸렸다. 마찬가지로

비평의 언어는 현실적 대상 쪽으로 영화가 직시해야 할 '현실'을 놓고, 영원한 주체 쪽으로는 그를 관찰하고 해석해내야 할 카메라나 엘리트 지성의 '언어'를 놓는다(현실은 말해져야 한다). 상업영화 관계자들은 전자 쪽으로는 '수익'을 놓고, 후자 쪽으로는 '대중의 욕망'을 놓는 식으로 바꿔 말하지만(대중의 입맛을 맞춰야 한다), 그 구도는 동일하다. 그에 더해 고고학자, 박물학자, 지식사회학자들은 영화가 옛 스타 혹은 옛 오픈세트의 그때 그 모습이 담긴 소중한 기록물이라고 말하면서 시간 속에서 스러져가는 대상들을 송신자 쪽으로 놓고, 그를 영원히 박제하는 타임캡슐로서의 필름을 수신자 쪽으로 놓는다. 우리의 거의 모든 언어와 생각, 펜 끝과 혀끝에서 풀려나오는 주어와 목적어들은, 이 300년하고도 별점 매기기의 역사를 더한 햇수만큼 묵은 익숙함을 빠져나가기 어렵다.

그러나 편하다고 진리는 아니다. 거꾸로 묻자. 정말 영화의 대상은 현실적인가? 시공간을 점유함으로써 변화하고 소멸해가는가? 분위기는 그런 현실적 대상으로 이루어져 있는가? 그 앞에 불변·불멸하는 코기토를 모셔두고, 자신을 수신 또는 표상해주기를 기다리면서? 반대로 그걸 음미하는 관객의 주체성은 영원불멸한 통각에 의해 보장되는가? 잠깐의 가정만 내어줄 뿐 자신의 정체성만큼은 손해 보지 않기 위해 ─ 베르그송 표현을 빌자면 ─ '사물에 대한 판단'보다는 '판단에 대한 판단', 즉 자기 지식에 대한 판단을 먼저 한다면야 안전하게 지켜지는가? 결국,

당신이 영화에서 보는 대상은 아까 그 세상인가? 또 영화를 보는 당신은 정말 아까 그 당신인가? 극장에 들어오기 전의 아까 그 세계이고, 그 자아인가?

영화에서 대상은 시공간을 점유하고 있지 않다. 시공간을 점할지라도 신출귀몰 그 시공간적 제약을 가뿐히 뛰어넘는다는 의미에서만 그렇다. 물론 그는 아예 없어지진 않는다. 보이지 않는다면 지금 여기 없을 뿐이지 언젠가는 다시 발발한다. 설령 발발하지 않는다 하더라도 발발할 가능성은 항시 남아 있다. 즉 영화적 대상은 언젠가는 반드시 돌아온다. 반복된다. 여기서 '반복'이란 말이 포스트구조주의와 들뢰즈 이후로는 거의 '존재'나 '지속'과 동의어로 널리 쓰이는 그 거창한 철학적 의미는 아님을 미리 일러두고 싶다. 여기서 반복이라고 말할 땐 아주 일상적으로 쓰는 문자 그대로의 반복을 의미한다. 영화적 대상은 정말 반복된다. 죽었다 깨어나도 반복된다. 그렇다고 어디에 숨어 있던 것도 아니다. 죽었다면 깨어서라도 반복된다. 헤어진 연인이 반드시 돌아오고, 잃어버렸던 물건이 반드시 돌아오고, 죽었던 살인마가 반드시 돌아온다. 물론 돌아오지 않는 경우도 있다. 그러나 그때에도 우린 그들이 언젠가 반드시 돌아오리란 믿음만은 결코 포기하지 않는다. 극장 객석에 앉는 순간 우리는 반복의 맹신자가 된다. 누가 그리 가르쳐준 적도, 우리 자신이 그리 배운 적도 없는데 우리는 본능적으로 영화의 모든 것이 언제나 어디서든 반복될 것이라 굳게 믿는다. 이게 바로 다른 예술이나 TV에서와는 달리, 영화에선 아무리 허투루 지나가는 사소한 디테일에도 우리가 촉각을 곤두세우게 되는 이유다. 그중 어떤 놈이 다시 돌아올지 미리 가려내어 "내 그럴 줄 알았다"며 자존심이라도 챙겨놓으려는 것이다. 이 역시 그중 어떤 놈은 반드시 돌아올 거란 믿음의 발로다.

여기서 믿음은 거의 앎에 가까운 의미다. 깨지는 법이 없어서 대상이 점하는 일정 시공간 안에서나 밖에서나 대상에 대한 인지를 지배하기 때문이다. 심지어 우리는 〈이탈리아 여행〉(로셀리니)의 유적과 유골들처럼 이전에 소개된 적도 없이 처음 등장하는 대상에 대해서도, 저 대상은 이 영화가 시작되기 전부터 우리를 기다리고 있었음을 직감하며 반복의 원환을 디제시스 바깥으로까지 연장시켜 완성한다. 반대로 한번 소개되었던 대상이 아무리 다른 모습으로 재등장하더라도 우린 저것이 바로 그 대상임을 완벽하게 수긍한다. 〈첨밀밀〉(천커신)에서 대화 도중에 스쳐가는 이름으로만, 혹은 노랫소리의 목소리로만 인지되던 등려군이 정말로 길거리에 나타났을 때가 그렇다. 또한 멀어지려고 등을 돌렸을 때 소군의 등에 써있는 등려군이라는 이름이 또 그렇다. 대상은 이름으로, 음성으로, 개인으로, 글씨로 전혀 다르게 변모되었는데 우리는 그것이 모두 한 동일한 대상의 반복임을 너무나 잘 알고 있다. 설령 연출상의 부주의 혹은 완벽히 통제될 수 없는 어려움으로 대상이 재등장했을 때 약간 달라져 있어도 그 반복의 권위에는 아무런 흠집이 나지 않는다. 김수용의 〈만추〉에서 여자의 옷에 붙은 낙엽이 이전에 공중에 휘날리던 낙엽과는 얼마나 다르게 생겼든, 그것은 같은 낙엽이다. 빅토르 에리세의 〈벌집의 정령〉에서 등장하는 프랑켄슈타인 괴물은 제임스 웨일의 프랑켄슈타인 괴물과 완벽하게 닮지 않았으나, 누구나 그 프랑켄슈타인 괴물인 것을 안다. 무엇보다도 이 반복의 권위는 그 대상이 마음만 먹으면 반복을 포기할 수도 있다는 데에서 극대화된다. 이만희의 영화에서 시공간의 '바깥'이나 '내일'(〈04:00-1950〉 〈원점〉 〈생명〉 〈휴일〉), 혹은 나루세 미키오의 '구름'이나 '여백'(〈부운〉 〈흐트러지다〉 〈흐트러진 구름〉)이 그런 대상들이다. 설사 그가 디제시스에 다시 도래하지 않거나, 아예 처음부터 등장하지 않더라도 우리는 그것이 전적으로 대상의 자유이고 침범될 수 없는 그의 권한임을 수긍한다. 정말 영화적 대상은 제멋대로다. 반복되지만 그 반복을 매 프레임마다 할 수도 있고, 아예 안 할 수도 있다(두 경우 모두 문학에서 때때로 관찰되나, 이 정도의 비형식화된 자유까지는 아니다). 하지만 이에 대해 관객들 중 누구도 그것은 불평하지 않는다. 외려 다시 올지 말지를 독단하고, 또 시공간을 엿가락마냥 늘렸다 줄였다 엿장수 맘대로 반복의 주기를 결정하는 대상의 그 초월적 권위가 어떤 소설이나 사진에도 없을 가장 영화적인 특성이라 우린 선험적으로 인정한다.

영화적 대상이 반복한다면, 그것이 천번만번을 반복해도 시공간을 초월해 유지하는 그의 결코 부서지지 않는 동일성을 디제시스에 박아 넣기 위해서다. 물론 그는 시시각각 모습을 바꾸며 혼동을 일으키기도 한다. 그러나 두 대상이 혼동될 때조차 이는 대상의 동일성에 기반하는 것이지, 결코 그 부정에 기반하는 건 아니다. 〈욕망의 모호한 대상〉(부뉴엘)에서 두 명의 콘치타가 그렇다. 두 다른 배우로 연기된 두 콘치타는 이 콘치타가 저 콘치타이기도 하기 때문에 혼동되지, 이 콘치타가 저 콘치타가 아니라면 혼동될 일도 애초부터 없다. 당신이 아무리 차이의 철학을 가져다가 "차이! 차이! 차이!"를 외쳐도 대상에 관해서만큼 영화는 귓등으로도 듣지 않는다. 로마는 그 로마다. 아니라면 되돌려 받았을 때 아무 의미도 없다. 등려군은 그 등려군이다. 아니라면 되찾았을 때 아무 사랑도 없다. 구름은 그 구름이다. 프랑켄슈타인은 그 프랑켄슈타인이다. 로즈버드는 그 로즈버드다. 길소뜸은 그 길소뜸이다. 현해탄은 그 현해탄이고, 고래는 그 고래다. 아니라면 되돌아왔을 때 아무 환희도, 비애도, 공포도, 그리움과 애달음도 없다. 영화에서 찾아지고 욕망되고 겨냥되고 기다려지는 모든 대상은 차이이기는커녕 동일자다. 차이 있는 반복이 아니라 차이 없는 반복이다. 이 동일성은 영원하다. 동일자는 결코 죽지 않는다. 바로 이것이 모든 가멸적 존재들을 애달게 한다. 당신이 어떤 영화를 통해 애달팠다면 당신은 이미 충분히 저 동일자로서의 대상을 알고 느끼고 또 믿은 것이다. 차이가 아니라.

반대로 영화가 향유하는 차이는 다른 곳에, 즉 저 동일자의 반복이 차이화하는 시공간에 있다. 영화의 대상이 동일자라는 것이 영화에게서 차이를 빼앗지는 않는다. 오히려 영화의 대상이 동일자이기 때문에 영화는 차이를 누린다. 그도 그럴 것이 대상의 반복은 매번 다른 차이를 파생시킨다. 그것은 주변상황의 변화이기도 하고, 내러티브의 반전이기도 하고, 기후나 캐릭터의 변화이기도 하다. 즉 대상의 반복은 그와 접촉하는 모든 사물과 주체의 변형을 유도한다. 당신이 차이의 철학을 가져다 쓸 곳은 바로 여기다. 영화의 광학적 힘은 저 접촉을 시선만으로도, 혹은 그 공간에 함께 공존하는 것만으로도 너끈히 수행해낸다는 데에 있다. 영화에서 대상을 바라보는 것만으로도 주체는 차이의 화신이 된다. 그것이 언제나 기쁜 일만은 아닐지라도 말이다. 풀러의 〈충격의 복도〉에서 기자는 살인자의 정체를 밝혀내기 위해 정신병원에 잠입하지만, 자기가 먼저 미쳐버린다. 마찬가지로 〈벌집의 정령〉의 프랑켄슈타인은 안나뿐만 아니라 이사벨, 어머니, 낙오된 병사, 마을 전체, 그에 대해 불안과 불신을 품는 모든 주체를 지배하고, 또 새벽의 푸른 공기로 그들을 이끈다. 차이화한다(미지의 공기에의 몸 맡김은 에리세 작품세계를 관류하는 주제다). 〈아메리칸 뷰티〉(멘데스)에선 빨강이 그런 대상이었다. 그것이 장미꽃, 붉은 드레스, 붉은 자동차, 선혈로 반복됨에 따라, 각각의 생들은 허영과 위선으로 덮어놓고 있던 서로의 차이를 드러낸다.

영화에서 주체가 겪는 모든 만남, 이별, 기쁨, 슬픔, 그 모든 차이는 동일한 대상의 반복에 의해서이며, 비로소 주체가 시공간을 점유하거나 포기할 수 있는 것, 거기서 존재의 의미를 회수하거나 아니거나 하는 것 또한 그 때문이다. 대상이 동일하게 반복할 수 있는 권리는 주체가 차이 나게 변할 수 있는 자유를 준다. 로마는 그 로마이기에 기자는 작별할 수 있다. 로즈버드는 그 로즈버드이기에 시민 케인은 죽을 수 있다. 등려군은 그 등려군이기에 이요와 소군은 다시 만날 수 있다. 길소뜸은 그 길소뜸이기에 화영과 동진은 다시 헤어질 수 있다. 동일자는 죽지 않는다. 하지만 바로 그 때문에 차이 나는 것은 변하고 소멸할 수 있다. 기뻐하고 슬퍼하고 살고 죽을 수 있다. 비로소 시공간을 점하고 육체를 가질 수 있다. 등려군이 등려군이 아니라면 이요와 소군이 점하는 홍콩과 그들 육체가 그토록 쉬이 변하거나, 그토록 고집스레 서로를 원할 수 있을까? 나아가 그 시공간과 육체가 그들에게 어떤 의미와 질감으로 존재한다고 말할 수나 있을까? 길소뜸이 길소뜸이 아니라면 맹석철이 그토록 잔혹하게 화영과 동진의 기억을 파괴할 수 있을까? 그럼에도 불구하고 계속 걸어가야 한다고, 살아가야 한다고 재촉할 수 있을까? 반복하는 대상은 주체를 에워싸고 변형토록 압박한다. 그래서 분위기다. 분위기는 동일자 반복의 불가피함, 그리고 그가 주체에게 압박하는 변화의 불가피함에 대한 이중적이고도 운명적인 느낌에 다름 아니다.

요컨대 영화에서 시공간을 점유하고 변화하고 울고 웃고 소멸하는 모든 것은 주체다. 대상이 아니라. 그렇다면 영화에서 시공간을 건너뛰고 변하지 않으며 동일하고 반복하는 모든 것은 대상이다. 주체가 아니라. 이 권위는 초월적이다.

영영 동일하고 영영 반복하는 대상의 권위를 아무리 질투하고 부정하고 이를 갈며 앙심과 환멸을 품어 봤자 시공간에 남은 우리로선 저 초월성에 대해서 아무것도 할 수 있는 게 없다. 단지 그가 영영 그러리란 것을 알고 느끼고 또 믿는 것 외에는. 우린 주체이기 때문이다. 이것이 우리가, 대상이 아무리 돌아온다 할지라도 시공간 안에서는 그 시제를 "미래"^{未來, 오지 않음}라고 부를 수밖에 없었던 이유다. 에릭 호퍼의 통찰을 곧이곧대로 받아들이자. 군중의 운동mass movement은 오직 미래에 의해 정당화된다.[1]

〈송신자-수신자〉 모델의 사유가 그동안 〈현실적 대상-영원한 주체〉의 쌍으로 번지수를 거꾸로 매겨왔던 영화의 진정한 궁합은 〈현실적 주체-영원한 대상〉의 쌍이다. 이것이 영화의 본성이자 골격이다. 송수신 모델에 입각하는 어떤 생각과 말도 이를 이해할 수 없다. 분위기를 사상시키고, 결국 현실과 영원을, 주체와 대상을 교차혼동하기 때문이다. 근대적 사유가 그래왔던 것

---

1. 에릭 호퍼, 『맹신자들』, 이민아 옮김, 궁리, 2011. 군대와 대중운동을 비교하는 부분들. "대중운동은 현재를 파괴하러 온다. 대중운동은 미래에 열중하며, 운동의 활력과 동력도 바로 거기에서 나온다. [반면] 대중운동이 현재에 열중하기 시작하면, 그 미래가 현재에 도래했다는 뜻이다. 그러면 운동으로서의 기능은 중단되고 하나의 제도권 조직이 된다."(64항)

처럼.

영화는 차이의 철학을 경멸하지 않는다. 외려 환대한다. 그가 경멸하는 것은 차이의 철학이 무차별적으로 적용되어 대상과 주체의 위상을 혼동하고 그 번지수를 잘못 매기는 행태일 뿐이다. 〈현실적 주체-영원한 대상〉의 쌍을 〈현실적 대상-영원한 주체〉의 쌍으로 혼동하는 행태만큼 오늘날 플라톤주의적인 짓거리는 없다.

영화의 모든 대상은 영원하다. 영원히 돌아온다. 주어진 시공간이 끝나도 돌아오고, 없으면 시공간을 만들어서라도 돌아온다. 그게 아니라면 영화에선 어떤 사건도 발발하지 않는다. 어떤 차이도 발생하지 않는다(엄밀히 말해 발생할 필요가 없다). 반복하는 대상이 주체에게 가하는 이 압박을 "운동"movement이나 "행동"action이라고는 볼 수 없다. 반복하는 대상과 변화하는 주체 간에는 아무런 인과관계도 성립하지 않을뿐더러, 바로 그 점이 반복의 초월적 권위를 보장한다. 인과계열 안에서라면 그 시제가 미래일 뿐이다. 압박이 인과적인 계열에 속한다면 왜 〈벌집의 정령〉에서 안나는 정령에 지배되는가? 하다못해 왜 그에게 어째서 날 지배하느냐고 따지거나, 반대로 그를 설득해서 마을로 데려와 식구로 삼는 등 인과적으로 대응하지 못하는가? 반복에 의한 압박은 결코 인과적이지 않다. 그래서 반복하는 대상은 어떤 주체에 의해서도 결코 소유될 수 없는 것("미래")이고. 결코, 대지의 어떤 주체도 이 대상을 소유할 수 없다. 그가 아무리 큰 재산을, 아무리 깊은 기억을, 아무리 화려한 꿈을 가진 주체라 할지라도 그럴 수 없다. 이것은 흡사 하스미 시게히코가 카메라 렌즈(원)와 스크린(네모)에 대해서 성찰한 바와도 같다. 영화의 대상은 어떤 주관적 프레임 안에 넣어놔도 쉽사리 빠져나오며 다른 주관에게로 저항 없이 활공해 넘어가 버린다. 이렇게 말해도 좋다면, 영화의 대상은 미래한다. 결코 대상은 주체를 움직이는 게 아니다. 반복하는 대상을 보고 듣고 느낌으로써 주체는 스스로 움직인다. 스스로 움직이길 결단한다. 반대로 대상은 주체를 압박한다. 차라리 물들인다.

영화에서 주체는 대상을 소유possess할 수 없는 대신 대상은 주체를 빙의시킨다possess. 프랑켄슈타인 괴물은 안나를 움직이지 않았다. 마을의 누구도 움직이지 않았다. 마을 사람들 스스로 안나를 발견했으며, 안나는 스스로 자신 안의 어둠을 걷어내고 스스로 푸른 공기에 몸을 맡겼다. 〈포제션〉(줄랍스키)의 안나는 또 어떤가. 여기서도 괴물은 아무런 말도 하지 않았고, 아무것도 시키지 않았다. 흡사 소유하지 못함을 빙의됨으로 메꾸기라도 하려는 듯, 안나는 스스로 권태롭고 광분하고 유혹하고 살인하기를 선택했다. 모든 것이 시공간을 초월하는 대상이 시공간에 대해 가하는 빙의의 효과다.

영화의 대상은 정말 귀신이고 괴물이다. 카펜터의 〈괴물〉에서 분자적이고 차라리 양자적인 괴물이 누군가의 몸속에 있다는 것을 알고 있음으로 인해 대원들은 서로를 의심하고 대립한다. 그리고 의심과 대립이 심해질수록 대원들은 흡사 양자괴물에 이미 먹힌 것처럼, 최소한 서로에겐 괴물처럼 변해간다(혈청 테스트 장면). 영화에서 주체, 대상, 분위기의 관계는 꼭 이와 같다. 주체는 대상이 언제 어디서 발발할지는 모르나 언젠가 어디선가는 발발하리란 것을 알고 느끼고 또 믿음으로써 스스로 변모한다. 영원의 대상이 현실적 주체에게 인과적 작용이나 물리적 접촉 없이도 일으키는 이 자가면역적 탈바꿈에 대해서, 우리가 흔히 쓰는 '빙의'나 '접신'이라는 용어를 굳이 피해야 할 이유가 있을까. 저 양자괴물이 이 육체와 저 육체, 이 시공간과 저 시공간 사이를 신출귀몰 건너뛰는 하늘괴물이라는 의미에서, 그에 비해 육체는 제한된 시공간에 남아 대지의 존재자로 머무를 수밖에 없다는 의미에서, 결국 육체는 저들이 잠시 들르는 환승공항의 역할이라는 의미에서 말이다.

영화의 모든 대상은 하늘에 먼저 속한다. 반복하기 때문이다. 신출귀몰하나, 동일자로만 돌아온다. 그것은 문자 그대로 운명運命-돌아오는 명이다. 그래서 모든 명령은 지상명령이다. 명이 하늘로부터 내리기 때문이다. 후설은 이를 매우 적절하게 헌법에 비유했다. 즉 국가는 영토를 점유하므로 현실에 속하나, 헌법은 국가가 흥하든 망하든 상관없이 영영 반복되므로 현실 너머에 속한다는 것이다. 이념의 천상에.[2] 이 탁월한 구분에서 딱 하나 흠

2. 에드문트 후설, 『경험과 판단』, 이종훈 옮김, 민음사, 2부 2장 64절 c).

잡을 데는 후설이 저 대상을 "비실재적인 것"Irreales이라 부른다
는 것이다. 우리가 볼 때 그야말로 전적으로 실재적인 것the real인
데 말이다. 우리가 더 좋은 용어로 제안하는 것은 화이트헤드의
"영원한 대상"eternal object이다. 그에 따르면 영원한 대상은 분명
실재를 구성하지만, 현실적 주체처럼 소멸하지 않는다. 지속하거
나 운동하지도 않는다. 시간 너머에 존재하기 때문이다. 영원한
대상은 잠재태이되 "순수한 **잠재태**"pure potentials라고 화이트헤드
는 말한다.[3] 그것은 영영 반복되는 색깔과도 같다. 산은 세월의
풍파에 닳아 사라져도 그 푸른 빛깔만은 사라졌다가도 다시 나
타난다. 그러나 그것이 나타날 때면 언제나 같은 빛깔이다. 고로
영원한 대상이 현실에게로 운동한다고도 말할 수 없다. 영원한
대상은 현실에게로 "진입"ingress한다. '진입'이야말로 우리가 이제
껏 '압박' 혹은 '시압', 차라리 '접신'이나 '빙의'라고 불러왔던 것이
다(얌폴스키는 틀림없이 '카이로스'라 불렀을 것이다). 영원한 대
상은 하늘에 먼저 속한다. 한시도 대지의 주체일 수 없이 영원히
대상이기 때문이다. 백년손님이고 천년만년 손님이기 때문이다.

영화의 모든 대상은 영원히 손님이고, 영원한 손님이다. "그것
은 귀신처럼 시간을 빙의시킨다."[4] 대상이 영원히 손님임에 그 분위

---

3. 알프레드 노스 화이트헤드, 『과정과 실재』, 오영환 옮김, 민음사, 2003. 1부 2장
   2절, 87쪽. '실재', '대상', '진입' 등의 개념도 모두 같은 책에서 빌려온다.
4. 알프레드 노스 화이트헤드, 『과학과 근대세계』, 오영환 옮김, 서광사, 2005. 5장,
   138쪽. 원문은 "It haunts time like a spirit"이다. 오영환은 "그것은 혼백처럼 때
   의 흐름을 따라다닌다."로 의역했으나, 우린 직역했다. 화이트헤드가 시간과 영

기란 차라리 유령이고 혼백이다.

고로 하늘에서 반복은 지상의 접신과 같은 의미다. 가장 코믹한 사례로서 〈미스 리틀 선샤인〉(데이튼·페리스)에서 나머지 세상과의 차이를 산출하며 가족들을 결속시키는 것은 돌아가신 변태 할아버지의 저질 댄스였다. 돌아온 동일자에 접신한 것이다. 변태 할아버지는 돌아오기 위해 일부러 사망했다. 강림하시려고 일부러 승천했다.

어떤 영화들은 그런 유령과도 같은 공기, 또 그에 접신하며 인과성을 뛰어넘는 힘으로부터 출구가 보이지 않던 시대를 뛰어넘을 기운을 끌어냄으로써 하나의 유파를 일구었을 것이다. 한국·일본 뉴웨이브가 딱 그랬다. 소마이 신지의 〈태풍클럽〉에서 비바람은 아무런 인과성 없이도 청년들을 들뜨고 춤추고 도취되도록 한다. 한국 뉴웨이브는 그런 미래의 대상, 비록 보거나 만질 수는 없으나 분명 육체와 마음의 도취와 변화를 명령하고 있는 유령과도 같은 분위기를 "고래"라고 불렀다(하길종 〈바보들의 행진〉, 배창호 〈고래사냥〉). 그 시대적 곤궁 속에서도 한국·일본 뉴웨이브는 다음을 너무나 잘 알고 있었다. 영원한 손님에게 빙의하는 모든 존재가 시간의 주인이 된다. 반대로 보자면, 영원한 손님에 빙의함 없이 누구도 시간의 주인이 될 수 없다.

원을 구분하는 기념비적 대목이다. "산은 지속한다. 그러나 오랜 세월을 두고 닳아 낮아지면 그것도 없어지고 만다. [반면] 빛깔은 영원하다. 그것이 나타날 때면 그것은 언제나 같은 빛깔이다."(같은 곳)

〈비트〉(김성수)에서 민은 바람에 몸을 맡겼다. 하지만 그것은 그가 바람과도 같은 영원한 대상에 가닿을 수 없었고, 저 자신 시간의 주인이 될 수 없었기 때문이었다. 〈비트〉에서 청춘들이 겪는 아픔은 미래가 없어서라기보다는, 미래가 과거로서만 주어진다는 것, 즉 꿈이자 소망일 영원한 대상이 그들의 시간이 끝나고서야 도착한다는 데에 있다. "난 꿈이 없었어. 하지만 지금 이 순간, 그리운 것들이 너무 많아."

영화의 대상이 현실적 대상이기 전에 영원한 대상이라는 사실이 영화로부터 역사를 배제하는 것은 아니다. 외려 역사나 심도는 영원한 대상의 자취에 다름 아니다. 그 분위기와 그 안에서 행해진 결단들의 역사다. 오히려 역사가 현실적 대상들의 궤적이라고 생각할 때, 시간은 모래알갱이처럼 흩어져 영화는 TV와 다를 바 없어지거나, 시간은 그저 박물화되어 영화는 향수팔이로 전락하거나 둘 중 하나이리라.

영화의 태초에 영원한 대상이 있었다. 니엡스나 탈보트의 사진엔 없었다. 단 한 장이었기 때문이다. 플라토의 페나키스티스코프에도 없었다. 결국 원점으로 돌아와 한 장이나 다를 바 없었기 때문이다. 그러나 머이브릿지가 최초로 촬영한 것은 현실적 대상이 아니라 영원한 대상이었다. 한 장의 스냅사진에서 걷고 있는 사람은 다음 사진에서 다음 행보를 반드시 이어서 해야 한다는 그 가능성과 압박감, 스냅사진들이 단절된 시공간을 건너뛰더라도 다음 사진에서 그는 여전히 그일 것이라는 초월적 동일성에의 거부할 수 없는 믿음, 이것이 영원한 대상에 대한 느낌이다. 그리고 그 반복이 언제든지 중단되어 걷던 사람이 갑자기 뛰거나 쓰러지는 등 우발적인 미래와 얼마든지 맞닥뜨릴 수 있다는 가능성은 저 초월적 권위를 약화시키기는커녕 더더욱 강화시킨다.

머이브릿지까지 갈 것도 없다. 오늘날까지도 영화에 속편이나 리메이크가 존재한다는 사실 하나만으로도 영화의 대상은 현실적 대상이 아니라 영원한 대상이다. 러닝타임이 한정하는 시공간이 끝난 줄도 모르고 눈치 없이 언제든지 돌아오는(최소한 돌아올 수 있는) 그 대상 말이다. **영화의 대상은 날아다닌다.** 그것은 하늘에 먼저 속한다. 하지만 이는 대지를 차이로 물들이기 위해서다. 각 극장을 하나의 포토그램으로 삼아 지구 전체를 거대한 필름스트립으로 삼기 위해서.

어떤 영화도 끝날 때 끝난 게 아니다. 아무리 프리즈프레임 freeze frame을 써도 마찬가지며, 외려 프리즈프레임은 대상을 더더욱 영속케 한다. 〈내일을 향해 쏴라〉(조지 로이 힐)의 부치 캐시디와 선댄스 키드는 죽었으나 끝난 건 아니다. 그들은 소멸함으로써 대상이 되어 시간 너머 하늘로 갔다. 승천했다. 영영 반복하기 위해서. 정말 내일을 향해 쏘아진 것이다. 우리가 앞서 은유 없는 환유나, 환유 없는 은유가 영화에서는 불가능하다고 말했는데, 그 이유도 이것이다. 아무리 은유해봤자 남는 건 영원한 대상이고, 영원한 대상은 다음 대지를 향해 환유^{換喩}된다. 환류

還流된다. 비록 〈내일을 향해 쏴라〉의 리메이크가 아직 만들어지지 않았더라도, 그리고 영영 만들어지지 않을지라도 그 가능성만은 영속한다. 어떤 제작자가 리메이크 판권을 만지작거리다가 다시 서랍 속에 처박고는 다음 분기에 또다시 꺼내들기를 되풀이하는 식으로. 사람들이 라디오에서 흘러나오는 〈Raindrops Keep Falling On My Head〉를 들을 때마다 부치 캐시디와 선댄스 키드를 떠올리기를 되풀이하는 식으로. 부치 캐시디와 선댄스 키드는 끝나지 않는다. 그들은 영원히 반복된다.

영화에 태곳적 본능처럼 내재하는 저 하늘적 성격, 시간을 초월하는 반복의 초월성은 도대체 어디서 연유하는가 묻는 것은 어리석거나 최소한 무의미한 질문일는지 모른다. 아직까진 필름스트립 외엔 답이 없다는 점에선 그렇다. 우린 '매체특성적'media-specific이라는 구닥다리 개념을 옹호하려는 게 아니다. 외려 대상의 초월적 반복을 통해 우리가 말하려는 것은 '보편적 무당'medium universal이다. 설령 그것이 매체특정성으로부터 연유했더라도 필름스트립의 구조를 가지는 모든 매체에 능히 동등하게 적용될 수 있는 빙의력, 이것이 영원한 대상의 힘이다. 영원한 대상은 그가 내려앉는 모든 주체를 탁월한 무당으로 만든다. 그 덕분 객석의 우리도 혼백만큼 천년만년 묵은 대상에도 빙의한다.

결국 영화가 자꾸 대지로 돌아가려는 듯 보인다면, 그것은 하늘을 더더욱 선명하게 표현하기 위해서다. 대지를 꾸역꾸역 살아내는 존재자들을 압박하는 변신에의 운명을. 로마를 꾸역꾸역 살아내는 공주와 기자가 변신하기를, 벌집을 꾸역꾸역 살아내는 안나가 빙의하기를, 길소뜸을 꾸역꾸역 기억하는 화영과 동진이 그만큼 꾸역꾸역 공변하기를 소망하며.

사실 메를로-퐁티의 "세계의 살"이란 말로는 충분치 않다. 분위기는 현실적 대상이 아닌 영원한 대상을 내어주므로, 육체에겐 운명의 전달이자 천명의 압박을 행사하므로, 살이더라도 영원을 먼저 머금는 살이다. 분위기는 조정환이 말하는 "영원의 살"[5]이다. "세계의 살"과 "영원의 살" 간의 차이는 결코 작은 것이 아니다. 세계는 나이를 먹어도 영원은 나이를 먹지 않는다. 반대로 세계로 하여금 나이를 먹게 하는 것이 영원이다.

영화는 124살(뤼미에르)이 아니다. 147살(머이브릿지)도 187살(플라토)도 아니다. 그 대상일 영원한 대상이 영원히 대상이었던 기간만큼 영화는 나이 먹었다. 이게 바로 아무리 나이를 많이 먹은 관객도 일생 동안 배운 적이 없는데도, 나이를 아주 적게 먹은 관객과 동일하게, 영화의 대상이 다시 나타나리란 것을 알고 느끼며 또 믿는 이유다. 우리 모두는 그것을 태어나기도 전에 배웠다. 당신이 백 살을 먹었건 천살 만살을 먹었건 이 사실엔 변경됨이 없다. 영화의 대상이 천살만살이고, 또 그 이상이기

---

5. 조정환, 「비물질노동과 시간의 재구성」, 『비물질노동과 다중』, 갈무리, 2005, 380쪽.

때문이다.

영화는 몇 살인가? 영화는 영원 살이다. 그 대상이 영원 살이기 때문이다.

영화는 영영 살이다.

당신이 사랑하는 영화를 아무거나 하나 떠올려보라. 싫어하는 영화를 아무거나 하나 떠올려보라. 멜로영화, 공포영화, 액션영화, 히어로물, 역사물, 전쟁물 어떤 것이든 상관없다. 거기엔 모든 영화가 공유하는 사태 하나가 있다. 그것은 숨기, 변장하기, 신원이나 비밀 숨기기, 하다못해 거짓말하기와 같은 '위장'僞裝, camouflage이다. 흡혈귀는 사람인 척을 하고, 모세는 부랑자인 척을 하고, 공주는 학생인 척을 한다.

위장은 영화의 특성이고 또 필수불가결한 요소다. 위장이 없는 문학은 있다(내적 독백이 심한 경우). 위장이 없는 연극도 있다(추상화가 심한 경우). 위장 없는 사진도 있다(보도사진의 경우). 위장이 없는 회화도 있다(색면회화의 경우). 그러나 위장이 없는 영화란 없다. 모든 영화는 위장한다. 심지어 실험영화도, 다큐멘터리도 예외는 아니다.

우리가 보아왔던 그 많고도 다양한 영화들이 하나의 공통행태를 공유한다는 사실에 놀랄 필요는 없다. 위장은 영원한 대상과 현실적 주체라는 영화적 본성으로부터 오는 당연한 귀결이니까. 영원한 대상이 초월적으로 반복되는 한, 그것이 현실적 주체의 독점적 속성이 될 수 없다는 것에 현실적 주체가 누리는 자유의 핵심이 있다. 사실 여기서 '속성'proprietas(속성attribute이나 빈사predicable로도 번역되는)이란 '재산'property과 같은 의미라는 것은 철학사에서 유구한 존재론적 스캔들이었다. 영화의 반복이 유도하는 자유는 바로 저 스캔들을 이용한다. 즉 영화에서 주체가 누리는 자유는 어떤 속성을 소유할 수도 있지만 반대로 버릴 수도 있다는 점에서 성립한다. 그것은 주체 자신의 소멸을 통한 소유권 취득이다. 소멸하는 주체는 속성을 언제나 임시적으로만 가질 수 있기에 자유롭다. 물론 그 취사선택에 환골탈태의 고통이 반드시 수반되겠지만 말이다.

주체 자신의 소멸을 지불하고서야 소유하는 이런 임시적 정체성 개념은 영화에겐 다른 예술매체보다 사적 영역과 공적 영역의 분리에 더 앞장설 수 있는 객관적 권리를 보증함과 동시에, 영화의 주체에겐 문학이나 회화에서처럼 심리묘사나 붓터치로 뭉뚱그릴 수만은 없는 내면적 간극을 자신의 주관적 권리로 보증했다. 그것은 **시한부 정체성**terminal identity에 대한 권리다. 즉 영화에서 대상이 반복하는 만큼, 주체는 그를 능히 갈아치울 수 있다. 대상이 빙의시키는 만큼 주체는 그를 갈아탄다. 위장한다. 반복이 대상의 권리인 만큼 위장은 주체의 권리다.

한마디로 영화의 대상이 영원한 대상인 한, 그 주체는 위장한다. 철학이 이런 위장 개념에 이르긴 어렵다. 으레 대상을 현실 쪽에, 주체를 영원 쪽에 놓기 때문이다. 반면 화이트헤드는 영원한 대상을 "캐릭터"라고 너무도 적절하게 썼다("가능태는 현실태를 캐릭터화한다"characterization 1). 우리가 화이트헤드 철학을

---

1. 화이트헤드, 『사유의 양태』, 오영환·문창옥 옮김, 치우, 4강. 146쪽. 오영환·문창옥은 "규정한다"로 의역했으나 우린 직역한다.

계속 영화에 인용해야 하는 이유다. **영원한 대상은 배역이다.** 위장은 배역을 맡는 행위다. 배역은 주체를 "빙의시킨다."haunt

이런 위장 개념에 이른 또 한 명의 철학자를 꼽으라면, 그는 틀림없이 박동환이다. 박동환은 영원한 대상을 "미지의 x"라고 부른다. 주체는 저 x에 몰입함으로써 매번 다르게 연출되는 "임시의 동일자"다. 여기서 "자기굴절과 위장의 온갖 형식들이 펼쳐진다."[2]

분위기는 위장과 모순되기는커녕 위장을 부른다. 적진에 숨어든 인물은 그 시선을 받아내며 위장해야 한다. 흡혈귀는 인간에게 둘러싸이면 위장한다. 공주도 로마 사람들에게 에워싸이면 위장한다. 위장은 숨통을 트는 행위이고 숨구멍을 찾는 행위다. 반대로 위장이 발각되면 숨이 막힌다. 〈쉘 위 댄스〉(수오 마사유키)에서 스기야마가 댄스대회에 나갔다가 아내와 딸에게 그간의 위장이 발각되었을 때의 그 숨 막힘, 그 일시적인 진공상태, 거기에 영화의 특권이 있다. 고로 위장술이란 호흡의 통제다. 〈스파이 게임〉(토니 스콧)에서 뮈어는 톰 비숍에게 교육하며 다

---

2. 박동환, 『안티호모에렉투스』, 길, 2001. 17~18쪽. 우리가 몰입이라고 부르는 것을 박동환은 "함몰"이라고 부른다. 술어가 귀속됨으로써 주어를 정립하는 인도유럽어와 술어들의 이어짐과 꺾임에 따라 주어를 괄호 치는 한국어·한어를 비교하는 대목도 보라(19~21쪽, 42~47쪽). 그러나 박동환은 위장연출의 최종결정권이 영원한 대상(x)에 있다는 입장을 고수한다. 화이트헤드와 달라지는 지점이다. 화이트헤드에게 영원한 대상은 연출자나 시나리오보다는 연출의 형식, 어떤 역할이나 패턴에 가깝다.

음처럼 말한다. "관찰하고 수집하고 또 바로 지울 수 있어야 해. 보지도 생각하지도 않고 말이야. 숨 쉬는 것과 같은 거지."

죽음조차 위장을 막을 수 없다. 분위기는 산 자와 죽은 자를 가리지 않는다. 지알로나 슬래셔 영화에선 시체마저 배우가 되어야 하며, 코믹호러물에선 귀신도 연기해야 한다. 당신이 진짜로 숨을 쉬건 안 쉬건, 죽음은 위장의 끝이 아니라 또 다른 위장의 시작이다. 〈유령수업〉(팀 버튼)에서 어설픈 유령부부가 유령 흉내를 내려다 실패하자, 리디아가 묻길, "왜 이불을 뒤집어쓰고 있죠?" "연습 중인데."

일반적으로 배역의 특정 분배가 어떤 분위기를 이루거나 해체하고, 배역교체의 자유도는 그 분위기의 경중을 결정한다. 배역이 무겁게 짓누르지 않으면 비극이 있을 수 없고, 배역이 자유로이 바뀌지 않으면 웃음이 있을 수 없다. 그러니까, 분위기는 '어떤 배역을 맡지 않으면 도저히 못 배길 것 같은 느낌'이다.

물론 영화에서 위장을 몽땅 벗겨내려던 시도가 아예 없던 것은 아니다. 실험영화 진영에서, 특히 구조주의가 시도했다. 그러나 구조주의 영화가 내러티브와 위장을 모두 제거하고 얻은 것은 아이러니하게도 프레임이라는 위장의 근원적 형식이었다. 미국 구조주의는 의식의 프레임(자기의식)을 폭로했고(스노우·샤릿츠·프램튼 등), 영국 구조주의는 물질의 프레임(노동과정)을 폭로했다(기달·르 그라이스 등). 아울러 파운드 푸티지 전통은 과거한 푸티지가 현대적 이미지로 위장됨에 주목했다. 이때 위장은 권력의 효과이며, 고로 푸티징은 그 폭력에 대한 폭로가 된다(차일드·에이젠버그·아놀트·볼드윈 등).

영화에서 프레임이 위장의 형식임은 의미심장하다. 일반적으로 위장은 닫힌 공간에서만 일어난다. 예를 들어보자. 〈로마의 휴일〉에서 공주가 학생으로 위장하는 것이 성공하기 위해선 그녀가 들르는 아파트, 미용실, 노상 카페, 유람선이 반드시 대사관에 대하여 닫혀있어야 한다. 아무리 넓은 길거리라도 위장이 성공했다면 그것은 잘 닫혀있는 것이다. 너무 많은 행인들에 의해서도 꽉 닫힐 수 있다. 모든 것이 영화의 프레이밍이 행하는 위장공간의 한정이다. 그리고 한정되자마자 배역은 필요해진다. 그러나 프레임이 반드시 사람보다 커야 한다고 생각하진 말 것. 프레이밍에 의해 물건이나 신체 부위도 배역의 창발에 참여한다. 기자 접견식장에서 공주가 발이 아파 몰래 벗는 하이힐을 프레이밍한 것만으로도 위장은 시작된다. 물론 여기서도 위장공간은 치마폭에 의해 닫혀있다.(사진 1)

닫힌 공간은 위장의 조건이다. 게다가 영화는 이 한정된 공간을 무한히 연장할 수 있다. 영화에서 카메라의 이동이 자유롭다는 것은 더 잘 닫을 수 있음을 의미하지, 더 열 수 있음을 의미하지 않는다. 하룻밤 신세를 지고서 황급히 도망쳐나가던 공주가 기자와 우연찮게 다시 마주치자, 기자는 어색함을 떨치려 말한다. "좁은 세상이네요!" 이 대사만큼 영화공간의 닫힘성에 대해서 간결하고도 심오한 요약은 없으리라.

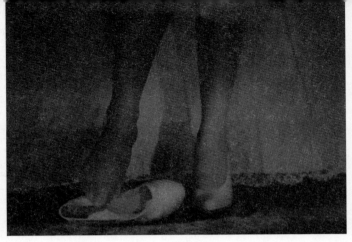

사진 1

우리가 지금껏 닫힘이라고 불러왔던 사태는 화이트헤드가 "한정"definiteness, definition이라 부르는 것이다. 인류학자들이라면 "상황의 한정"definition of the situation(고프먼)이라고 부를 것이다. 위장이란 혼자서 하는 게 아니다. 그 반응을 살펴야 할 조연과 관객들에 의해 둘러싸이지 않으면 위장도, 배역도 발발하지 않는다. 그런 점에서 인류학은 이런 위장, 좀 더 냉정하게 말하자면 변신과 환골탈태에 대해서 "전이체험"liminal experience(터너)라는 아주 적절한 용어를 부여했다. 위장을 위해 공간을 닫는다는 것은 바로 그 "경계"limen를 짓는다는 것을 의미한다. 경계는 위장이 요청되고 배역이 창발하는 장소다. 닫힌 공간은 경계공간이고, 닫음은 경계지음이다. 영화가 공간을 자꾸 닫는 것은 현실적 주체로 하여금 더 전이transit하도록, 더 위장camouflage하고 연기perform하고 변신metamorph하도록 종용하는 것에 다름 아니다.

앞서 살펴보았던 영화의 세 가지 본성(사진·문학·연극) 중 연극성이 특권화되는 것은 불가피해 보인다. 닫음으로써 생성되는 경계공간은, 인물이 배우가 되고 그 행위가 위장이 되며 대상이 배역이 되는 무대와 다르지 않기 때문이다. 이제부터 한정된 경계공간을 '무대', 닫음과 한정을 '무대화'라고 부르겠다. 위장의 조건은 무대다. 무대화 없이 어떤 위장도 발생하지 않는다. 반대로 영화는 무대화하면서 필연적으로 연극적이 되며, (프레이밍이 연장됨에 따라) 그 무대가 연장될 수 있다는 점에서라면 연극보다 더 연극적이 된다. 가장 간단하고도 아름다운 사례로서 테렌스 영의 걸작 〈어두워질 때까지〉를 보자. 여기서 우리 로마 공주님은 다시 한번 위장하는데, 이번엔 맹인 역할이다. 이 영화가 연극적인 이유는 모든 사건이 밀실에서만 일어나서가 아니라, 주인공 수지(오드리 헵번)가 맹인인 것을 이용해서 침입자들이 친지 혹은 경찰 시늉을 해서다. 침입자들은 위장함으로써 수지를 무대에 감금한다. 그러나 이것이 전부가 아니다. 수지는 맹인 특유의 감각으로 침입자들의 구두 소리나 장갑으로 지문 닦는 소리 등을 감지해냄으로써 그들이 지금 위장하고 있음을 간파해낸다. 또 수지의 귀여운 조력자 글로리아가 이를 돕는다. 수지는 무대 뒤까지 감지함으로써 자신을 가둔 이 무대를 재무대화한 것이다. 고로 경합 중인 두 개의 무대가 있는 셈이다. 다음 샷처럼 말이다.(사진 2)

아직 자신의 위장이 들킨 줄 모르고 있는 침입자(창문 밖),

사진 2

그리고 수지가 속고 있는 척을 하고 있음을 알고 있는 조력자 글로리아(우측 하단)가 동시에 수지를 바라보고 있다. 수지는 침입자들이 경찰로 위장함으로써 그녀에게 강요한 무대와 그녀 자신이 속고 있다고 위장함으로써 거꾸로 침입자들에게 되돌려주는 (재)무대에 동시에 서 있는 셈이다(마치 침입자와 글로리아가 그 각 무대의 다른 조연 혹은 관객인 것처럼!). 결국 모든 위장이 서로에게 들통이 난 뒤, 클라이맥스에서 수지는 모든 전구를 부숴버리는 결단을 하는데 이는 무대화를 정지시키는 게 아니다. 반대로 그것은 아무것도 안 보이게 만듦으로써 공간 전체를 자신만의 무대로 만들려는 결단이다. 이번엔 맹인 수지가 침입자를 무대에 가둔 것이다.

이 영화에서 모든 것은 이처럼 닫음의 경쟁, 무대화와 재무대화의 연쇄로 진행되지만, 우리가 볼 때 이는 단지 이 영화만의 특성이 아니라 모든 영화가 능히 공유하는 본성이다. 왜냐하면 이처럼 모든 무대화는 시선과 감각의 차단, 좋든 싫든 하게 되는 배역의 선택과 퍼포먼스에 의해 발생하며, 무엇보다도 구두·장갑·지팡이 같은 사물들, 그 미세한 변화에 주목하는 것만 으로도 재무대화가 발생하기 때문이다. 이것이 영화가 연극보다 더 잘할 수 있는 연극적 재주다. 즉 영화는 프레임 자체를 무대로 삼을 수 있다. 영화는 수지가 주목했던 구두·장갑·파이프·성냥·지팡이 같은 미세한 사물까지도 프레이밍하는 만큼 무대화할 수 있다. 그리고 그것 각각은 글로리아와 같은 무대 위 조역으로 기능함으로써 수지가 위장함을 돕는다. 그런 의미에서 방 안 사물들도 배역을 가진다. 그들 모두가 입 없는 작은 글로리아들이다. 수지가 프레이밍하는 모든 것이 새로운 배역의 창출을 위한 조연 혹은 스태프로 참여하며 그녀와 함께 합동 위장근무 중인 셈이다. 비록 영화는 원작인 희곡에 충실했으나 그 퍼텐셜은 가히 무한하다. 권리상, 프레이밍될 수 있는 방 안의 모든 사물들이 무대화의 조연이자 무대장치가, 최소한 관객이, 요컨대 공동위장자co-camouflager가 된다. 신의 도움으로 제작자들이 일시적인 정신착란을 일으키는 바람에 무한정한 예산과 러닝타임을 내주었다고 가정해본다면 분명 테렌스 영은 방 안의 사물 개수만큼, 수지가 그 미세변화를 감지하는 횟수만큼의 무대화를 시도했으리라. 일반적으로 영화는 카메라와 몽타주가 프레임을 연장할 수 있는 만큼 무대를 연장할 수 있다. 즉 영화에는 권리상 프레이밍할 수 있는 사물의 수만큼 무수한 무대들이 존재할 수 있다. 겹겹이 겹치며.

이것은 우리가 흔히 영화에선 모든 사물이 배우라고 말할 때와 같은 사태다. 그렇다면 영화에서 프레이밍되는 모든 공간이 무대가 되는 건 왜 안 되겠는가. 과학자들도 말하지 않는가. 육체도 물체도, 그 세포도 분자도 결국 하나의 막membrane, 경계limen라고.

그 경계마다 배역이, 캐릭터가 강신하신다. 정말이지 "한정성은 현실태의 영혼이다."[3]

아마도 영화사에서 위장의 역사는 분장이나 의상의 역사보다도 클로즈업의 역사와 동궤를 이룰 것이다. 클로즈업은 프레임으로 닫음으로써 피사체의 정체성을 짜내거나 반대로 덮어버리는 가장 기초적인 위장술이기 때문이다. 일반적으로 고전영화에서 정체성의 위장은 육체의 외관을 바꾸거나 치장하는 것만으로도 충분했다. 아직까지 육체는 정신의 충실한 표현이었기 때문이다. 고로 가면, 신분증, 의상의 교체, 간단한 분장이나 몸짓의 시늉만으로도 정신은 충분히 달라 보였고, 또 그런 위장막들은 대개 탈착이 허용되었다(루비치의 〈사느냐 죽느냐〉를 떠올려보라). 하지만 육체와 정신의 유기적 관계가 붕괴된 현대영화의 경우는 완전히 사정이 다르다. 위장이 일어나야 할 곳은 더는 시선과 지식의 체계가 아니라 전적으로 물리적 형상과 신체적 행동의 체계로서, 이제 육체는 그 자신의 직접적인 변형을 지불하지 않으면 다른 정체성으로 갈아타기 힘들어졌다. 가면이

---

3. 화이트헤드, 『과정과 실재』, 3부 1장 3절, 444쪽.

나 의상 따위의 위조로는 택도 없다. 흡사 육체가 곧 정신인 것처럼 육체는 말버릇, 식습관, 필체에 이르는 사소한 습관까지 송두리째 체화해야 하며(클레망 〈태양은 가득히〉), 인격의 완벽한 개조와 누군가의 죽음까지 무릅써야 한다(유위강·맥조휘 〈무간도〉). 현대적 위장은 정신만은 안전하게 보존하고서 그 외양만을 바꾸는 탈착 가능한 위장막으로는 불충분하며, 육체의 변형을 통해 이전 정체성과 그 시간의 완전한 소멸을 선언해야만 한다. 그러니, 마리오 바바가 안쪽으로 못이 난 철가면을 얼굴에 박아 넣은 것은 얼마나 완벽한 고전적 위장술과의 결별선언이었나(〈사탄의 가면〉). 또 하나의 주목할 만한 변곡점은 본격적으로 CG가 위장술을 점령하기 시작했을 때의 할리우드다. 〈마스크〉(척 러셀)에서 주인공은 가면을 쓸수록 점점 정체성의 비가역적 변형을 겪게 된다. 현대적 위장술은 CGI가 스크린 위에서 물질과 비물질 사이의 경계를 허물 듯, 스크린 너머에서 육체와 정신의 구분을 지우면서 태어난다. 육체에 새겨지는 배역이 고전주의의 영혼을 완전히 대체한 것이다. 이처럼 영화의 진화는 배우가 인간화되는 방식이 아니라 반대로 배우가 사물화되는 방식, 그럼으로써 가면이 배우의 육체에 내면화되는 방식으로부터 온다. 거의 '배역을 먹는다'고 말할 수 있는 사태다.

현대적 개념의 위장술이 만개한 곳은 확실히 장르영화 쪽, 특히 공포영화와 SF 영화 쪽이었다. 공포영화의 괴물이 누리고 있던 빙의·변신·감염은 이미 탁월한 위장술이다. 특히 프레디 크루거의 위장술은 독보적이었는데, 그가 그토록 현란하고 변화무쌍하게 변장할 수 있었던 것은 꿈이라는 너무 물렁물렁한 재료로 무대를 자유자재로 쪼물딱거릴 수 있었기 때문이었다(《나이트메어》 시리즈). SF에도 위장술이 있다. 프로그래밍 혹은 시뮬레이션이 그것이다. 특히 프로그램이 공동체 전체를 시뮬레이션해내는 수준으로 격상된 70년대 이후 모든 SF는 연극적이라 말할 수 있다. 여기서 프로그램은 공동체의 구성원을 단지 하나의 기능으로 만드는 것이 아니라, 역할을 부여하여 배우로 만들기 때문이다(타임슬립, 기억복제의 경우). 이제 외계인과 인간, 지배자와 희생자의 대결은 강요된 배역과 그로부터 탈출하는 배역 간의 투쟁, 즉 배역 쟁탈전으로 환원된다(버호벤 〈토탈 리콜〉, 스필버그 〈마이너리티 리포트〉).

소위 예술영화나 작가주의 영화라고 예외는 아니다. 외려 그런 영화들은 비가역적 위장이 유도하는 정체성의 변형으로 육체와의 관계를 새로이 정립하는 새로운 사유방식, '사유의 연극화'를 끌어내기도 했다. 고다르는 영화 자체가 주류 장르뿐만 아니라 역할극·뮤지컬·경극으로 위장되고 또 금방 들통나기를 소망했다. 펠리니와 부뉴엘은 위장이 기억과 정체성을 송두리째 변경하는 변신임을 보여주려 했다(《영혼의 줄리에타》, 〈자유의 환영〉). 통제되지 않는 보편적 기억이 현재의 지각에 끼어드는 방식뿐 아니라, 불완전한 선이 윤리적 판단에 끼어드는 방식을 접신이나 육체변형으로 생각했던 러시아 작가들(타르코프스키·소쿠로프)이나 폴란드 작가들(하스·바이다·줄랍스키·키에 슬롭스키)도 있다. 이 목록은 얼마든지 계속될 수 있다. 그 뒤에 계산기나 두드리는 자본가가 있건 예술을 찬미하는 탐미주의자가 있건, 어떤 영화에서도 인간은 공공과 사사의 간극에 감금된 인간, 고로 언제나 위장하고 연기하는 '호모 테아트리쿠스'homo theatricus이기 때문이다. 자누시의 〈위장〉에서 언어학 교수는 진화론과 과학법칙까지도 실존의 고독과 불안을 가리는 가면으로 동원하지만 이내 벗겨지고 들통나고 만다. 가면이 부족해서가 아니라 그걸로 가려야 할 삶이 너무도 크기 때문이었다.

가역적 위장에서 비가역적 위장으로의 이러한 진화, 이것은 모든 위장은 곧 변신을 위한 것임을 말해준다. 모든 측면에서, 정체성의 탈바꿈을 위해 공간의 무대화, 가능성의 배역화, 영화의 역할극화는 불가피한 진행처럼 보인다.

하물며 한국영화는 아닐까. 연쇄극의 후예로 태어나 마당극에서 정체성과 정치성을 찾으려 했던 한국영화는. 가장 대조적일 두 명의 작가만 언급하고자 한다. 장선우는 말의 역할극을 꾸렸다. 하지만 그것은 남근이라는 배역을 더 드러내고 끝내 거세하기 위해서였다("내 자지를 똥이라고 생각해" 〈거짓말〉). 반면 김기영은 악몽의 역할극을 꾸렸다. 하지만 그것은 배역의 계약과 경쟁을 통해 태몽을 더 키우기 위해서였다("두 집안을 다스리는 헌법을 만들어놓자" 〈육식동물〉). 김기영 영화가 오이디푸스극이라는 해석은 틀렸다. 헌법은 계약이지 법이 아니다. 김기영 영화에 아버지의 법이란 애초부터 없었다. 하녀들이 배역의 계약경쟁으로 하려는 건 남근의 위축이 아니라 배아의 축적이다. 같은 마조히즘 연극이라도 장선우가 법과 남근을 겨냥하는 역할극이라면, 김기영은 계약과 정충을 겨냥하는 역할극이다.

현대영화에서 닫힌 공간이 과포화되고 있음만은 분명한 사실로 보인다. 멀티내러티브 영화의 평행우주가 그렇고(펠리니·부뉴엘·알트만·카우리스마키), 동아시아 영화의 골방화가 그렇고(오시마 나기사·장선우·홍상수·차이밍량), 장르영화의 모듈화가 그렇다(〈매트릭스〉, 〈인셉션〉, 〈존 윅〉). 그러나 이처럼 닫힌 공간이 불어나는 경향은 육체를 무대에 고립시키기 위함이 아니다. 반대로 그 경계를 더 늘려서 육체를 더 전이토록, 더 위장하여 더 많은 배역에 접신토록 하기 위함이다. 오늘날 증가하는 것은 차단벽이 아니라 경계들이고, 고립적 단위가 아니라 전이적 무대들이다. 이는 영화의 몰락이 아닌 체질개선이나 구조조정에 가깝다. 차라리 이것은 한국연극학이 말하는 독자적 무대들이 따로따로 노는 "따로국밥" 디제시스, 그러나 그런 "똑똑 끊어짐 속에서 연결되는 연산구조連山-" 디제시스로의 구조조정이다.[4] 영화의 게임화도 너무 놀랄 필요 없다. 이 따로국밥 네트워크를 재내러티브화한 것에 다름 아니기 때문이다. 이것은 산봉

---

4. 따로국밥에 대해선, 김지하, 『탈춤의 민족미학』, 실천문학사, 2004, 112~113쪽. "연산" 개념에 대해선, 채희완, 『탈춤』, 대원사, 1994, 108~109쪽.

우리 몇 개만 보고서 산맥 전체의 그림을, 밥과 국을 따로따로 먹어보고 국밥 전체의 맛을 알아맞히는 퀴즈 같은 것이다. 무대들을 두겹 세겹 겹쌓을수록 경계들은 더 많아지고, 배역의 지정과 선택은 더 어려워져 전이는 불가피하게 된다. 크레이븐은 경계를 슬래셔 법칙에서 찾았고(《스크림》), 시미즈 다카시는 영화 세트장에서 찾았다(《환생》). 버호벤과 놀란은 기억에 경계층을 냈다(《토탈 리콜》, 《인셉션》). 가장 놀라운 연산구조는 데카르트 좌표계를 이용한 입방체형 디제시스였다(나탈리 《큐브》). 어차피 마당극도 RPG^{롤플레잉 게임}였다.

흥미로운 것은 저 경계들이 육체 밖에서 안쪽으로도 넘어오고 있다는 것이다. 현대영화에서 육체가 독자적인 부분들로 국부화되고 세분화되는 경향이 그것이다. 고어 영화가 선구했다. 루이스뿐만 아니라 고든·유즈나의 영화에서 연극무대처럼 벌어지는 몸통이나 자유자재로 위치를 바꾸는 팔다리나 기관이 그렇다(《좀비오》, 《소사이어티》). SF에선 외계생명체나 기계부품이 인간의 피부를 위장막으로 숨어버렸다(《에일리언》 시리즈, 사이보그 영화들). 모든 경우에서 육체는 얼마든지 경계 지워질 수 있는 잠재적 무대가 된다. 차라리 '걸어 다니는 연장적 연속체'랄까. 거기에 외계인이 숨든, 기계가 숨든, 괴물이나 제3의 얼굴이 숨든 말이다. 결국 우리는 신경망 자체가 무대가 되는 신경학적 영화들의 출현을 목도하게 될 것이다. 《나이트메어 3》(척 러셀)의 그 유명한 한 장면, 프레디 크루거는 희생자의 팔과 발에서 신경줄을 잡아 올려 인형처럼 조종한다. 현대영화가 신경망과 무대화에 대해 가지는 식견을 이 장면보다 잘 시각화할 수는 없으리라. 현대영화에서 신경망은 곧 무대장치로 기능한다. 아니라면 어떻게 하녀의 태내에 쥐떼가 강신할 수 있었을는지(《충녀》).

다시 한번, 죽음이 이 신경망의 확장을 막으리란 생각은 집 어치우는 게 좋다. 외려 사후세계는 신경망의 독특한 일부를 이루어 가장 흥미로운 무대가 된다. 귀신영화뿐만 아니라, 시체마저 배우가 되는 지알로 및 슬래셔 필름 전통이 그렇다. 아르젠토는 참수된 머리를 산 사람으로 위장시켰고(《헤드헌터》), 소아비는 난자된 시체들을 연극무대에 캐스팅해버렸다(《아쿠아리스》). 현대적 무대화에 사후세계라는 절대적 바깥은 없다. 그것은 이미 신경망의 내부가 되었고, 거기엔 시체, 살점, 괴물, 내장, 원혼, 바이러스 등 온갖 오물과 도깨비들이 우글거린다. 자신의 출연 순서를 기다리며.

현대영화에서 공공성과 관련한 윤리적 문제는 사적 공간이 더는 남아있질 않다는 것이 아니라, 너무 사적 공간만 남았다는 사실로부터 제기된다. 현대영화는 무대의 과포화이고, 디제시스뿐만 아니라 육체 쪽으로도 역류하여 진행되는 무대의 내수화domestication다. 이를 '시공간과 육체의 범원자화panatomization'라 부르지 않을 수 없다. 부뉴엘의 너무도 적절한 표현처럼 "감금이 전염된다…." 즉 무대들이 안팎으로 편집되고 있다.

이 모든 경향이 영화의 외부로부터 오는 영향이라고, 고로 어떤 배반이고 변절이라고 한탄할 수 없다. 반대로 이것은 영화의 연장적 본성 자체로부터 오는 자연스러운 진화다. 좀 더 무례하게 말하자면 이 변화는 운명적이고, 외려 이조차 세상 눈치에 많이 타협된 결과에 불과하다. 만약 신의 자비로 제작자들이 일시적인 정신착란을 일으키는 바람에 무한정한 예산과 러닝타임을 허용했다면, 부뉴엘이 저 평행우주들을 무한히 이어붙일 수 있었음을, 김기영은 저 두 집안 혹은 이층을 무한히 이어붙일 수 있었음을, 나탈리는 큐브의 격실들을, 시미즈 다카시는 세트장의 인물들을 무한히 늘릴 수 있었음을 누구도 의심치 못한다. 또 이번엔 신의 행패로 관객들이 일시적인 정신착란을 일으켜 영화에게 분자단위로까지 들어가는 미세한 클로즈업을 요구했다면, 카펜터와 유즈나의 괴물들이 내장융털과 미토콘드리아 안에도 숨을 수 있었음을, 크레이븐의 프레디 크루거와 카메론의 T-1000이 사지와 오장육부를 무한연장하여 세계 전체로 위장할 수 있었음을 누구도 의심치 못한다. 설령 그런 영화와 장면이 실현되지 않았더라도 부정되지 않는 그 가능성이 위장을 영화의 영원한 생존술로 만든다. 영화에선 무대가 **무한연장 가능한만큼, 위장도 무한연장 가능하다.** 〈로마의 휴일〉에서 공주도 노상 카페의 무한연쇄 속에서라면 학생에서 선생으로, 미용사로, 회사원으로, 거지, 주부, 수녀, 스님으로 무한변장해야 했을 것이다. 또 대사관 접견식이 무한히 길어졌다면 공주는 지루함에 몸부림치던 육체를 드레스 속뿐만 아니라 소매 안, 블라우스 안에 숨겨야 했을 것이고, 설령 진화론을 부정하는 한이 있더라도 혈관 안, 세포 안, RNA 안에도 숨겨야 했을 것이다. 아니면 내친김에 계통점진설의 위대한 파괴자가 되어 모든 물체와 그 분자에까지도 육체를 연장하는 오드리 크루거나 A-1000으로 진화하고 변이했을까. 공간이 삼겹 오겹 천겹만겹이 되었는데 그만큼의 위장과 변신이 없다면, 그만큼의 털갈이와 살갈이가 없다면 어찌 육체는 살아남을 것인가. 영화에게 연장이 운명적인 만큼 위장과 변신은 운명적이다.

영화는 경계를 뛰어넘기 위해서만 경계를 짓는다. 위장과 변신이란 그런 '전이체험'liminal experience(터너)이다. 그것은 낡은 주체성을 뿌리 뽑아 새로운 주체성에 이식하는 일종의 실험이며, 이때 경계는 파괴하기 위해서만 세우는 가설과도 같다. 그 경계가 점점 늘어나고 있음은 이 실험의 필요와 기회가 점점 늘어나고 있음을 증언할 뿐, 아무런 절망과 비운을 지시하고 있지 않다.

고로 영화가 닫고 닫고 또 닫는 것은 시간을 포기함이 아니다. 반대로 닫음으로써 배역이 더 잘 진입하고 주체는 더 잘 거듭나며, 결국 시간은 더 잘 입체화됨을 보여주기 위해서다. 그런 경계지음이야말로 시간화의 가장 솔직한 방식임을 고백하기 위해서다.

우리는 연극배우와 영화배우의 차이에 대해서 잘 알고 있다.

연극배우는 한번 막이 오르면 끊을 수 없는 지속에 익숙해야 한다. 반면 영화배우는 컷마다, 테이크마다 끊기는 데에 익숙해야 한다. 심지어 그는 프레임에 따라 얼굴, 걸음, 손, 눈만으로도 연기해내야 한다. 하나의 무대 안에선 연극배우가 유리할 것이다. 그러나 프레임으로 잘리는 무수한 무대들, 그 사이사이에선 영화배우가 더 유리하다. 그의 신체 모든 부분이 프레임을 무대로 하는 각각의 배우들이다.

위장이 제기하는 가장 고약한 미학적 역설이 여기에 있다. 만약 영화가 그 모든 절단과 닫음(프레이밍·몽타주·디제시스…)을 동원하여 궁극적으로 의도하는 것이 컷이 컷이 아니게끔 하는 절단 흔적의 폐기이고, 그를 통한 지속의 재생이라면, 이때 영화는 연극과 '수행적으로는'performative 구분되지 않을 것이란 역설이 그것이다. 즉 오토마티즘automatism을 꿈꾸는 한, 영화는 연극적이라는 역설. 이 말을 듣고서 팔짝 뛸 어떤 영화우생학도를 위해 두 가지만 재빨리 지적하고 싶다. 첫째, 물론 여기서 오토마티즘은 자연의 외관을 모방하는 활동이 아니라 자연의 조건, 즉 그 자율성autonomy을 모방하는 활동을 의미한다. 둘째, 고로 오토마티즘의 성취는 자연을 위해 작위를 폐기하는 게 아니라, 외려 자연과 작위의 대립을 폐기하는 것이다. 이 두 가지 조건을 수긍하는 한, 또 영화가 오토마티즘을 추구하는 한, 영화가 분유했던 여러 본성들 중 연극적 본성이 더더욱 특권화된다고 말할 수 있다. 왜냐하면 저 두 가지 조건 아래서 연극이

재생하려던 지속을, 영화는 그 각각이 하나의 닫힌 무대인 프레임과 샷의 분합을 통해 더더욱 풍부하고 입체적으로 성취할 수 있을 것이기 때문이다. 아직도 누군가가 팔짝 뛰고 있다면 그것은 분명 그가 (위 두 조건의 부정에 각각 해당하는) 다음 두 그릇된 편견을 전제해서다. 첫째 편견은 그래도 영화에서 컷은 아직도 연출자 혹은 카메라의 개입을 표시하는 흔적이고 영영 지워지지 않는다는 생각이다. 하지만 이런 생각대로라면 오토마티즘은 연극뿐만 아니라 영화에게도 영영 불가능한 것이 된다. 둘째 편견은 오토마티즘은 기계의 특권이라는 생각이다. 그러나 이건 역사적으로도 사실이 아닐뿐더러(오토마티즘은 사진과 영화만큼이나 문학·연극·회화·무용에서도 적극적으로 시도된 기법이었다), 이런 생각은 배우를 인간으로 국한시키고 만다. 배우들은 기계가 아닌가? 자기 스스로 손발을 잘랐다가 붙이고 얼굴을 확대했다 줄이는 변신인간이 기획사 카탈로그에 출현해야만 배우는 기계라고 인정할 것인가? 첫 번째 편견이 자연의 자율성을 너무 일찌감치 포기한다면, 두 번째 편견은 자연과 작위의 평등성을 너무 일찌감치 포기한다. 두 편견은 이유는 다르나 영화와 오토마티즘을 모순관계로 몰아넣는 데 있어서는 찌찌뽕인 것이다.

모든 편견은 경계성liminality에 대한 반감 때문인 것 같다. 그러나 경계는 자연의 혼이다. 빅터 터너는 모든 연극은 사회극으로부터 왔다고 말한다. 그렇다면 모든 사회는 연극을 내포한다.

필름스트립도 사회다.

물론 오토마티즘을 추구하는 영화적 본성이 연극성이라고 말할 때, 그것은 우리가 통념상 생각하는 그 연극은 아니다. 그 것은 차라리 무대를 닫는 것만으로도 연출자의 개입 없이도 배우와 사물들의 자율적 피드백을 창발하는 순수한 연극성을 의미한다. 여기에 더 이상 작위와 자연의 대립 같은 것은 없다.

퍼포먼스 사회학 및 연극인류학은 무대 밖에도 무대 아닌 곳이 없음을 너무나 잘 보여주었다. 그 궁극적인 교훈은 작위 밖에도 자연은 없다는 사실이 아니라, 이 무대들의 무한연쇄 속에서 작위와 자연의 절대적인 구분이 없다는 사실이다. 여기서 모든 위장하고 변신하는 이는 배우이며, 이것이 자연에 반하는 사태는 아니다.

그런데 이것이 현대영화가 시공간과 육체의 모든 부분들을 개별 무대로 각개폐쇄하고 또 그 닫힌 무대들을 얼마든지 연장하고 편집함으로써 가장 잘 하고 있는 일이 아닌가. 오토마티즘을 영화가 가장 잘 할 수 있는 것은 그가 연극과 대립해서가 아니라, 그 풍부한 관점과 편집을 통해서 연극보다 더 연극적일 수 있어서다. 종래의 연극보다 작위와 자연의 대립을 더 잘 파괴할 수 있어서다. 닫힌 것들을 이어 붙여서도 지속을 더 잘 재생해서다. (이런 점에서 영화와 오토마티즘의 관계를 제대로 사유하기 위해 재정립되어야 할 개념은 "영화"와 "오토마티즘"이 아니라 "연극"과 "무대"인 것 같다.)

실상 현대영화에서 점점 두드러지고 있는 퍼포먼스의 성격은 바로 이런 측면을 암시한다. 가령 액션장르가 액션장면을 보란 듯이 한 컷으로 촬영하고 중요한 임팩트 부분만을 선택적으로 강조하여 편집하던 종래의 방식에서, 여러 앵글로 동시에 촬영하여 임팩트 부분마저 빠른 흐름 속에 묻혀버리게끔 잘게 쪼개 휘갈기듯 편집하는 방식으로 변천해가고 있음을 우린 잘 알고 있다(제이슨 본 시리즈, 〈테이큰〉 시리즈를 떠올려보라). 이는 흡사 하나의 사건을 앵글·방향·초점거리가 천차만별인 여러 독자적 프레임으로 쪼개내는 것과 같다. 그래서 이런 휘갈기는 편집은 연극화와는 멀어지기는커녕 더더욱 충실한 연극화를 요구한다. 액션배우가 꽉 짜인 샷에 묶인 움직임만을 해서는 컷이 붙지 않을 것이기 때문이다. 외려 여기서 요구되는 것은 배우끼리 혹은 사물과 즉발적으로 주고받는 퍼포먼스다.

영화는 퍼포먼스를 담보로 해서만 경계를 투자한다. 지속에 심어지는 경계가 늘어남에 따라 영화는 운동을 잃는 게 아니라 퍼포먼스를 얻는다. 오늘날 액션영화에서 휘갈기듯 이루어지는 이런 편집이 마구잡이라고 생각하는 것은 어리석다. 실제로 그것은 세심한 앵글 결정과 구간 배분을 요한다. 따로국밥이 맛있으려면 국과 밥을 따로따로 먹는 순서와 타이밍에 더 신경 써야 한다.

물론 저 세심함이 다시 작위적인 연출의 개입을 뜻하진 않는다. 반대로 저 세심함은 그 퍼포먼스만 담보된다면, 제아무리 따로따로 놀던 컷들도 미세지각의 수준에서 자동으로 붙고 싱크되어 하나의 연속체로 '예정조화'되리란 믿음의 실천이다. 즉 이것은 편집 기술에 대한 믿음이 아닌, 편집 단위에 대한 믿음이다. 시험 삼아 〈본 얼티메이텀〉의 격투씬이나 추격씬을 캡쳐해서 다시 편집해보라. 휘갈기듯 붙어있던 연속체를 다르게 잘라서 다르게 붙여보라. 흐름이 달라질 뿐, 연속성은 여전히 확보된다. 여기서 컷들을 연속적이도록 하는 것은 편집 기술의 작위성이 아니라, 편집 단위의 자동성이기 때문이다. 현대영화에서 컷은 그 처음과 끝의 연결부가 정해져 있는 '샷'shot이 아니라, 어떻게 자르고 붙여도 자동연결되는 '모나드'Monad로서 작동한다. 그러니까, 오늘날의 영화는 자신의 육체가 어떻게도 잘리면 안 되는 지속의 질서ordering가 아니라, 어떻게 잘라도 되는 원자들의 네트워크networking임을 믿는다. 또 그 믿음 아래 지속의 모든 부분들이 맘껏 각개 원자화되도록, 카메라를 휘갈기고 스플라이서를 휘갈긴다.

단지 믿음만도 아니다. 기공이 많은 흡수막일수록 더 잘 빨아들인다. 칼집 많이 난 고기에 양념이 더 잘 밴다. 영화가 경계를 늘려가며 더 빨아들이려는 것은 영원한 대상이다. 그게 저 액션배우의 캐릭터든, 영화 자체의 캐릭터든 말이다. 행여 너무 기공이 많아져 막이 터질 일이 걱정되는가? 그럴 일은 없다. 굳게 닫힌 극장문이 그를 잡아준다.

이런 촬영·편집법에도 위장이 있나? 있다. 공간이 아니라 시간을 겨냥한 위장이. 그게 바로 우리가 오토마티즘이라 부르는 것이다. 오토마티즘은 '불연속적인 것들이 연속체를 위장한다' 혹은 '영화가 지속을 위장한다'를 점잖게 에두르는 말이다. 그리고 모든 위장은 변신을 부른다.

현대영화가 카메라를 흔들고, 앵글과 거리를 오락가락하고, 포커스를 들락날락하는 것은 영화를 더 영화화하고 더 연출해서 오토마티즘을 포기하려는 것이 아니라, 반대로 영화를 더 연극화하고 더 퍼포먼스화해서 오토마티즘을 더 풍요롭게 하려는 것이다.

스티븐 히스는 모든 영화가 이미 필름 퍼포먼스film performance임을 증명하려 했다. 그의 아름다운 결론에 따르면, 관객이 영화(의 보기)를 수행perform하는 만큼 영화는 관객(의 주체화)을 수행perform한다.[5] 그 주체화가 통합에 이르거나(제도권 내러티브의 경우), 파열에 이르거나(비제도권 혹은 실험영화의 경우) 하는 것은 모두 차후의 일이다. 혹은 정치적인 선택이다.

이미 많은 이들이 퍼포먼스를 정의하였다. "전이적 반성성"liminal reflexivity(터너), "상황의 정의"definition of the situation(고프먼), "내가 아니면서 내가 아닌 것도 아닌"not ... not not me ... (셰크너), "피드백 루프"feedback loop(피셔-리히테), "함께 변화하는 행위"(김방옥), "정체성의 공동구축"(김용수), "활동하는 무無"(김지

5. 스티븐 히스, 『영화에 관한 질문들』, 김소연 옮김, 울력, 2003. 4장.

하)…어떤 정의에서도 퍼포먼스는 배우 자신이 상대역·조역·관객과 공변하기 위해 경계를 짓는 행위다. 퍼포먼스는 운동이 아니다. 운동은 주체의 것이기 때문이다. 반대로 퍼포먼스는 새로이 옮겨심기 위해 주체를 뿌리 뽑는 운동, '배역+운동'이다. 그러니까, 퍼포먼스는 주체의 운동이 아니라 배역의 진입이다.

오늘날 영화배우가 대역 없이 액션을 하려는 것은 배우 자신으로부터 뿌리 뽑혀 배역으로 이식되고자 하는 욕심 때문이다. 더구나 그들은 똑똑하다. 그들은 자신의 이미지가 무수한 경계면들로 잘려 나갈수록 배역으로의 전이가 쉽고 완벽해진다는 것을 잘 안다. 영화도 그만큼 욕심쟁이고 꾀보다. 오늘날 영화는 '샷'이라는 대역을 거부하고 있다.

오토마티즘과 연극성이 결코 친해질 수 없으리란 생각은 여전히 오토마티즘 쪽엔 자연성을 놓고 연극성 쪽엔 작위성을 놓으며, 오토마티즘을 '그럴듯함' 혹은 '진짜 같음'과 동일시하는 사유의 오랜 관습에 기인하는 것 같다. 사진학자 이영준은 "거짓말하는 기계"와 "솔직한 기계"를 구분한 바 있다. 자연풍을 그럴듯하게 내는 에어컨은 거짓말하는 기계지만, 아무리 자연풍이라고 우겨도 자연풍 같질 않은 선풍기는 솔직한 기계라고 그는 썼다. 그의 구분대로 '거짓말하는 오토마티즘'과 '솔직한 오토마티즘'을 구분해보면 어떨까. 오늘날 어떤 관객도 자동차가 공중제비를 돌며 솟구치고, 헬기가 다리 위로 추락하고, 배우가 불타는 마천루 사이를 점프하는 등 오만 과장된 액션장면을 보면서 저 운동이 진짜 같다고 빠져들지 않는다. 저 퍼포먼스가 진짜 같다고 빠져들 뿐이지(게다가 빠져드는 자도 이젠 의식이 아니라 신경이다). 또 오늘날 어떤 관객도 프레디 크루거와 같은 공포영화의 괴물이 TV와 냉장고로 변신하고, 팔다리를 늘리고 줄이고, 척추를 접고 편집하고, 형상과 질료를 자유자재로 교체하며 중력과 계통학을 조롱하는 등 오만 과장된 공포장면을 보면서 저 운동이 진짜 같아서 무서워지진 않는다. 저 퍼포먼스가 진짜 같아서 무서워할 뿐이지(게다가 비명은 머리가 아니라 성대가 먼저 지른다). 그런 점에서 현대영화가 무대의 미세화, 운동의 퍼포먼스화, 장면의 연극화로 나아가는 것은 거짓말하는 오토마티즘에서 솔직한 오토마티즘으로 진행하는 과정이라고 할 수 있으리라. 솔직한 오토마티즘은 영화가 연극임을, 그 사물이 배우임을 숨기지 않음으로써 자연과 작위의 대립을 폐기하는 오토마티즘이다.

오늘날 오토마티즘을 논하는 식자 대부분은 장르영화를 없는 셈 치곤 한다. 정작 솔직한 오토마티즘은 장르영화에 가장 잘 나타나는 데도 말이다. 더 리얼하게 보이기 위해 엄청난 물량과 자본이 투여되었다고, 최고의 기술과 제작진이 투입되었다고, 때로는 스타 배우가 스턴트 없이 연기했다고 스스럼없이 홍보하면서 이제부터 보게 될 운동이 노동력과 기계장치들로 사방팔방 둘러싸인 연극적 퍼포먼스라고 스스로 선전하는 것보다 더 '솔직한 오토마티즘'이 어디 있단 말인가. (작가영화 쪽은 물량을

선전하는 대신 국제영화제 월계수 딱지 등을 선전함으로써 그만큼 솔직한 오토마티즘에 이른다)

우리가 간과하는 것 중 또 하나. 사실 오토마티즘엔 여러 철학적 기원이 있다. 많은 버전들이 있겠으나 가장 전형적인 대립쌍을 꼽아보자면 하나는 데카르트의 연속창조설이고, 다른 하나는 라이프니츠의 예정조화설이다. 전자가 영화연출론이라면, 후자는 연극연출론이라고 할 수도 있으리라. 전자의 경우 신은 매 컷, 매 테이크마다 개입하여 연속체를 구성하되, 개입의 흔적을 남기지 않음으로써 최대한 연속성을 사물의 본성(자연) 탓으로 돌려주어야 한다. 즉 연속창조하는 신은 자연을 연출해야 한다. 반면 후자의 경우 신은 최초 창조 이후에 매 컷, 매 테이크마다 연출로서 개입하지 않는다. 한 번 막이 오르면 이 연속체의 재생은 영원히 자동이다. 배우가 사물인 척하지 않고도, 이미 모든 사물이 솔직하게 배우이다. 신조차 한번 시작된 그들의 자동재생을 중간에 끊을 수 없으며, 수정한다며 중간에 함부로 끼어들 수 없다. 심지어 신 자신도 이 무대 안에서 솔직하게 배우가 되어야 한다. 가령 기적의 퍼포먼스를 위해 그는 분노하는 신 혹은 자비로운 신과 같은 '캐릭터'를 맡아야 한다.[6] 이 무대는 어떤 존재도 배역이나 가면 없이 입장하거나 퇴장할 수 없다는 점에

---

6. "신은 다른 배역을 맡는다(il prend un autre personnage)."(라이프니츠, 아르노에게 보낸 1687년 10월 9일 서간문) 국역본은 『라이프니츠와 아르노의 서신』, 이상명 옮김, 아카넷, 2015.

서, 자연과 작위를 대립시키지 않는다. 예정조화가 이미 배우의 본성(자연)이기 때문이다.

영화는 이 두 모델 중 어느 것에 더 가까운가? 혹은 어느 것에 더 가까워지려 하는가? 영화가 디제시스의 중층무대화, 그 입체화, 앵글과 편집의 다각화 및 다면화, 모든 사물의 배우화를 통해서 궁극적으로 추구해왔던 오토마티즘은 둘 중 어느 것인가? 아마도 후자 쪽일 것이다. 자연의 연출에 있어서 신을 감독으로 모시는 연속창조의 오토마티즘이 아닌, 신을 감독에서 추방하여 또 하나의 배우로, 최소한 배우들을 합을 조정하는 중개자 혹은 싱크로나이저 배역으로 캐스팅하려는 **예정조화의 오토마티즘** 말이다. 우리가 영화가 점점 연극화된다고 말할 땐, 바로 이러한 자연의 무대화와 신의 배우화를 한꺼번에 뜻하는 것이다. "연극이 아니면서 연극이 아닌 것도 아닌 … "not … not not …

이런 점에서 영화는 신을 믿는 게 아니다. 영화는 신이 자연을 믿는다는 것을 믿는다. 마찬가지 이유로 영화는 운동을 믿는 게 아니다. 영화는 어떤 운동도 퍼포먼스임을 믿는다.

한국 공포물을 그야말로 연극화했던 박윤교의 걸작 〈꼬마신랑의 한〉에 나오는 암행어사처럼 물어보자. "영화냐 연극이냐, 대체 어느 쪽이냐?" 그러면 영화는 딱 그 귀신처럼 대답할 것이다. "나는 두 가지 다일 수도 있고, 두 가지 다 아닐 수도 있습니다." 또는 "자연이냐 작위냐, 대체 어느 쪽이냐?"라고 질문을 바꿔 봐도 영화의 대답은 같으리라. "나는 두 가지 다일 수도 있고,

두 가지 다 아닐 수도 있습니다."

영화는 주어지는 모든 이미지, 아무리 작거나 큰 샷도 무대화하고, 그도 성에 안 차서 시간조차 무대화할 때, 최고의 오토마티즘에 이른다. 이것이 사실이라면, 영화라는 예술형태에 가장 깊숙이 배태된 역설과 긴장은 정지-운동, 사실-환영에 있는 것이 아니라, 시간의 재생과 시간의 무대화 사이에 있을 것이다. 즉 사진과 문학이 아니라, 영화와 연극 사이에 있을 것이다.

영화가 오토마티즘을 잘 할 수 있는 것은 연극과 대립해서가 아니라, 연극보다 더 연극적일 수 있어서다. 그보다 더 무대를, 그 경계를 연장할 수 있어서다.

영화의 무대가 영원히 연장가능한 만큼 위장은 영원하다. 오토마티즘도 그 영원만큼 단단해지리라. 그것은 시간 속에서 배역을 맡은 배우로서 영원히 살아가야 하는 우리네 인간의 모습이다. 호모 테아트리쿠스는 호모 페르소나투스다. 위장은 변신이다. 배역의 진입이고 그 선택이다.

오토마티즘의 쟁취에 있어서 영화는 부전승을 거부했다. 닫지 않고서 얻는 지속이 그런 부전승이다. 영화는 닫고도 더 풍부한 지속을 얻어내려는 정면승부사이기를 택했다.

영화는 몇 겹인가? 천겹만겹이다. 무대도, 가면도.

오토마티즘을 포기하지 않는 한 그렇다.

14장

**영화는 몇 그릇인가?
또는 "삼켜도 삼키는 자의
것이 되는 것은 아닌가?"**

영화에서 '먹는다'는 것보다 중요한 행위는 없다. 대지에서는 사유물을 독식해야 하며, 바다에선 헤엄치기 위해 물 먹는 것을 피할 수 없으며, 하늘에선 숨쉬기 위해 공기를 먹어야 한다. 영화에서 먹는다는 것은 존재한다는 것과 거의 동의어다. 오즈의 인물들이 시공간을 통과하기 위해 그저 식탁에 둘러앉아 돈가스와 오차즈케를 먹는 것으로 충분했던 이유다. 폭설에 고립된 찰리를 생존케 해준 것은 그가 구두를 먹었다는 사실이 아니라, 그가 구두를 정말 우아하게 먹었다는 사실이다(〈황금광 시대〉).

영화에서 먹는다는 몸짓이 그토록 실재성의 차원을 단번에 확보하는 건, 그것이 단지 존재를 보존하는 행위라서가 아니다. 먹는 자의 보존뿐만 아니라 먹히는 자의 보존마저도 문제가 될 정도로, 거기엔 존재의 의미를 회수하기 위해서 존재의 안위는 커녕 그 해체를 불사하면서까지 먼저 감행되어야 할 절체절명의 도박이 있다. 물론 먹음이 권력의 행사임은 분명하다. 먹이를 더 잘 움켜쥐는 자, 음식을 더 잘 물어뜯는 자가 권력을 쥔 자다. 재산·땅·돈·몸·피·황금 모든 것이 음식이고, 먹는다는 것은 지배·통제·포획·소유다. 권력자는 거꾸로 상대방을 먹임으로써 지배할 수도 있다. 이런 점에서 가장 섬뜩했던 장면 중 하나로 〈요람을 흔드는 손〉(핸슨)에서 페이튼이 아기방으로 가서 젖을 주는 장면을 꼽아야 한다. 페이튼은 먹이는 쪽이지만, 먹는 자를 신조차 끊지 못할 탯줄과 젖줄로 옥죄고 지배한다. 물론 권력을 행사하는 쪽이 언제나 안전한 것은 아니며, 먹히는 자의 해체만큼이나 자신의 해체를 감수해야 한다. 우리는 누군가와 섹스했다는 것을 그를 먹었다고 속되게 말하는데, 바로 그처럼 먹음은 언제나 섞임에 위협받는다. 가령 스반크마예르의 서로를 먹는 얼굴들(⟨대화의 차원⟩ ⟨음식⟩), 페라라의 서로를 잡아먹는 육체들(⟨어딕션⟩)에서 우리는 먹음의 극단적 귀결일 흡수의 파괴적 나르시시즘, 자가흡수를 보게 된다("우린 우리 자신을 삼켜야 해", ⟨악질경찰⟩). 심지어 안에서 밖으로 터져 나오기 위해 일부러 먹히는 포식자도 있다(카펜터 ⟨괴물⟩). 더군다나 먹는 자는 필연적으로 똥을 낳는다. 똥은 권력이 역사적 존재임을 폭로함으로써 그를 안쪽으로부터 위협한다. 먹는 자는 무엇보다도 먼저 나이를 먹어야 함, 이것이 모든 공포다. 실상 똥까지 먹을 수 있냐는 것은 그 해부학적·영양학적 역전을 버틸 만치 단단하고 순수한 자기동일성이 있느냐는 질문으로서, 권력에겐 언제나 난처하고도 위험한 마지막 테스트였다. 쿠트 크렌의 배설물을 되먹는 육체는 신에 대한 도전이었다(64~65년도 비엔나 행동주의 작품들). 결론을 내린 이들도 있었다. 워터스의 디바인은 개똥을 주워 먹고도 해체되지 않기에 성스럽지만(⟨핑크 플라밍고⟩), 파졸리니의 사디스트들은 자신이 해체되는 줄도 모르고 똥을 먹다가 세속적인 마조히스트에 그쳤다. 그들은 자신이 신인 줄 알고서 똥까지 먹은 것이다(⟨살로, 소돔의 120일⟩). 먹는 자는 먹힌 것에 의해 다시 먹히는 공포를 항상 감수해야 한다. 모든 먹음은 먹는 자의 배를 불릴지언정 그의 영혼만은 인류학적 풍전등화로 몰아넣는다.

무엇보다도 봄see이야말로 먹음이다. 히치콕이 〈싸이코〉의 그 유명한 장면에서 눈이 깜박이지 않도록 그토록 공을 들였던 것은, 눈이 쩝쩝거림을 멈춘 아가리가 되지 않는다면 생의 완전한 정지가 얻어지지 못하기 때문이었다. 히치콕은 이 장면에 먹이가 내장을 통과하면서 느꼈을 나선형 회전감을 덧붙임으로써, 먹혔던 혼백이 되새김질로 빠져나오는 것을 형상화했다.

고로 영화에서 무언가를 먹는다는 것이 단지 물질의 전유나 분해라고만 볼 수 없다. 거기엔 정신이나 영혼에 준하는 어떤 형이상학적 측면이 반드시 개입하며, 이때 우린 먹는다는 것이 육체의 해체를 감수하는 정신의 뒤섞임, 차라리 관념의 섹스임을 인정해야 한다. 장선우와 여균동의 인물들은 살을 섞듯이 말을 섞었다(〈너에게 나를 보낸다〉, 〈맨(포르노맨)〉). 오시마 나기사의 섹스중독자들은 질에 넣었다 뺀 계란을 먹음으로써 죽음충동과 계통분류학을 동시에 희롱했다(〈감각의 제국〉). 공포영화와 SF 영화는 이미 영혼도 먹힐 수 있음을 꾸준히 전시해왔다(빙의·기억이식·인간복제 …). 김기영의 〈하녀〉 연작에서 먹는다는 것은 차라리 생명력, 정충이나 씨앗의 전유와 축적을 의미했다. 〈충녀〉에서 본부인과 하녀는 휴전선을 그어놓고 그를 주거니 받거니 하는 식으로 점점 더 배를 불려 나가고, 〈화녀〉에선 사료배합기에 갈린 시체를 닭에게 먹이고 그 닭이 낳은 계란을 다시 하녀에게 되먹이는 식으로 배를 불려 나간다. 〈육식동물〉에선 태내로의 고밀도 농축까지 시도했다. 김기영에게 먹거리란 맑스적 의미에서의 '가치'였다. 단, 정치경제학적일 뿐 아니라 그 교환과 축적의 시간 너머에서 실현되기 위해 하늘로 되먹여져야 할 초시간적 가치, 문자 그대로 '귀천해야 할 잠재태'라는 점에서 달랐을 뿐이다. 자본이 달에는 수출되어도 천당까지 수출되진 못할 테니까. 김기영의 하녀들은 영원의 씨앗을 먹는다. 먹고 또 먹고 또 되먹는다. 귀천하기 위해서다. 육신은 썩어 문드러질지언정 그 욕망, 의지, 열광만은 영영 보존키 위해서다.

카네티는 이빨에서 내장으로 이어지는 흡수경로가 어떤 정신적 역전("길들여짐")을 통해 화살에서 가시로 이어지는 명령의 벡터로 발달하는지를 인류학적으로 추적하여 보여주었다. 명령이 명령받은 자의 마음속에 가시 박혀 영영 저장되는 것과 마찬가지로, 먹혀진 것은 흡수되어 먹은 자의 살에 영영 저장된다. 그리고 그것은 그에 의해 다시 되먹히는 변신과정과 떼려야 뗄 수 없다. 이것이 영화가 별다른 논증과정 없이 아주 간단한 직관만으로도 정당화하고 있는 인류학적 진실이다. 영화에서 **모든 먹거리는 영원한 객체다**. 잠재태이고 퍼텐셜이다. 그는 먹힘으로써 먹은 자를 변화시킨다. 흡수됨으로써 흡수한 자의 변신을 압박한다. 압박이란 되먹음이다. 어떤 먹이, 음식, 하다못해 물 한 방울도 누군가의 뱃속에서 분쇄되고 분해되기만 하려고 삼켜지지 않는다. 그것은 반드시 어딘가에, 또 누군가에게 흡수되어 존재로 응결된다.

먹는 자가 먹히거나, 먹히는 자가 먹는 아이러니. 이 아이러니는 모순이라 잘못 다루면 낭패가 된다. 가령 괴수영화에서 시점샷이 딱 그렇다. 영원한 객체(괴수)가 영원한 객체(먹이)를 바라보는 샷인 것이다. 그래서 괴수영화의 시점샷은 대부분 실패한다(성공적인 사례는 〈죠스〉와 〈프레데터〉 정도다). 좋은 괴수는 힘이 센 괴수가 아니라, 잘 위장하는 괴수다. 많은 괴수영화들이 괴수가 덜 강력해서가 아니라 잘 숨지 않아서 실패한다.

또 다른 가장 모순적인 먹음은 배아의 잉태일 것이다. 하지만 그것은 너무도 찬란한 모순이다. 브래키지의 〈창문 물 아기 움직임〉에서처럼, 산모와 유지하는 물리적 거리의 영점으로부터 존재론적 차이를 단번에 길어 올리는 복중 태아의 태동은 모순의 모든 위대함을 실존의 눈부심으로 되돌린다. 태아야말로 영원한 손님이다. 그의 외관이 피부와 양막에 싸여 아직 보이지 않는데도 그토록 눈부신 것은, 그가 너무도 순수하게 위장함으로써 하나도 위장하고 있지 않기 때문이다. 존재와 무, 대지와 하늘 사이에서 착륙을 노심초사하며 그야말로 반짝이고 있기 때문이다. 그리고 그는 어김없이 산모를, 여자와 엄마 사이를 가로지르는 또 한 명의 배우로 만든다. 태아만큼 천재적인 영화감독은 없다.

영화에서 모든 먹거리는 하늘에서 대지로 강림한다고도 할 수 있다. 먹거리는 분위기의 응축된 형태, '분위기-폭탄'이다. 그것은 시선이나 이빨이 가닿고 깨물기만 하면 감각을 분출하며 휘감고 사로잡고 증폭한다. 이것이 영화에서 음식이 다른 사물보다 더 자유롭게 형상을 변형하면서 혀의 쾌감 이상의 파토스를 어김없이 끌어내는 이유다. 먹음은 에이젠슈테인적 의미에서 "도약"이다. 먹거리는 분위기로 도약하고 폭발한다. 주성치의 오줌싸개 완자는 복수의 칼날이 공중에 수놓는 번쩍임마냥 말 그대로 육즙을 터뜨린다(《식신》). 그만큼 낙차의 비통함도 있다. 이원세의 철거민 가족의 밥상 위로 내려앉던 분진, 그것은 단지 한 끼 식사를 망친 재 한 줌이 아니라, 그들의 생을 사방팔방에서 포위하고 옥죄는 천근만근의 독가스다(《난장이가 쏘아올린 작은 공》). 먹음은 단지 배부름의 기쁨 혹은 배고픔의 고통이 아닌, 존재의 상승과 하강을 표현한다.

일반적으로 영화는 우리가 일상적으로 '가진다'라고 말하는 모든 술어를 '먹는다'로 번역한다. 힘을 가진다·권리를 가진다·재산을 가진다·꿈을 가진다·기억을 가진다·감정을 가진다·성질을 가진다·역할을 가진다… 영화에겐 그 모든 술어가 먹음이다. 왜냐하면 그 모든 사태가 영원한 대상의 표현이기 때문이다.

무엇보다도 먹음에 의해 우리는 정체성을 가진다. 위장이야말로 먹는 행위다. 그것은 배역을 먹는 짓이다.

위장하기가 대상의 외관을 본뜨는 시늉이나 그와의 감정적 동일시가 아닌 근원적인 동일화인 것은 그것이 무엇보다도 먼저 먹기이기 때문이다. 위장은 배역의 먹음인 한에서 그저 시늉하는 모방imitatio이 아닌, 정체성을 송두리째 갈아치우는 내적인 미메시스^{mimesis}가 되며, 배우를 원본-사본, 진짜-가짜, 영혼-물체라는 오래된 존재의 원근법으로부터 해방시킨다. 모든 미메시스는 먹기다. 배역의 흡수다. 되기이고 변신이다.

곽경택의 걸작 〈똥개〉에서 똥개를 먹은 것은 진묵인가, 철민인가? 똥개의 고기를 먹은 것은 진묵이나, 똥개의 영혼을 먹은 것은 철민이다. "뭐를 보여주는데?" "내 … 내를." 그는 보여주었나? 보여주었다. 똥개를 먹은 자와 마지막 개싸움을 벌이기 위해, 철민은 먹혔던 똥개로 '변신'했다.

영화에서 모든 먹거리는 반복된다. 반대로 모든 반복되는 것은 먹거리다. 흡혈귀의 피가 돌아오고, 오즈의 오차즈케가 돌아오고, 카펜터의 괴물이 돌아온다. 백작이 직접 빨았든 박쥐가 대신 빨았든 피는 그 피이고, 때를 맞췄든 때를 놓쳤든 오차즈케는 그 오차즈케이고, 매복하든 돌발하든 괴물은 그 괴물이다. 우리는 그것이 누군가에게 먹힐지라도 그것이 토해지든 배설되든, 아니면 별 배출 없이 다짜고짜 출현하든 반드시 다시 밥상 위에 올라오리라고, 다시 공통감각의 그릇에 담겨지리라고 믿으며, 설령 그것이 실현되지 않더라도 언젠가는 그럴 수 있으리라는 믿음을 결코 포기하지 않는다. 영화에서 먹는다는 것은 시공간에 고박되지 않은 영원성의 차원에 몸을 던진다는 뜻이다. 어떤 점에서 이요와 소군은 등려군의 노래를 들은 게 아니다. 그들은 등려군을 나눠 먹었다. 그럼으로써 아무리 세월이 흘러도 사라지지 않을 어떤 가능성을 공유했다. 아무리 숱한 시간에도 부서지지 않을 어떤 배역을.

〈로마의 휴일〉의 우리 공주님도 단지 젤라또를 먹은 게 아니다. 그녀는 로마를 먹었다. 그럼으로써 말괄량이 학생으로 위장하고 변신했다.

그래서 먹는다는 것은 섹슈얼한 표상에 빚지지 않고도 사랑의 절대적 표현이 되기도 한다. 사랑은 영원성에 대한 갈망인 한에서 그렇다. 영화에서 사랑하는 이에게 다가가지 못하는 상황보다 더 절박한 사태는 없다. 그것은 닭 쫓던 개가 지붕만을 쳐다볼 때 땅과 하늘 사이에 벌어진 그 천지 차이만큼의 절박함이다. 김수용과 나루세 미키오의 영화에서 바람과 구름의 역할이 그토록 애절한 이유다. 하늘은 너무 멀어 가닿을 수 없으나, 우린 이미 바람과 구름을 먹고 있다. 우린 바람 먹고 구름 똥 싸고 또 되먹음으로써, 그 여백에 존재하고 지속하고 또 변신한다. 먹는다는 것, 그것은 하늘에서 대지로의 애절한 "진입"ingression이다.

요컨대 먹기란 두 차원이다. 첫 번째 차원에서 먹는다는 것은 영원의 흡수다. 이것은 밥 먹기·숨쉬기·사랑하기·섹스하기·꿈꾸기·기억하기·사진 찍기·음악 듣기·대화하기·취하기·프로그래밍하기·호명하기·지배하기·잉태하기 등 잠재성을 빨아들이는 모든 행위다. 두 번째 차원에서 먹는다는 것은 흡수된 영원에 의한 역흡수 혹은 재흡수다. 이것은 되먹기·몰두하기·미치기·약속하기·빙의되기·전염되기·해체되기·합체하기·춤추기·접신하기·안티프로그래밍하기·개체화하기·저항하기·성장하기 등 변이하는 모든 행위다. 고로 가장 중요한 먹는 행위는 두 차원을 동시에 수행하는 위장과 변신이다. 배우는 배역을 먹고, 배역에 되먹힌다. 카네티는 변신이란 "먹힌 것들이 먹은 것을 다시 먹는 것"이라고 정확히 적었다.[1] 영화에선 어떤 것도 변신하기 위해서만 흡수한다. 먹지 않고서 변신할 수 없다.

영화에서 먹거리가 담기는 접시나 밥상은 모두 하늘이다. 거기서 먹거리는 영원히 반복하기 때문이다. 〈죽어야 사는 여자〉(저메키스)에서 매들린의 배에 난 구멍을 통해 헬렌과 멘빌 박사가 보여지는 샷이 있다. 거기서 헬렌과 멘빌 박사는 자신들이 자초한 둥그런 공기쟁반 위에 모가지를 덩그러니 올려놓은 것처럼 보인다. 이젠 그들이 다음 먹이가 된 듯이. 하늘그릇에 대한 가장 위대한 미장센이라 하지 않을 수 없다.

모든 먹거리는 각각의 하늘접시에 담겨 있다. 또 대지에 흩어져있는 먹거리만큼의 하늘접시들이 있다. 이 사실만큼은 누구도 의심하지 않았다. 오히려 문제는 개별 접시들을 연결하거나 포괄하는 하나의 '큰 접시'가 있을 수 있냐는 것이었다. 즉 하늘은 몇 접시인가? 하늘은 몇 그릇인가? 모더니즘의 태동기에 과학과 철학은 으레 대답을 얼버무렸다. 큰 접시를 신의 탓으로,

---

1. 엘리아스 카네티, 『군중과 권력』, 강두식·박병덕 옮김, 바다, 2002. 변신 장, p. 473.

그 존재 여부를 신의 엿장수 맘으로 떠넘겨버리는 것에 너무 익숙했기 때문이었다. 큰 접시의 일원성에 대해 가장 공격적으로 발언했던 작가가 스피노자와 라이프니츠라는 것은 의미심장하다. 큰 접시는 천명의 표현(스피노자)이거나, 운명의 형식(라이프니츠)이라는 것이다. 그 문턱에 이르렀는데도 가장 방어적인 자세를 취한 것은 형이상학을 경계했던 베르그송이었다. 사실 그가 『물질과 기억』에서 말했던 그 유명한 기억원뿔의 밑면은 이미 그 접시였다. 그러나 그에게 원뿔 밑면은 분명 하늘에 속하는데도("꿈의 평면"plan du rêve) 아직은 닫혀있어야 했다. 원뿔 옆에 다른 원뿔이 있는지, 있다면 그 둘이 밑면으로 교류할 수 있는지에 대해서 베르그송주의는 침묵한다.

영화는 그럴 수 없었다. 각 포토그램이 이미 접시에 담겨있는 필름스트립이 몸통이라 대답을 유보할 수도 얼버무릴 수도 없는 입장이었다. 영화의 대답은 현명했고 단호했다. 기억은 먹고 먹히는 정신적 흡수과정이라는 것이다(웰스 〈아카딘 씨〉, 풀러 〈충격의 복도〉). 나아가 무속영화들은 기억의 전이는 육체의 먹힘과 상징적인, 그만큼 폭력적인 유비관계를 이룸을 보여주었다(이두용 〈피막〉, 최하원 〈무녀도〉, 변장호 〈을화〉). 특히 임권택은 찢어져있던 순수기억을 육체가 공변함으로써 공유하는 순수미래로 통합함으로써 하늘접시의 일원성을 증명했다(〈짝코〉 〈길소뜸〉).

그러나 기억을 개인적 차원에서 떼어냄으로써 그 밑면으로서의 큰 접시에 대해 노골적으로 소묘하기 시작한 것은 멀티 내러티브 작가들에 의해서였다. 그들은 큰 접시가 있는지, 있다면 몇 개이고 무슨 색인지, 또 그것이 은총인지 함정인지, 그 가격은 얼마인지에 대해서 발언하는 것을 서슴지 않았고, 철학이 우물쭈물하던 모든 측면을 정면돌파했다. 가령 부뉴엘은 큰 접시가 양면임을 보여준다. 또 한쪽 면에서 먹는다는 것이 반대쪽 면에서는 싸는 것일 수 있다는 거대한 농담을 곁들였다(《부르주아의 은밀한 매력》). 하스는 큰 접시가 너무 구불구불하여 이쪽 면에선 송신자·화자·요리사인 사람이 반대쪽 면에선 수신자·청자·손님일 수도 있음을 보여준다(《사라고사 매뉴스크립트》). 반대로 이오셀리아니는 너무 쉽게 변하고 맥없이 굴복해버리는 세계에 대해서 큰 접시가 너무도 곧고 공평무사함을 보여주었다(《달의 애인들》에서 시대가 변해도 동일하게 반복되는 물건들). 유럽 멀티 내러티브 작가들이 큰 접시의 구조에 관심이 있었다면, 미국 멀티 내러티브 작가들은 큰 접시의 질감과 양감에 먼저 매료되었다. 알트만은 큰 접시가 너무도 질기고도 불투명한 뽁뽁이임을 보여준다. 각 에어캡은 하나의 세상을 들여다보는 볼록렌즈가 되지만, 정작 그 세상들은 무지와 무관심으로 접합되어 있다(《내쉬빌》 〈숏컷〉). 앤더슨은 이 무관심을 타개할 방법은 오직 기적밖에, 그것도 개구리 비와 같은 얼토당토않은 기적밖엔 남지 않았다고 덧붙였다(《매그놀리아》). 가장 반들반들한 큰 접시를 매끄럽게 펼친 것은 린치였다. 그러나 그 밑엔 벌레떼와 무의미가 도사리고 있어서 그 사용료가 기억과 의식의 죽음이다(〈블루 벨벳〉 〈멀홀랜드 드라이브〉). 가장 음습하고도 기괴한 하늘접시는 김기영과 마스무라 야스조의 것이다. 하늘은 대지의 육체들로 하여금 먹게 하고, 또 그들을 거꾸로 먹음으로써 그들이 점하던 시공간 너머에서 그 파편을 아귀 맞추거나(마스무라), 그 가치를 수지 맞추거나(김기영) 한다. 이는 흡사 육체가 먹고 싸고 또 되먹는 순환과정 속에서 생성된, 똥인지 된장인지 모를 영원한 객체를 하늘에 상납하고 거기서 재조리하여, 신만이 먹을 수 있는 신성한 똥국을 만드는 것과 같다(마스무라 〈卍〉 〈문신〉, 김기영 〈충녀〉 〈화녀〉). 모든 경우에서 하늘은 각 개별 접시를 짝 맞추는 하나의 큰 접시를 이루어, 육체가 희망과 절망, 통각과 망상을 공유함으로써 개별 영원한 객체가 교환·이전·순환·유통되는 포괄적 막膜으로 기능한다. 쥐약 먹고 같이 죽자는 하녀의 다음 중얼거림보다 이를 잘 소묘할 순 없다. "하늘에 올라가면 하느님더러 주례를 서서 결혼식이나 해달라야겠어요."(〈하녀〉)

다른 무엇보다도 여백이야말로 그런 하늘식탁이자 구름접시다. 바람과 공기야말로 대지의 높낮이를 가리지 않는 초월적 먹거리이기 때문이다. 하스미 시게히코는 오즈의 영화에서 실외와 실내 사이에서 이루어지는 먹거리의 이동이 공간을 팽창 혹은 수축시키면서 그 구성원들을 때로는 단합·공존시키고 때로는 분열·해체시키기도 함을 보여주었다. 저 실내와 실외가 육체의 내부와 외부도 될 수 있다는 점에서 하스미 시게히코의 분석은 충분한 일반성을 가진다.[2] 오즈가 먹거리의 이동과 식탁의 편재성으로 진정 보여주고자 했던 것은, 영원한 객체의 진입과 하늘의 일원성이다. 하스미 시게히코가 백주대낮의 자명성目明性이라고 불렀던.

영화는 철학이 대지와 바다를 지배했다고 으스대며 정작 하늘에서만큼은 우물쭈물하던 어떤 측면을 눈치코치 없이 돌파하고 또 선언했다. 큰 접시는 하나다. 양면이든 단면이든, 평평하든 구불구불하든, 매끄럽든 올록볼록하든, 그것은 개별 접시들을 연결하여 영원한 객체들을 이 접시에서 저 접시로 옮긴다. 하늘은 흰 접시다.

이 선언에 교조화된 베르그송주의자라면 꽤나 놀랄 터다. 원뿔의 밑면이 행동의 평면에 매개되지 않고도 즉자적으로 교통하는 것은 기억복제 상품이 인터넷에 광고되는 천년 뒤가 아니라면 단지 허구이기 때문이다. 하지만 바로 그 허구가 영화에겐 오랜 실재다. 굳이 SF 영화까지 가지 않아도 좋다. 필름스트립이 운동을 내어주는 것은 정지된 스냅샷이 여러 장 연쇄되어서가 아니라 그들 사이에 존재하며 그들을 접합하는 스플라이싱 영역이 하나의 단일한 밑면을 이루기 때문이 아닌가.

---

2. 하스미 시게히코, 『감독 오즈 야스지로』, 윤용순 옮김, 한나래, 2001. 2장. 1층과 2층에 대한 유명한 분석도 보라. 계단을 걷는다는 것은 "사라진다"는 것이다. 오즈의 시간은 하늘에 먼저 속한다("공중에 뜬 시간").

이를 베르그송 원뿔로 도해해보면 다음과 같다. 전제는 - 필름스트립에는 언제나 여러 스냅샷들이 주어지고, 또 그들은 스플라이싱 영역을 통해 서로 내통하는 것처럼 - 언제나 여러 원뿔들이 주어진다는 것, 또 언제나 주관적으로 지하인 것은 객관적으로 하늘일 수 있다는 것이다. 특히 후자는 베르그송 자신도 "꿈의 평면"이라는 개념으로 인정하고 있는 바다. 거의 '라울-루이즈적 전환'이라고도 부를 수도 있을, 기억원뿔의 지하로 내려갈수록 점점 하늘에 가까워지는 전환 같은 것이 있다. 그렇다면 ㅎ 접시란 "꿈의 평면들"이 연장된 하나의 평면이다. 여러 원뿔들은 ㅎ 평면 위에 놓인다.

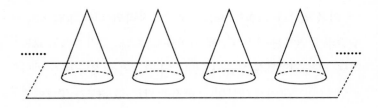

더 확실한 예는 내러티브일 것이다. 다른 예술이 모두 홀대했던 내러티브를 영화가 끝내 놓지 않는 이유 또한 그 3막 구조가 정확히 저 원뿔 밑면들의 통합과정, 하늘접시들의 대동단결 과정이기 때문이다. 내러티브는 내레이션이 아니다(이 둘의 혼동을 야기하고 방임하는 너무 많은 텍스트들이 양산되고 있다). 내러티브는 주체가 영원한 객체를 쟁취하려는 모험의 과정이나,

그러나 그것이 결코 얻어질 수 없음을 알고서 포기하며 자신의 모든 것을 내기에 거는 순간, 비로소 영원한 객체가 돌아오는 그런 역설적 원자화의 과정이다. 이것이 바로 ─ 다른 어떤 문학에서도 이만큼의 보편성은 보유하지는 않는 ─ '**당신은 그것을 포기할 때 비로소 얻게 된다**'라는 영화 내러티브의 보편패턴이다. "방문하신 곳 중에서 어느 곳이 가장 기억이 남습니까?"라고 묻자, 공주는 망설이다가도 이내 확신에 차 대답했다. "로마." 이 대답은 기자에게 건네는 작별 인사지만, 바로 그 때문에 최고의 선물이기도 하다. 기자는 로마를 포기함으로써 얻었다. 로마는 한 원뿔에서 다른 원뿔로 아무런 현실적 행동 없이 옮겨졌다. 로마는 현실적 대상에서 영원한 대상으로 돌아왔다. ㅎ 접시를 타고. 기자는 비록 로마를 먹지 못했으나, 바로 그 덕분 결국 로마를 먹은 셈이다.

내러티브의 보편패턴을 원뿔로 도해해보면 다음과 같다.

① 욕망 개시 : 주체는 대상을 가지려고 용을 써본다. 그러나 잘 될 리 없다 (두 원뿔이 꼭짓점에서 마주치려 하지만 접점을 형성하지 못하고 불연속점만을 남긴다)

② 바닥 치기 : 주체는 억지로 가지려고 하다가 결국 원뿔이 망가진다. 이젠 어떤 수를 써 봐도 대상과는 점점 멀어

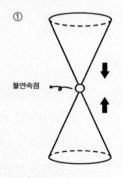

①

불연속점 ←

아무리 위아래로 밀어봤자 꼭짓점은 마주치지 않는다.

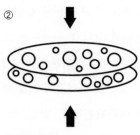

②

억지로 짜부!
그러나 온통 불연속점뿐이다!

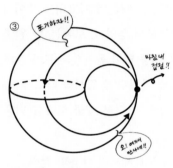

주체는 포기하고서 돌아간다.
그러나 그는 원뿔 뒤로 돌아나와 반대편 원
뿔 꼭짓점에 이른다.

지는 길만 남았다(접점을 만들려 두 원뿔을 위아래로 억지로 눌러 합쳐보지만 찌부러진 밑면 샌드위치에 남는 것은 접점은커녕 무수한 불연속점뿐이다).

③ 결단 및 클라이맥스 : 주체는 대상을 포기한다. 돌아선다. 하지만 바로 그 순간에 접점이 생긴다. 주체가 원뿔의 밑면으로 돌아가면 반대 원뿔로 나오는 길을 새롭게 발견한다(애초부터 원뿔 밑면은 하나의 판을 이루고 있었음을 깨달음으로써 두 원뿔은 비로소 합체한다).

어떤 베르그송주의자들은 저런 밑면의 포개짐이 행동의 공유를 통한 기억의 공유를 은유할 뿐이라고 반론할는지 모르겠다. 하지만 그런 반론은 왜 주체가 모든 것을 잃고서야, 그래서 그가 지키려 했던 시간 전체를—"결단"決斷, decision의 의미 그대로—잘라내고서야 대상이 돌아오는지 설명하지 못한다. 더는 할 게 없으니 기억으로라도 땜빵한 건가? 그것도 한두 번이지, 모든 극영화가 그러한데 어쩔 셈인가. 원뿔의 구부러짐과 포개짐은 은유가 아니다. 우리가 어제 본 영화에서도 일어난 일이고, 우리의 마음도 그를 따라 겪은 생생하고도 엄연한 사실이다. 원뿔 포개짐에 의한 대상의 되찾음은 행동의 공유를 통한 기억의 공유가 아니라, 행동의 포기를 통한 영원의 공유다. 철마는 달리고 싶고, 원뿔은 휘고 싶다.

이런 점에서 내러티브는 화법의 예술이 아니라 화각畫角의 예술이다. 원뿔은 분명히 존재하나, 항상 두 개 이상의 원뿔이 주어지고 그 내적인 위상변형을 유도하는 합생의 과정이 아니라면, 어떤 내러티브도 발생하지 않는다. SF의 출현 이전부터 이랬다.

아울러 내러티브가 이런 원뿔들의 합생 과정이 아니라면 '당신은 그것을 포기할 때 얻게 된다'와 같은 너무도 아브라함적인 리듬과 패턴을 프로테스탄티즘의 마지막 전초기지인 할리우드가 표준공식으로 삼았을 리 없다. 이것은 경제학이지만 너무나 가혹한 경제학이다. 잠재태의 현실화가 아니라 현실 전체와 잠재태의 맞교환으로서, 본전은 잃는 대신 이자만 남는 깨달음의 경제학이기 때문이다. 허나 그 이자는 결코 본전보다 적은 것이 아니다. 내러티브는, 비록 그 중간과정은 프로테스탄티즘에 호소할지라도 클라이맥스만은 아브라함의 계율에 호소한다. 정말이지, "당신은 포기할 때 얻게 된다." 그것은 구약성서의 형상금지 계율이거나, 차라리 동양적인 무소유의 경제학에 가깝다. 내러티브는 파졸리니의 말처럼 "죽어서야 스스로를 표현하는"[3] 그런 연속체다.

더 이상 내러티브가 평행편집에서 연유했다는 역사적 사실에 놀랄 이유는 없을 것이다. 내러티브는 ─ 주체와 대상, 적과 친구, 공과 사 같은 ─ 평행한 두 원뿔이 포개지는 합생과정에 대한 통시적 전개에 다름 아니다. 고로 내러티브는 평행선의 분합으로 도해될 수 있다. 즉 내러티브란 ①주체가 대상에게 다가가기 위해 평행선을 그려나가지만, ②어디로 가도 평행이 되어 좌절하다가도, ③모든 것을 포기하는 순간, 어디로 가도 마주칠 수 있는 내적인 수렴점을 발견해내는 과정이다. 바로 그 내적인 수렴점, 그것이 두 평행선이 마주치는 "무한원점"無限遠點, point at infinity 이고, 두 평행한 원뿔로 보자면 그 공통밑면, 즉 "무한원면"無限遠面, plane at infinity이다. 내러티브에서 두 평행선이 하나의 무한원점에서 비로소 마주치듯, 평행한 두 원뿔은 하나의 공통밑면에서 비로소 마주친다. 고로 위 그림에서 각각의 공간을 ① 유클리드적, ② 로바체프스키적, ③ 리만적이라고 할 수도 있지 않을까. 각 단계에서 주체와 대상의 관계는 ① 나란히 그려지는 한 쌍의 평행선이었다가, ② 무한개의 평행선으로 발산했다가, ③ 0개의 평

---

3. Pier Paolo Pasolini, "Is Being Natural?", *Heretical Empiricism*, New Academia Publishing LLC, 2005. "삶은 죽음 다음에야 완전무결하게 해석된다. … 불멸하고 표현하지 못하거나, 표현하고 죽거나, 둘 중 하나다."(pp. 242~243.)

행선으로 수렴하니 말이다. 내러티브는 위상학이다. 이것은 비유나 말장난이 아니다. 내러티브는 평행한 두 원뿔이 마주치기 위해 그들 마주치는 장소topos를 외부에서 내부로 위상변형topo-logical- 하는 과정이다. 각자의 외부에서 공통의 내부, 그 공통밑면으로 말이다. 그래서 어떤 내러티브도 주인공이 애초에 목표했던 대상과 멀어지고 끝내 잃는 대신 그 가능성을 내면화하는 식으로 진행되는 거고. 이게 말장난이라면, 평행선은 영원히 마주치지 못하므로 바로 그 영원에서 마주친다고 말하는 비유클리드 기하학부터가 말장난이다. "영원한 대상"부터 말장난이다. 맙소사, 대상이 영원하다니.

내러티브가 어째서 평행의 형식이냐고 묻기보다는, 영화가 어째서 내러티브란 형식을 통해 그토록 평행을 추구하느냐고 물어야 한다. 대답은 간단하다. 영원을 이야기하기 위해서다. 영원한 대상을 투시하고 또 모시기 위해서. 평행의 무한원점·선·면에. 평행해 보였던 모든 것들이 하나의 공통된 표면에서 비로소 마주친다.

내러티브는 어떤 원뿔의 밑면도 하나의 큰 밑면으로 통일되어 있음을 영화가 증명하는 방법이다. 대상을 포기하고 내 접시를 비워내면 그는 반드시 내 접시로 돌아온다는 것, 그러므로 내 접시는 애초부터 당신의 접시와 하나의 큰 접시로 통일되어 있었다는 것, 이 깨달음이야말로 아무리 투자자들이 돈만 밝혀도 영화가 그 본성으로부터 지켜내는 비워냄의 윤리학이다.

내친김에 첨언 하나만 더하자면, 한 하늘 안에서 이루어지는 원뿔 포개짐은 우리가 일상적으로 과거·현재·미래·영원이라고 말하는 네 가지 시제들을 분기시키는 원초적 사태이기도 하다. 다음 그림에서 화살표 방향으로 행사되는 각각의 압력이 우리가 ① 과거 ② 현재 ③ 미래 ④ 영원이라고 부르는 시제를 구성한다. 원뿔 포개짐은 정말이지, 이 순간의 창세기다.

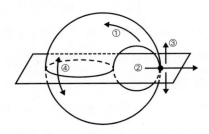

결국 영화에서 하늘은 몇 접시인가? 몇 그릇인가? 하늘은 흔 **접시다. 흔 그릇이다.** 그에 대접되는 먹거리가 위장에 있어서의 배역이든, 편집에 있어서의 리듬이든, 다중 혹은 단일 내러티브에 있어서의 대상이든 상관없다. 이런 점에서라면 영화는 스피노자만큼 확고한 일원론자다.

하늘이 흔 접시임은 그에 대접되는 대상이 시공을 넘어 동일성을 잃지 않음을 의미하며, 그 역도 마찬가지다. 그리고 그 동일성은 변신의 형이상학적 압력을 형성한다. 먹거리의 동일성은 그를 먹는 자에겐 낯선 정체성 혹은 캐릭터를 의미하기 때문이다. 먹는 자는 언제나 변신한다. 오직 변신하기 위해서만 먹는다. 피를 먹고 뱀파이어로 변신하고, 바이러스를 먹고 좀비로 변신하고, 등려군을 먹고 동지로 변신한다. 또 공주가 학생 배역을 먹고 말괄량이로 변신하고, 기자가 외판원 배역을 먹고 연인으로 변신하며, 그들은 한 접시에 로마를 먹고서 로마를 영영 잃지 않는 자들로 변신했다. 하늘이 흔 접시인 만큼 모든 흡수는 흔 변신이다.

흔 접시는 아울러 현대몽타주가 고통을 도입하는 근거이기도 하다. 현대몽타주에서 육체는 물리적 접촉점 없이도 자극을 전달하며, 모든 공간이 하나의 육체이고 온 우주가 하나의 신경망인 것처럼 통각의 자유롭거나 강요된 전이가 일어난다. 쿠스트리차와 페라라의 영화가 그렇고, 비글로우와 램지의 영화가 그렇다. '신경몽타주'neuro-montage라고도 부를 수 있는 이 새로운 몽타주에서 고통이 파동이 되는 것은 불가피하다. 모든 느낌과 자극은 흔 접시 안에서, 이 몸에서 저 몸으로 저항 없이 전달되며, 외려 전달의 차단과 통제가 권력의 몫이 된다. 〈케빈에 대하여〉(램지)의 몽타주가 제기하는 문제는 저 괴물 같은 아들이 환영인지 실재인지가 아니라, 그가 언제가라도 어머니 몸의 일부였는지 아니면 애초부터 몸 안의 이물질이었는지, 나아가 그가 여전히 산모의 복중에 있는지 그 밖에 있는지 하는 문제였다. 〈너는 정말 여기에 없었다〉의 마지막 장면에서 종업원 얼굴에도 피는 튀어 있었다. 이 장면은 자살이 환영인지가 문제가 아니라, 그토록 실재적인 감각과 통증마저 전달하지 못하는 흔 접시의 통신장애, 그 버퍼링이 문제임을 보여준다. 즉 인터넷·미디어·정보고속도로가 가상의 흔 접시를 작위하고 그 변신을 대리하는 이 시대에, 흔 접시는 출산을 장려하는가 비추하는가 하는 문제.

흔 접시는 들뢰즈·가타리가 "일관성의 구도"plan de consistance라고 불렀던 것이다. 영화적으로 번역하면 "공속성共屬性의 샷" 정도가 될 것이다. 화이트헤드라면 "공재성의 샷"shot of togetherness이라 불렀을 터다. 그러나 화이트헤드는 그런 용어가 따로 필요 없었다. "연장적 연속체"extensive continuum라는 좋은 용어가 이미 있었기 때문이다.

흔 접시는 영원성을 빠짐없이 배송키 위해 우주 전체를 연결하는 코스모스 와이드 웹 벨트다. 흔 접시는 먹고 먹힘의 연쇄에 있어서 게으른 신deus otiosus뿐만 아니라 게으른 인간homo otiosus을 허용치 않기 위해 모든 먹는 자들을 묶어내며, 어떤 텔레파시처럼 누군가 접시를 비우기만 하면 시공을 넘어 먹거리를 즉시 조달하는 영영 끊이지 않는 자동급식 벨트를 형성한다. 그중 어떤 누가 아무리 대식가이고 걸신이더라도 이 급식엔 모자람이 없고, 어떤 누가 아무리 거식증자이더라도 이 급식엔 과분함이 없다. 각 접시가 하나의 접시 안에 있기 때문이다. 모든 접시가 흔 접시이기 때문이다.

물론 이 급식의 방식이 텔레파시처럼 작동한다고 해서 영화가 연극화를 다시 배제하는 것은 아니다. 외려 흔 하늘은 시공간이 서로에게 닫힘으로써 달라지는 무대들로 분화될 수 있는 가능성을 제공한다. 이것이 우리가 리베트, 올리베이라와 이오셀리아니의 영화에서 볼 수 있는, 시공간을 초월해서 단절하고 비약하며 그야말로 신출귀몰하는 말과 사물이 유도하는 연극화의 경우다. 리베트의 인물들은 맘껏 리허설했다. 어떤 연극도 언제라도 영영 완결되지 않기 때문이다(그걸 완결하려는 음모세력이 있을 뿐이다). 올리베이라의 인물들은 맘껏 전도했다. 어떤 말도 누군가에게 영영 독점되지 않기 때문이다(그걸 독점하려는 사제들이 있을 뿐이다). 이오셀리아니의 인물들은 맘껏 훔쳤다. 어떤 사물도 어딘가에 영영 점거하지 않기 때문이다(그걸 점거했다고 착각하는 지루한 세계가 있을 뿐이다). 말과 사물은 하나의 하늘접시를 따라 시공을 건너뛰며 인과성의 면상에 침을 뱉으며 나타났다 사라지기를 반복한다. 다른 한편, 그 띄엄띄엄 점사되는 궤적을 따라 영원한 소유와 유전은 불가능하다는 깨달음을 감사히 받아먹는 공주·기자·흡혈귀·하녀·귀신·좀비·사이보그·도둑·마조히스트·E.T.·스님·짝코 … 무수한 변신배우들이 줄을 섰다가도 흩어진다.

요컨대 흔 하늘에 의해 대상은 비월한다. 단절과 비약을 반복한다. 그리고 각 계통, 종, 유는 그를 집어삼킴으로써 자신만의 특이성을 표현하며 둘레를 닫는다. 그렇다면, 흔 하늘이 개별 영화만이 아니라 모든 영화들을 포괄하는 것은 아닐까. 우리가 '영화사'라고 부르는 내러티브 또한, 흡사 이오셀리아니의 접시나 그림처럼 영화들 사이를 비월하는 어떤 미지의 대상 x들에 의해 다양한 장르들이 분파되고 분기되는 과정이 아니었을까. 그래서 영화의 진화는 계통점진설보다 단속평형설에 더 가까운 것은 아닐까. 만약 그렇다면, 영화가 그토록 변신을 사랑하는 이유가 쉽게 설명된다.

흔 접시에 의해 모든 먹거리는 반드시 반복하고, 또 그만큼 모든 먹는 자는 반드시 변신한다. 흔 하늘은 대지의 모든 존재자들을 보존과 유전이 아니라 흡수와 변신으로 연결한다. 존재자가 먹기를 포기하지 않는 한, 개체발생은 계통발생을 반복하지 않는다. 반복은 인과성의 사슬을 끊고서 개체화하기 위함이므로.

태초에 영화가 있었다고 가정해보자. 개벽은 전적으로 영화적이었다고 가정해보자. 영화가 가장 먼저 결단한 것은 무엇인가? 영화는 먹기를 결단했다. 흡수하기를 결단했다. 그러므로 그가 가장 먼저 결단(즉 잘라냄)하여 분리한 것은 주체-대상 혹은 존재-무가 아니라, 대지-하늘 혹은 시간-영원일 것이다. 한쪽엔 소멸·생성·차이·변신이 있고, 다른 한쪽엔 불멸·영속·동일자·반복이 있다. 이 두 극은 결코 서로를 침해하는 법이 없이 서로를 돕는다. 협동한다. 그리고 이런 시원적 결단은 지금까지도 옳다.

영화가 전시하는 먹음에는 흔 하늘의 최초 발현, 창세기에 발발했던 대지와 하늘의 최초분리에 대한 기억이 함축되어 있다. 모든 먹음이 그 천지절단의 오랜 반복이다. 영화가 그토록

다양한 형태의 '가진다'라는 술어를 '먹는다'로 일괄 번역할 권리
는 이로부터 나올 것이며. 영화는 먹음의 실천철학이다. 모든 것
이 영화에겐 먹음이고 삼킴이다. 모든 변신이 흡수다. "견인"은 흡
인이다, "시압"은 흡압이다, "분위기"는 호흡이다, "진입"은 흡입이
다, "존재"는 흡기이다, "사랑"은 흡착이다 … (이 목록은 계속될
수 있다)

영화는 대상과 분위기를 삼키고, 분위기는 군중을 삼키고,
군중은 세계를 삼킨다. 그리고 세계는 신을 삼킨다. 대지는 하
늘을 삼킨다. 영영 고갈되지 않았고, 또 그만큼 영영 고갈되지
않을 영원을 제각각 삼킨다. (하지만 그래서 삼키는 자와 삼켜지
는 것은 영영 혼동되지 않는다)

영화에서 먹는다는 것은 결국 운명을 선택한다는 것이다. 주
체 자신의 책무, 배역, 가능성을, 그리하여 소유할 수 있는 것과
없는 것, 파기해야 할 정체성과 거듭나야 할 정체성을. 결국 먹
는다는 것은 변신의 이전과 이후를 결단함이다.

영원의 반복이 운명運命, 도는 명이듯, 그 흡수는 절체절명絶體絶
命, 끊는 명이다. 모든 것이 명命의 육화이고 그 변신인 것이다. 영원
한 대상이 명命이다. 명은 영원하다. 그래서 "미지의 대상 x"다.

박동환의 저 질문보다 영화적인 질문은 아마도 없으리라. 삼
켜도 삼키는 자의 것이 되는 것은 아닌가? 아니면 삼키면 삼키
는 자의 것이 되는 것인가? 영화의 대답은 확고하다. "삼켜도 삼
키는 자의 것이 되는 것은 아니다."4 삼켜서 삼키는 자의 것이 되는

것이었다면, 그래서 삼켜지는 것이 삼켜지면 더는 반복하고 비월하지 못하는 것이었다면, 시간은 애초부터 흐르지 않았을 것이고, 삼킬 자가 삼키는 시간조차 주어지지 않았을 것이기 때문이다. 만물이 애초부터 자라나거나 존재하지 않았을 것이기 때문이다. 영화사도 마찬가지다. 디지털 픽셀과 인터레이스 주사선이 아무리 설레발을 쳐도 영화는 이 대답을 바꾼 적이 없다.[5]

박동환의 저 기괴한 테제, "세상에 몸을 드러낸 모든 것들은 영원의 기억을 통한 영원의 무궁한 변신"이라는 테제를 영화는 그 자신의 역사를 통해 너무도 명징하게 웅변하고 있다.

많은 이들이 이미 충분히 제기했듯이, 분명 영화엔 시선 자체에 내포된 윤리적 문제가 있고, 그를 해결하려 하면 할수록 봉착하는 윤리적 딜레마가 있다. 그러나 이런 교착은 봄이 곧 삼킴이기 때문이다. 즉 망각과 묵살로부터 대상을 구출하는 것이 그를 감시하고 지배하는 또 다른 역설이 되어 그를 두 번 죽이는 이중의 오욕이 되는 것은, 그를 봄이 곧 그를 삼킴이기 때문이다. 그런데, 영화가 이 딜레마를 해결하는 것 또한 바로 그 삼킴의 방식에 의해서다. 삼키는 자는 삼켜진 것에 의해 다시 먹

4. 박동환, 『x의 존재론』, 사월의책, 2017. 4장.
5. 미디어 이론의 "재매개" 개념을 대입해볼 수도 있다(데이비드 볼터·리처드 그루신, 『재매개:뉴미디어의 계보학』, 이재현 옮김, 커뮤니케이션북스, 2006). 미디어도 '삼킴'이다. 미디어는 서로를 삼킨다. 고로 ― 미디어 이용자도 또 하나의 미디어라고 할 때 ― 여기서도 삼켜도("비매개") 삼키는 자의 것이 아니다("하이퍼 매개"). 그래서 미디어는 되먹기다("재매개").

힘으로써, 배부르든 배탈 나든, 달든 쓰든, 그 자신의 주체성을 탈각시키고 자기변형됨으로써 스스로 문제의 해결책이 된다. 이 것은 문제를 푸는solve 것이라기보다는 문제 푸는 자신을 용해 dissolve시키는 것과 같다. 삼켜도 삼키는 자의 것이 되는 것이 아 닌 것은 삼켜진 것이 삼키는 자를 반드시 변형시키기 때문이다. 이 변신이야말로 일찍이 나부야 다카시가 "보는 것이 보여지는 것을 지배하는 것을 의미하지 않는 시선을 발명하는 것, 보는 것 이 보여지는 것에 의해 역으로 지배되는 것과 같은 시선, 혹은 오히려 보는 것이 보여지는 것에 의해 나를 잃어버리고 마는 것 과 같은 그러한 시선을 발명하는 것"[6]이라 적은 사태다. 문제해 결을 위해 불가피한 오욕이란 우리가 식탁에서 상대방 이빨 사 이에 낀 음식물 찌꺼기를 볼 때, 화장실에서 우리 자신의 배설 물을 목격할 때 느끼는 오욕 같은 것. 무덤 비석을 속절없이 바 라볼 때의 휘감기는 오욕 같은 것. 우리는 먹었고, 그만큼 변신 했다. 캐릭터를 교체했다. "윤리적 고통"이란 변신의 고통, 영원을 먹고 시간을 낳는 산고다. 문제는 문제 푸는 자의 변형을 통해 스스로 해결된다. 삼켜진 것은 삼키는 자의 변형을 통해 스스로 현출한다.

이것이 영화의 식도락 철학이다. 삼켜도 삼키는 자의 것이 되

6. 나부야 다카시, 「죽은 자의 오욕」, 『필름 컬처』 3호(누벨바그 특집호), 한나래, 1999.

는 것은 아니다. 삼키는 자는 시간 쪽에서 소멸하고 생성하며 울고 웃고 변신하고, 삼켜지는 자는 영원 쪽에서 단절하고 비월하고 동일하게 반복하기 때문이며, 그 두 극은 절대 혼동될 수 없기 때문이다. 영영 다물어지지 않는 두 극 사이의 간극마냥 모든 존재자들은 영영 아가리를 벌리고 배를 벌리고 팔과 가랑이를 벌리며 그 돌연한 변신을 영영 멈추지 않는다.

삼켜도 삼키는 자의 것이 되는 것은 아니다.

삼켜도 삼키는 자의 것이 되는 것은 아니다.

삼켜도 삼키는 자의 것이 되는 것은 아니다.

삼킴은 운명적이다.

15장

영화는 영원한가?

우리는 여전히 동굴 안에 있다. 여전히 우린 묶여 있되, 로마의 공주와 아파트의 수지와 함께, 그리고 그 둘을 모두 알고 있는 오드리와 함께 있다. 동굴의 암반이 자본주의에 어떻게든 결박되는 한, 이 동굴에 입장하기 위해 매표를 했다는 것은 매우 결정적인 사태다. 우린 어떤 시간을 샀다. 이것은 갤러리로, 도서관으로, 공장으로, 사무실로, 행여 TV가 놓인 거실이나 안방으로도 누수되지 않는 어떤 단일한 시간을 샀다는 뜻이다. 동굴 밖으로는 그 홍보지, 트레일러, 감독의 브랜드네임이나 국제영화제 월계수 딱지 같은 분위기의 전초병들 말고는 어떤 것도 새어나가지 않는다.

이벤트로서의 영화란 바로 이를 의미한다. 이벤트는 결코 문자나 픽셀이 아니다. 그것은 어떤 형태소로도 분해되지 않는다. 사랑하는 연인 간에 이루어지는 프로포즈 이벤트가 그 관중이 있건 없건 절파되는 법이 없듯이. 이벤트가 절파되는 것은 딱 두 가지 경우뿐이다. 이벤트가 극악무도할 정도로 절대적으로 후지거나, 신이 분노하여 천재지변이 일어나거나. 그게 아니라면 이벤트는 영원히 쪼개지지 않는다.

영화가 종합예술이란 말로는 부족하다. 영화는 개체화의 예술이다. 그래서 한정성definiteness의 예술이다. 영화는 디제시스, 캐릭터, 무대, 장르를 부단히 닫아서 개체화한다. 이게 연극, 문학, 사진과 영화가 근원적으로 다른 점이다. 개체화는 영화가 세계에 대해서 하는 서약이자 선언이다. 어떤 새로운 시간도 이 개체화를 막거나 쪼갤 수 없다. 개체는 영원히 쪼개질 수 없는in-divide 것이기 때문이다. 개체화는 원자화a-tomization다.

거두절미 물어보자. 왜 유독 영화는 내러티브를 포기하지 못하는가? 그냥 보여주는 것보다 이야기를 하는 게 더 쉬워서? 그래야 돈이 벌려서? 아니면 그래야 예술도 알아 먹혀서? (관성적인 대답 뒤에는 언제나 영화가 보는 것이며 그 특성이 개방성이라는 오해가 있다) 내러티브는 원자화의 과정이고, 관객은 바로 그 때문에 극장에 오기 때문이다. 영화와 함께 공원자화되기 위해. 그 쾌감이 말초적이든 관념적이든, 그 이득이 경제학적이든 미학적이든 상관없다. 어떤 학문과 지식의 분류도 내러티브는 닫힌계 안에서 원자화의 과정을 통시적으로 전개한 것이라는 사실을 변경시킬 수 없다.

무엇보다도 그의 대상. 시간마저 그 안에 닫혀 있으므로, 그 대상은 시간에서 올 수 없다. 오는 데에는 추가적인 시간이 필요하기 때문이다. 고로 동굴 안으로 오는 것은 시간적 대상이 아니라 영원한 대상이다. 그는 시공을 건너뛰어 반복으로서만 강림한다.

영원은 환인환웅이나 랩틸리언처럼 머나먼 우주의 신비로 가득한 신기루가 아니다. 거기엔 어떤 종교적이거나 신화적인 의미도 담겨 있지 않다. 영원은 우리가 사과에서 빨간색을 감각해 낼 때처럼, 보리밥에 된장을 비벼 먹을 때처럼, 세탁소에서 옷을 찾고, 양말과 속옷을 갈아입고, 아프면 병원을 가고, 관공서에서 세금을 내거나, 장례식장에서 절을 두 번 반 할 때처럼 너무도 일상적으로 발발하는 사태다.

제아무리 막대한 물량과 CGI가 투입된 할리우드 영화도 저 세금고지서보다 놀랍지는 않다. 반대로 제아무리 심오한 철학과 사상이 쟁여진 예술영화도 빈소에서 하는 저 큰절보다 더 숙연하진 않다. 영원함엔 더하거나 덜함이 없다는 뜻이다. 더 영원한 것이나 덜 영원한 것은 없다. 영원한 것들은 각기 다른 동일자들일 뿐이다.

고로 영화와 영원이 맺는 동맹에서 영원이란 동굴을 다시 열지 않으면서도 그 안에서 상영되는 것은 새롭게 갱신한다는 의미에서의 영원이다. 그 시간이 닫혀버린 원자는 영원히 쪼개지지 않으므로. 그러나 바로 그 덕분 원자는 영원에 의해서만 쪼개지므로. 영원한 객체만이 원자를 재원자화한다.

영화가 자꾸만 닫는 것은 저 영원한 손님을 모시기 위함이다. 그는 수줍고도 까탈지다. 영원한 손님은 닫힌 곳이 아니면 오시질 않는다. 열린 곳에서는 체통이 서질 않기 때문이다.

영화의 대상이 영원하기 때문에 우리는 동굴 안에 남으면서도 세계 여기저기를 탐험할 수 있다. 우린 로마도 갔고, 태평양도 갔고, 화성도 갔고, 천당도 갔고, 땅도 바다도 하늘도 갔다. 영화의 대상이 영원하기에 이 좁은 한정된 무대 안에서 우린 먹고 놀고 싸우고 싸고 웃고 울고 살고 죽고 할 수 있다. 무엇보다도 영영 그리할 수 있다. 대상이 영원하기에 우린 영원히 변신할 수 있다. 운명의 반복 없이 대지엔 어떤 변신도 없다. 이런 점에서 영화는 철저하게 니체적 예술이다. 모든 생성은 내기이고 도박임을 너무도 충실히 실천하고 있으므로. 게다가 내기는 영원히 계속된다. 판돈이 영원히 고갈되지 않기 때문이다. 판돈을 독점하거나 더는 없다고 선언하는 교황, 왕, 모세, 사제들, 사기꾼, 설탕장수나 골동학자들이 있을 뿐이다.

영화도 그렇다. 대상이 영원회귀하므로 변신은 영원하다. 아무리 블록버스터라 할지라도 그 변신이 뻔하거나 굼뜰 뿐이지 변신이 없어지진 않는다. 〈트랜스포머〉를 보라. 제목부터가 변신기계다(게다가 아폴론적 방식이긴 하지만 니체가 말했던 그리스 비극을 재현하고 있다). 더군다나 저 연작은 영영 계속될 것이다. 돈이 되는 한. 돈을 벌어준다고 해서 반복과 변신의 권위가 손해볼 것은 아무것도 없다.

영화는 사진과 회화의 대립과 같은 근대 시각예술의 내분이 재연했던 오래된 실재론 논쟁에 대한 제3의 해답이기도 하다. 경험론자들은 사진작가였다. 그들은 실재가 우리에게 각인되며 사유는 그것을 재조합하는 과정에 불과하다고 생각했다. 반대로 합리론자들은 화가였다. 그들은 실재는 우리 스스로가 디자인해낸 관념에 불과하며 유일한 사실은 사유가 그를 산출하는 과정이라는 것뿐이라고 생각했다. 한쪽은 실재에 내기를 걸었고, 다른 한쪽은 과정에 내기를 걸었다. 그런데 영화는 그 둘 어느 것도 아니다. 그 둘 모두이기 때문이다. 영화는 과정으로서의 실재, 실재로서의 과정에 내기를 걸었다. 차라리 과정이 실재가 되기 자체가 그에겐 내기였다. 이것이 머이브릿지가 영원성을 촬영하기 시작하던 바로 그 순간에 함축된 가장 철학적 의미다. 걷는 사람은 그다음 샷에도 걸어야 한다는 압박, 게다가 이 샷들이 우주가 멸망할 정도로 아득한 시간의 끝까지 영원히 이어진다면, 그는 걷는 것에 그치지 않고 뛰고 기고 날며 무한변신의 과정을 멈추지 않아야 한다는 그 압박, 무엇보다도 그런 변신과정 자체가 자신의 모든 정체성이어야 한다는 압박, 그것이 영원의 지상명령이다.

진정 변신하는 자는 그 안에 아무것도 숨기지 않는다. 변신이라는 과정이 그의 유일한 정체성이기 때문이다. 변신은 투명하다.

그 대상이 영원하기에 영화에게 과정은 실재가 된다. 또 그 역도 참이다. 그 대상이 영원하기에 영화에게 실재는 과정이 된다.

여기에 자그마한 흠결이나 예외가 있었다고 한다면, 그래서 이 동굴에 행여 자그마한 개구멍이라도 나 있었다고 한다면, 왜 이제껏 관객 중 한 명이라도 로마의 공주를 직접 만나야겠다며 스크린이나 모니터를 향해 다이빙하거나 박치기를 하지 않았는가? 반대로 왜 이제껏 관객 중 한 명이라도 내가 그레고리 펙이며 공주와 사귀었노라고 망언하지 않았는가? 왜 모두들 그 지하철의 여중생처럼 겸손하게 비명을 지르는 중도를 지켰는가?

영화의 대상은 영원히 영원한 대상이다. 영화가 자신의 몸무게를 빌려오는 군중이 영원한 대상을 원하기 때문이다. 그를 삼키고 자라나고 또 변신하기를 원하기 때문이다. 영원한 대상은 군중의 유일한 식량이자, 그가 최애하는 흐드러진 상차림이다. 천첩만첩 수라상이다. 영원한 대상 없이 팝콘만 먹을 거라면 군중은 애당초 동굴을 떠났으리라.

실재에 관련된 모든 미학적 난제들은 영화의 대상을 현실적 대상으로 혼동하는 데서 오는 것 같다. 바쟁은 "리얼리즘"realism을 말했다. 그리고 그의 진짜 의도가 어쨌든 간에 그것은 곧 범주로 등극되어 여기저기 인용되고 팔려나가기 시작했고, 급기야 오늘날 어떤 관객도, 어떤 논객도 그 복잡다단한 심경과 느낌을 마무리하는 매듭으로 리얼리즘을 쉽게 외친다. 그것은 이제 '정책'도 '입장'도 아닌 '정답'이 되어버렸다. 누군가에게는 그리 자본에 침식당했어도 식지 않는 영화 사랑을 애써 변명하고 해명하는 너무 쉬운 정답, 또 누군가에는 영화 보기가 TV 예능을 보고 낄낄대는 것보다 얼마나 더 창조적이고 고상한 예술행위인가를 포장하는 너무 쉬운 정답 말이다. 그런데 이런 범주로서의 리얼리즘을 유심히 들여다보노라면 그 "실재"reality 개념에는 시간적인 차원이 포함되어 있음을 쉽게 알 수 있다. 우리가 영화를 보는 행위와 그 목적을 정당화하기 위해 끌어들이는 리얼리즘의 "실재"는 내가 속하고 있는 '지금의 현실'을 지시한다. 이 난해한 영화는 무슨 의미인가? 결국은 리얼리즘이다. 이 재미없는 영화를 왜 보는가? 결국은 리얼리즘이다. 반대로, 이 영화는 이렇게 재미있는데 어디가 모자라는가? 결국 리얼리즘이 모자라다. 뭐 이런 식이다(한국영화에 대해서 우리가 자주 범하는 우도 이와 크게 다르지 않다). 결국 우리는 우리 자신을 위해 영화의 대상을 현재로 국한시켜 시간의 일부분으로 편입시켜 버리는 셈이다. 이것이 오늘날 양산되고 또 유통되는 무수한 텍스트에서 리얼리즘이 하나의 지식이자 범주이자 지성적 변명거리로 기능하는 방식이다.

반대쪽으로 도망가 봐도 이번엔 정반대의 범주가 너무도 공고하게 버티고 있다. 그것은 이른바 "실험"이라는 또 다른 정답이다(과거엔 "아방가르드"라고도 많이 불렸던). 그러나 이번에 그것은 실재보다는 과정에 대한 판단이고, 지식보다는 무지에 대한 정당화다. 왜냐하면 이 경우 실험이라는 범주는 우리가 영화를 보는 행위와 목적을 정당화하기 위함이 아니라, 우리가 보는 영화의 운동과 대상성을 정당화하기 위함이기 때문이다. 작가의 의도나 작품의 의미를 쉽게 알기 어려운 영화를 볼 때가 특히 그렇다. 우리는 그럴 때마다 "실험"이라는 말로 우리의 복잡다단한 심경과 느낌을 잽싸게 갈무리하고는 무지의 심연으로부터 스스로를 해방시키며 안도하곤 하는데, 정작 "실험"이라는 개념을 면밀히 들여다보노라면 거기에도 역시 시간적인 차원이 개입하고 있음을 쉽게 알 수 있다. 이전 범주와 다른 점이 있다면 이번에 그것은 관객이 영화를 보는 지금으로서의 시간과는 정반대로, '작가가 영화를 만드는 과정'으로서의 시간을 지시한다는 것뿐이다. 저 영화는 처음 보는 형식과 내용이다. 도대체 뭔가. 알 수 없다. 실험이다. 분명 영화는 상영되고 있는데 사람도 안 나오고 대사도 안 나오며 이야기도 없다. 도대체 뭘 말하려는 걸까. 알 수 없다. 실험이다. 뚜렷한 목표 없이 그냥 한번 해본 것은 아닐까. 모르겠다. 하지만 분명한 것은 저 작가는 분명히 실험 중이라는 사실이다. 아무리 목표가 없더라 하더라도 그 실험이라는 과정만큼은 의미가 있으니까. 그래서 실험이다. 실험이라서 실험이다. 뭐 이런 식이다(우리의 무지를 작품이나 작가 탓으로 돌리기 위해 우리가 경멸조로 말하는 "자위"라는 말은 이런 환원의 방식을 너무도 정확히 묘사한다). 이처럼 오늘날 실험이란 용어는 흡사 어지럽혀진 파일을 정리하다가 이 폴더 저 폴더에도 들어가지 못하고 갈 곳 없는 자투리 파일들을 위해 따로 만드는 새폴더 같은 것이다. 그 폴더 안에는 의미는 모르겠으나 그 과정에서만큼은 의미가 있는 모든 것들이 잔반처럼 버려진다. 요컨대 범주로서의 리얼리즘이 우리가 영화를 보는 행위를 정당화하기 위해 대상을 "실재"로 응고시켜 우리의 지식으로 만든다면, 범주로서의 실험은 작가가 영화를 만드는 행위를 정당화하기 위해 대상을 "과정"으로 떼어내 우리의 무지를 메꾼다. 각기 다른 목적 아래서지만, 이 두 범주 모두는 영화의 대상을 "실재"나 "과정"이라는 시간적 차원으로 축소한다는 점에서만큼은, 다시 말해 영화보다는 우리를 먼저 보호하기 위해 영화의 대상을 시간적이고 현존가능한 대상으로 고꾸라뜨린다는 점에서

만큼은 너무도 잘 어울리는 짝짝꿍이다. 이런 점에서라면 "리얼리즘"과 "실험"은 이름만 다른 동일한 "범주"다. 이는 흡사 구두가 존재의 것인지 고흐의 것인지를 두고 대립했으나 결국 진리의 현전이라는 틀릴 수 없는 정답에선 찌찌뽕을 이루었던 하이데거와 샤피로의 경우 같은 것이다.

범주는 정답이다. 언제나 100점이다. 안전하다. 그래서 만병통치약이고. 그러나 만병통치약은 약이 아니다. 가끔은 독이다. 무엇보다도 그걸 약이라고 생각하는 자에겐 치명적인 독이다.

누가 실재를 잊는가? 실재를 잊었다고 말하는 자들이 잊는다. 누가 자위하는가? 자위한다고 말하는 자들이 자위한다.

결국 리얼리즘과 실험이라는 두 범주는 모두 영원한 대상을 현실적 대상으로 혼동하는 오류다. 리얼리즘은 영원한 대상을 지식으로 만들려고 현실적 대상을 너무 긍정하는 바람에 과정에서 "실재 자체"reality-in-itself를 떼어낸다. 반대로 실험주의는 영원한 대상에 대한 무지에 못 견뎌 현실적 대상을 너무 부정하는 바람에 실재에서 "과정 자체"process-in-itself를 떼어낸다. 그는 차라리 현실적 주체를 선호한다. 모두 우리 자신을 보호하기 위해, 개체화의 예술 혹은 변신기계로서의 영화의 보호는 포기하는 짓거리들이다. 왜냐하면 영화는 과정 없는 실재로는 변신하지 않으며, 실재 없는 과정으로는 반복하지 않으므로. 영화는 과정이 실재가 됨으로써만 존재하므로.

사실 영원한 대상은 긍정도 부정도 모른다. 그를 긍정하고 부정할 수 있는 자는 이미 동굴 안에 있는 주체들뿐이다. 군중뿐이다. 영화가 재미있으면 재미있고, 재미없으면 재미없을 뿐이다. 또 영화가 감동적이라면 감동적이고, 지루하다면 지루할 뿐이다. 아무리 재미있거나 재미없다 한들, 아무리 감동적이거나 지루하다 한들, 그렇다는 어떤 사실도 동굴 밖에서 영화의 대상을 긍정하거나 부정하는 권리를 정당화해주진 못한다. 왜냐하면 긍정과 부정은 동굴 안에서, 그 변신의 과정 중에 영원한 대상을 선택하는가 마는가, 그뿐이기 때문이다. 오히려 동굴 밖에서조차 긍정하거나 부정하려는 자들, 그들이 동굴 안까지 지식을 끌어들이려 하는 자들이다. 그들은 영화에 대해 판단하지 않는다. 그보다 자신의 지식에 대해 먼저 판단하며, 영화에 대해선 평가하고 채점한다. 그런 자들이 으레 몰입이라는 영화 고유의 흡수과정을 객관화라는 기이한 기작으로 교체해가며, 눈물이 나는데도 이 악물고 참아내고, 온갖 심상의 폭풍이 불어 닥치는데도 불굴의 의지로 팔짱을 낀 채 스크린으로부터 거리를 유지하며 샷을 분석해내며 "오늘 나는 몰입에 걸려들지 않았고 최대한 객관성을 유지하였노라"라고 짐짓 으쓱거리는 이유다. 그들은 영화보다 자신이 먼저인 셈이다. 스스로를 영화의 모세가 되기 위해 분위기보다는 송신자–수신자를 먼저 찾기 때문이다. 한마디로 그들은 변신하지 않는 고정점으로 동굴 밖에 남아 있다.

솔직해지자. 그런 자들이 입버릇처럼 리얼리즘을 말할 때, 그건 대부분 현실세계를 반영하는 사실존중주의factualism 내지 현실주의actualism의 뜻이다. 하지만 현실을 반영하지 않는 영화가 어디 있단 말인가? 개념적 허세나 무지의 변명이 아니라면 리얼리즘과 현실주의, "실재"the real와 "현실"the actual을 바꿔치기하는 의도된 목적이나 의도치 않은 효과는 둘 중에 하나다. "실재"의 의미를 축소하거나, "현실"의 의미를 뻥튀기하거나. 두 가지 경우 모두 깨알을 짚어내지 못한 관객에게 무지를 떠넘기거나, 거품으로 자신의 지식을 포장하거나 하는 식으로 재구성된 송신자-수신자 모델 위에 올라서서 동굴 밖의 모세를 참칭하기 위함이다. 거품에 불과한 현재에 깨알 같은 송신자의 메시지를 읽었다며, 혹은 깨알 같은 현재를 위한 거품 같은 송신자의 메시지를 읽었다며.

예술이 종교를 떠났을 땐 아우라가 신을 참칭하더니만, 예술이 기껏 아우라까지 떠났더니 이젠 다시 비평이 모세를 참칭할 셈인가. 모더니즘과 아방가르드가 그토록 욕지기를 얻어먹으면서까지 기껏 폐위시켰던 존재의 원근법을 재생산하며? 필름이 장장 200년을 투쟁한 바를 SNS 댓글 몇 줄과 토크쇼 티켓 몇 푼에 엿 바꿔 먹으며?

영원한 대상을 긍정하거나 부정할 수 있는 자격은 오직 동굴 안에서 함께 변신하는 자에게만 있다. 그 밖의 관조자나 채점자가 아니라. 그러니까, 영원한 대상을 긍정하거나 부정할 수 있는 유일한 자는 군중뿐이다. 상업영화나 예술영화, 장르영화나 작가영화 같은 구분은 이미 군중에 의해 결단된 바다. 즉 동굴 안에서 일어난 진화상의 분기다. 그 둘 사이엔 동굴 밖의 누군가가 어떤 지식으로도 기울일 수 있는 선·악 혹은 좋음·나쁨과 같은 질량차가 존재하지 않는다. 외려 영화제가 상업주의의 꿍무니를 쫓고, 반대로 멀티플렉스가 예술의 근엄함을 시늉하는 게 문제라면 문제지, 저 분기 자체는 문제이기는커녕 너무도 건전한 발달이다. 우리가 영화제를 가는 것은 거기에 덜 상업적이고 더 진지한 영화가 있어서지, 거기가 진리의 전당이라서가 아니다. 우리가 멀티플렉스를 가는 것은 거기에 덜 어렵고 더 재미있는 영화가 있어서지, 거기가 쾌락의 아편굴이라서가 아니다. 우리 군중은 영화를 옹호하지, 어떤 영화를 옹호하지 않는다. 영화도 마찬가지다. 그 또한 군중을 옹호한다. 어떤 군중이 아니라.

상업영화와 예술영화, 장르영화나 작가영화, 극영화와 실험영화, 진보적인 영화와 고전적인 영화, 때깔 나는 영화와 후진영화, 재미있는 영화와 지루한 영화, 이들 모두는 평등하다. 그 과정이 곧 그 자신의 실재가 된다는 점에선 동등한 변신기계들이다. 당신 또한 카메라를 드는 순간 이 시민권을 바로 발부받는다.

과정이 곧 그 자신의 실재가 됨, 이것이 바로 자율성autonomy이다. 실상 바쟁이 리얼리즘을 말했을 때, 그가 진정 의도한 바는 그런 의미에서의 오토마티즘automatism, 따라서 통례의 사실주의realism가 아니라 초현실주의surrealism의 어떤 차원이었을는지도 모른다. 호리 준지가 "미이라화된 변화"를 "변화의 미이라"로 읽을 수 있는 간극을 바쟁의 텍스트 안에서 찾아서 보여주었던 것처럼, 바쟁의 "리얼리즘" 개념은 애초부터 영화의 고유성은 순간에 운동을 더한다는 것이 아니라, 지속의 자동화, 나아가 그 자율화에 있음을 가리키고 있었을는지도 모른다.[1] 군중의 상변이만을 법률로 가지는 자율성을.

사람들은 영화의 디지털화와 게임화를 개탄하며 시네마의 종언을 이야기하곤 한다. 하지만 그들이 없어진다고 발을 동동 구르는 그 대상이 영화의 대상이 아니라 단지 리얼리즘의 대상이 아닌지 자문해보아야 할 것이다. 지나친 호들갑은 아직 불필요하다. 마당극이나 옵티컬 프린팅이 영화를 잡아먹으리라 걱정하지 않았던 것처럼 게임과 디지털이 영화를 잡아먹으리라 걱정하지 않아도 되는 것은, 영화의 영원한 본성이라 할 변신의 연극적 형식("조작적 폐쇄성")이 RPG 포맷을 족족 흡수해내며, 그 영원한 대상이라 할 변신의 개념적 형상("배역")이 미디어 호환가능성을 족족 흡수해낼 것이기 때문이다. 영화가 게임을 포섭할지언정 게임은 결코 영화를 포섭할 수 없다. 그 분위기가 조이스틱과 게임패드마저 삼킨다. 영화가 영원한 대상을 기다리고

---

1. 호리 준지. 「〈사진적 영상의 존재론〉 재고 ─ 앙드레 바쟁에게 있어서의 운동과 정지」. 부산 영화의 전당 〈21세기 영화와 앙드레 바쟁의 혜안〉 포럼 발제문, 2018년 12월 22일.

탐색하고 또 그 분위기에 취해 있는 한, 그리하여 어떤 형태로든 개체화의 과정이 자율화의 과정이 되는 한, 영화는 언제까지나 영화이리라. 옷 좀 갈아입는다고, 살과 뼈 좀 갈아입는다고 죽지 않는다. 변신할 뿐이다. 육체도, 분위기도, 그 실핏줄과 창자줄도 어차피 미디어였다. 위장도 빙의도 어차피 게임이고 놀이였다. 영화사 최초의 게임영화는 〈칼리가리 박사의 밀실〉이다.

영화가 종언을 맞이하는 날은 그가 그의 육체를, 그 분위기를, 변신의 고통을 잃고 결국 오토마티즘의 민주주의, 그 우글거림을 잃는 날이다. 그날은 영원 뒤에야 오리라. 영원한 대상은 영원 뒤에야 소멸될 것이기에.

그러니까, 그날은 영화가 군중을 잃는 날이다. 그 몸무게를 잃는 날이다. 군중이 천의 얼굴로 변신하는 한, 영화의 변신은 언제까지나 무죄다.

만약 돈의 순환이 차라리 솔직한 오토마티즘이라면, 그래서 차라리 반플라톤주의적 알레고리의 일부라면, 외려 우리가 개탄하고 걱정해야 하는 것은 게임화가 영화를 돈벌이로 만든다는 사실보다는, 게임화를 회피하거나 비판한답시고 작품과 이벤트, 1등 영화와 꼴등 영화, 1등 감독과 꼴등 감독, 흥행요인과 폭망요인을 판결하고 채점함에 더더욱 매진하면서 자기도 모르는 사이 양산해내는, 자본주의보다도 더 귀족주의적이고 반민주적인 송신자-수신자 모델과 그 플라톤주의적 노예의식이다.

돈은 자본이 아니다. 사실주의가 사실이 아닌 것처럼. 스펙터클도 분위기다. 영화는 마다하지 않는다. 자신이 있기 때문이다.

비평과 철학의 관계에 대해서도 한마디 해야겠다. 이 모든 것이 사실이라면 영원적 대상과 현실적 대상의 혼동, 과정과 실재의 분리는 영화의 폐쇄성이나 변신의 비담론성보다는 비평의 지식과 언어에 좀 더 많은 책임이 있으므로. 그것이 전문가의 펜 끝에서 나오는 것이든 비전문가의 혀끝에서 맴도는 것이든 말이다. 먼저 비평의 언어가 인정해야 할 것은 철학은 지식이 아니라는 사실이다. 철학은 입장이 아니다. 정책도 아니다. 철학은 보고 듣고 부대끼는 태도이자 자세, 또 그 체험으로서의 공포와 경외다. 많은 철학 서적이 그만의 코드로 봉인되어 있어서 접근하기 어려운 것은 사실이나, 그 때문에 철학이 지식이 되진 않는다. 오히려 철학을 각주로 어줍게 동원하거나, 반대로 철학을 배척하여 부재할 때, 비평의 언어는 그 스스로 지식이 된다. 묻자. 영화는 이어지는 것이 잘린 것인가, 아니면 이미 잘려져 있는 것이 이어진 것인가? 혹자는 이를 배부르고 등 따신 현학자들의 탱자탱자 형이상학 놀음으로 치부하면서 저런 추상적 질문은 영화를 보고 논하는 데에는 아무런 소용이 없다고 말하리라. 그러나 그런 자들이야말로 철학의 공백을 아무런 비판과 고민 없이 유통되는 지식들로 허둥지둥 채운다. 그리고 불행히도 그런 지식의 대부분은 관성적으로 주입되는 사실 몇 줌과 편견 몇 줌으로 빚어진 100점짜리 정답들이다. 가령 위 질문에 대해 습관적으로 이어진 지속을 택하는 이들은 으레 리얼리즘이란 거창한 이념을, 또 습관적으로 잘려진 순간을 택하는 이들은 으레 구성주의, 실험성, 매체특정성이란 개념을 아무런 두려움 없이 말하곤 하겠으나, 정작 범주 바깥으로 나가면 리얼리즘과 매체특정성이란 용어가 존재와 시간을 어떻게 구조화하는지에 대해서 도면 한 장도 그려내지 못하리라. 왜냐하면 그런 도면은 개념들에 내포된 존재의 틈새와 그가 열어젖히는 심연, 이미지가 상상력에 가하는 폭력, 또 그 절파와 붕락에서 느껴질 무력감과 공포를 느끼는 자만이 그려낼 수 있고, 그런 이들은 위질문을 두려워할 줄 알아 섣불리 대답하길 망설이기 마련이기 때문이다. 반대로 현학적인 질문일 뿐이라고 스스럼없이 대답했던 그들은 이미 리얼리즘이나 매체특정성은 단지 심오한 것, 영화 본연의 정신이라고 금방 전제해버리고, 새로운 이미지들이 나타날 때마다 언제든지 꺼내 쓰는 가장 안전한 조커 카드로 남겨 놓은 채, 그래도 남을 공백들은 한편으로는 소통, 교감, 마음, 향수, 아름다움이나 그리스 신화 같은 흔해 빠진 단어나 비유들로, 다른 한편으로는 미국영화의 역사성과 천박함에 대한 조롱, 유럽영화 쇠퇴에 대한 애도, 90년대 이후 한국영화 리얼리즘의 퇴조와 대자본과의 결탁에 대한 개탄과 비난과 같은 똑같이 흔해 빠진 도덕들로 대충 땜빵하고는 자신의 전문가적 자아가 아직도 건재함에 스스로 안심한다.

철학으로부터 두려움과 태도를 공급받지 않은 어떤 펜이나 혀도 한 치를 나아갈 수 없다. 당신이 나아갈 수 있었다면 그것은 다음 두 경우뿐이다. 당신은 이어진 게 먼저인지, 잘린 게 먼저인지라는 질문이 대답되기 위해선 목숨이라도 걸어야 한다는 두려움과 태도를 이미 부지불식간에 가지고 있거나, 아니면 가지고 있지 않은데도 익숙한 언어들이 만드는 신기루의 아방궁에 갇힌 채 가지고 있다고 착각하거나. 이도 저도 아니라면 트위터 타임라인을 종횡무진 넘나드는 핑거링이 펜과 혀의 통제권을 넘어서는 독존적이고 초월적인 충동이거나.

물론 그렇다고 칸트의 『판단력 비판』을 완독하기 전까지 영화에 대해 입도 뻥긋하지 말자는 건 아니다. 사실 지금 뻥긋하고 있는 나도 다 완독하지 않았다. 더 뻥긋했던 타르코프스키도, 토니 스콧도 완독하지 않았을 것이고, 뻥긋의 끝판왕일 세르주 다네도, 하스미 시게히코도 완독하지 않았을 것이다. 그러나 그들은 두려움과 태도를 지닌다.

철학은 단지 개념이 아니다. 철학은 오히려 개념 안에 내재하는 떨림, 고통, 공포 같은 것이다.

철학은 비평을 더 좋게 만들려는 것이 아니다. 철학은 비평이 무너지지 않게 하려는 것이다.

영화란 무엇인가라는 질문이 바로 그런 철학이다. 그것이 비평을 더 현란하고 부티나게 만들어주진 않을 것이다. 다만 그 질문 없이 비평은 초라해지고 빈약해져 끝내 붕괴할 뿐이다. 이념의 골다공중에 인터넷 어디선가 Ctrl+C/V해온 듯한 익숙함의

싸구려 빠데만을 속절없이 처방하다가 끝끝내.

좋은 비평은 시詩여야 한다. 좋은 비평이 되기 위해선 당신이 읽었던 이 책이 안 했던 짓만 골라서 하면 된다. 비평은 해석학이나 계보학이 아니라(그리될 수도 없다) 차라리 어떤 윤리학이어야 한다. 단, 그것이 현실적 대상에 대한 윤리학은 아니다. 그러리라 오해할 때 우린 다시 송신자와 수신자를 찾아 헤매며, 비평을 송신되는 메시지를 해석하고 심판하는 현실윤리나 현실정치(도덕비평·정치적 올바름)로, 그게 아니라면 반대로 메시지를 수신하는 개인의 내면과 감정에 대한 심리묘사(감성비평·에세이 리뷰)로 후퇴시키고 만다. 그럴수록 시나브로 양산되는 비자발적 플라톤주의에 대해서는 나 몰라라 발뺌하며.

누군가는 십수 년 늦게 태어난 특권으로 후자의 입장에 눌러앉으며 전자의 입장을 전자레인지에 3분 짜장을 넣고 돌리는 것만큼 쉽게 비난할는지도 모르겠다. 그러나 후자가 전자보다 낫다고 할 수 있나? 영화 속 비바람이나 모래폭풍에 휩쓸려 공중으로 솟구쳐 오를 때, 객석의 엉덩이가 안 떨어진 척 팔짱을 끼고 앉아 이건 정치적으로 올바르군, 이건 정치적으로 옳지 않아, 심판 행세를 하는 것보다, 들썩거리는 자신의 엉덩이에 대한 묘사가 저 영화를 위한 가장 적절한 서술이라고 간주하는 것이 정녕 더 진보적이고 더 모던하며 덜 플라톤주의적이라고 할 수 있는가?

사람들은 영화를 보고 논한다는 것이 분석인가 사랑인가,

머리의 해설인가 마음의 서술인가를 가지고 논쟁하곤 하지만, 그 둘이 지시하는 것이 모두 현실적 대상이라면, 비평의 언어는 다시 송신자-수신자 모델에 갇혀서 주어·술어·목적어로 구조화된 평범한 언표로 굳어져 버린다. 그리고 번역하기 전에 먼저 평가하고 채점하고 심지어 심판해 버린다. 그렇게 많은 이들이 시선의 윤리를 말하지만, 정작 자신은 시선을 판사봉 삼아 영화의 포청천, 별점의 대법원장이 되려고 한다. 정작 자신도 피고인이 되지는 않을까 노심초사하며.

영화의 관람은 나와 작품의 만남이 아니다. 나와 감독의 만남은 더더욱 아니다. 그렇게 간주되어도 현상이 넉넉히 설명될 수 있었던 특정 모임과 때와 장소가 있었을 뿐이다. 그 본성상 영화 관람은 군중과 분위기의 만남이다. 현실적이지만 집단적인 주체와 영원하지만 체감적인 대상의 만남이다. 올바름 혹은 진솔함만으로 충분하다고 착각하는 이들은 바로 이를 오해하고 오도한다. 우리가 영화를 본다는 오해처럼 너무나 익숙하게, 너무나 태연하게. 평가하고 채점하고 심판하며. 그러나 익숙함은 오만함의 온실이 된다.

그러니 제발, 비평이여, 충언하노니, 그 근거가 정치적 올바름이든 마음의 진솔함이든, 평가하고 채점하고 심판할 거면 "네가 앞으로 뭘 하든, 하지 마라."(송능한 〈넘버3〉)

비평은 현실이 아니라 영원에 대한 윤리학일 때, 비로소 시가 된다. 평가하고 채점하고 심판하기 전에 숨부터 들이고 내야 한다. 스크린으로부터 유지되던 거리를 단숨에 좁혀 그의 분위기 속으로 뛰어들고, 그 공포와 경외를 들숨과 날숨 삼아 그를 따라가며 영화와 함께 울고 웃어야 한다. 설령 영화가 영원을 후히 대접하지 못하여 서글플 때조차, 그와 함께 서글플 줄 아는 언어여야 한다. 그것이 표준어가 아니라 사투리일지라도 말이다. 차라리 비평은 무당이다. 영화 자체를 분위기로 삼아 그에 빙의하여 방언으로 말하고, 행여 못다 한 말을 그의 벗들(꼭 사람은 아닐 것이다)에게 전하여, 혹시라도 영화가 원통해서 무덤에서 벌떡 일어나는 일이 없도록 보듬는 접신기계, 윤리학이되 평가와 심판의 윤리학이 아닌 번역과 전파의 윤리학으로서의 무당기계. 그럼으로써 비평가가 먼저 보호해야 할 것은 감독이 아니라 영화 자체다. 비평가 자신의 신념이 아니라 군중의 신념이다. 모든 창조가 영화 자신의 몫인 것처럼, 모든 비평은 군중 자신의 몫이었음을 비평가는 겸허히 인정해야 한다.

사람들은 영화에게 말을 건다, 질문을 한다, 편지를 보낸다는 식의 비유를 쓰곤 하는데, 제발 그저 비유이기를. 제발 영화에게 말 걸지 않기를. 그럴수록 원하든 아니든 당신은 심판관이나 채점자가 될 테니까. 영화는 미스코리아가 아니다. 비평은 채점이 아니다. 영화는 차라리 귀신안개나 혼백에 가깝다. 못 한 말이 너무도 많으나, 인간의 언어를 잃은 지 오래다. 비평은 말을 걸 게 아니라, 영화가 "스스로 말하도록"[2] 해야 한다. 좀 더 정확히는, 영화가 스스로 말하는 바가 군중이 스스로 말하는 바와

일치하도록 싱크시키고 중매해야 한다. 영화에 빙의됨이 곧 군중에 빙의됨이 되도록 해야 한다.

그리하여 비평의 언어는 상업영화와 예술영화, 주류영화와 비주류영화, 잘난 영화와 못난 영화, 영화적인 영화와 영화 같지 않은 영화 등과 같은 지식이 그어놓은 범주의 국경에 침을 뱉으며, 지식권력의 귀족주의, 정답의 안일주의, 감독의 신화가 만들어놓은 그 모든 허영과 권위에 저항하며 궁극적으로는 일찍이 남기남이 던졌던 저 본질적인 물음, "임권택은 왜 임권택이고 남기남은 왜 남기남인가?"라는 물음에 대답할 수 있어야 한다. 그리하여 단일 작품에 대한 단발적인 반응과 평가에서 술어들을 구출하여 ─ 그 빈틈들을 군중이 비집을 수 있게끔 ─ 여러 작품들, 여러 장면들, 여러 장소들을 이어붙이고 무리 짓고 교차하는 접속사의 도깨비시장으로 이주시키고, "어떻게 아무나 보는 저런 영화를 좋아할 수가 있지? (형편없군!)"라며 서로를 업신여기는 미학적 배척관계가 아니라 "어떻게 아무도 거들떠보지 않는 저런 영화의 방언까지 번역할 수가 있지? (대단하군!)"라며 서로를 질투하는 공속共屬관계로 담론과 미세지각의 벨트를 형성하여, 결국 영화 자체로 귀환하는 루트를 발견해내야 한다. 그리하여 "영화는 사실 창이 없는 모나드"[3]임을, 그러나 그 이유는 영

2. 얀 스반크마예르 인터뷰, *Afterimage*, no. 13, autumn 1987, p. 33. "사물들이 스스로 말하도록…."
3. 유운성, 「영화 비평의 장소에 관하여」, 『유령과 파수꾼들』, 미디어버스, 2018,

화가 세계를 쌩까서가 아니라 영화에 인접한 모든 세계가 또한 각각의 모나드이기 때문임을 발견해내야 한다. 그 각각의 방언들을 교류하고 접속하여 스파크처럼 떠오를 군중의 형상에, 세계의 분위기에 이르러야 한다. 자기 자신 외엔 어떤 송신자도 수신자도, 어떤 연출자도 관객도 없이 우글거리는 세계원자의 아우성에. 그게 아니라면, 개념은 머물 먹고 이 쑤시는 골목대장에 불과하다.

좋은 무당에게 번역하지 못할 방언이란 없다. 선무당만이 이미지를 탓할 뿐이다. 현실에서든 개념에서든, 정치는 접신 다음에나 가능한 일이다. 그 역순은 절대 불가능하다.

영화는 영원한가? 영원하다. 그러나 그 이유는 영화가 현실이 있는 한 영원히 살아남을 매체media라서가 아니라, 저 영원의 삼킴, 그 영원한 변신만이 그의 유일한 현존방식인 영매medium이기 때문이다. 영화가 과정 아니면 실재를 추구하는 예술이라서가 아니라, 어떤 과정도 곧 그 자신의 실재가 되는 예술이기 때문이다.

현실을 은유하는 시간의 예술이라서가 아니라, 군중을 개체화하는 영원의 예술이기 때문이다.

442쪽.

:: 참고문헌

김방옥. 『동시대 한국연극의 혼돈과 생성』. 연극과인간, 2016.
김용수. 『퍼포먼스로서의 연극 연구』. 서강대학교출판부, 2017.
김지하. 『탈춤의 민족미학』. 실천문학사, 2004.
박동환. 『안티호모에렉투스』. 길, 2001.
_____ 『x의 존재론』. 사월의책, 2017.
배창호. 『기쁜 우리 젊은 날』. 우석, 1992.
서울영화집단, 『영화운동론』. 화다, 1985.
유운성. 『유령과 파수꾼들』. 미디어버스, 2018.
이영준. 『기계비평』. 현실문화연구, 2006.
이재길·이승백. 『칼로타입』. 계명대학교출판부. 2001.
이정우. 『사건의 철학 : 삶, 죽음, 운명』. 그린비, 2011.
_____ 『영혼론 입문』. 살림, 2003.
_____ 『주체란 무엇인가 : 무위인에 관하여』. 그린비, 2009.
채희완. 『탈춤』. 대원사, 1994.

고프먼, 어빙. 『자아 연출의 사회학』. 진수미 옮김. 현암사, 2016.
리오타르, 장-프랑수와. 『지식인의 종언』. 이현복 옮김. 문예출판사, 1993.
마노비치, 레프. 『뉴미디어의 언어』. 서정신 옮김. 커뮤니케이션북스, 2014.
마투라나, 움베르토·프란시스코 바렐라. 『인식의 나무』. 최호영 옮김. 자작아카데미,
    1995.
메이로위츠, 조슈아. 『장소감의 상실 : 전자미디어가 사회적 행동에 미치는 영향』. 커뮤니
    케이션북스, 2018.
멈포드, 루이스. 『예술과 기술』. 김문환 옮김. 민음사, 1999.
_____ 『기계의 신화 1 : 기술과 인류의 발달』. 유명기 옮김. 아카넷, 2013.
_____ 『기계의 신화 2 : 권력의 펜타곤』. 김종달 옮김. 경북대학교출판부, 2012.

바르트, 롤랑. 『밝은 방』. 김웅권 옮김. 동문선, 2006.

벤야민, 발터. 『발터 벤야민의 문예이론』. 반성완 옮김. 민음사, 1983.

뷔르거, 페터. 『아방가르드의 이론』. 최성만 옮김. 지만지, 2013.

셰크너, 리차드. 『민족연극학』. 김익두 옮김. 한국문화사, 2004.

슈미트, 칼. 『땅과 바다』. 김남시 옮김. 꾸리에, 2016.

스탈린, 요제프. 『변증법적 유물론과 사적 유물론; 마르크스주의와 언어학』. 정성균 옮
김. 두레, 1989.

아도르노, 테오도르. 『미학이론』. 홍승용 옮김. 문학과지성사, 1984.

아른하임, 루돌프. 『시각적 사고』. 김정오 옮김. 이화여자대학교출판부, 1995.

알베르티, 레온 바티스타. 『알베르티의 회화론』. 노성두 옮김. 사계절, 1998.

얌폴스키, 미하일. 『영화와 의미의 탐구』 1, 2권. 김수환·이현우·최선 옮김. 나남, 2017.

카네티, 엘리아스. 『군중과 권력』. 바다출판사. 강두식·박병덕 옮김, 2002.

카벨, 스탠리. 『눈에 비치는 세계』. 이두희·박진희 옮김. 이모션북스, 2014.

키틀러, 프리드리히. 『광학적 미디어』. 윤원화 옮김. 현실문화연구, 2011.

터너, 빅터. 『제의에서 연극으로』. 이기우·김익두 옮김. 현대미학사, 1996.

프라이, 노스럽. 『비평의 해부』. 임철규 옮김. 한길사, 2000.

플루서, 빌렘. 『사진의 철학을 위하여』. 윤종석 옮김. 커뮤니케이션북스, 1999.

_____.『피상성 예찬』. 김성재 옮김. 커뮤니케이션북스, 2004.

호퍼, 에릭. 『맹신자들』. 이민아 옮김. 궁리, 2011.

히스, 스티븐. 『영화에 관한 질문들』. 김소연 옮김. 울력, 2003.

호리 준지. 「〈사진적 영상의 존재론〉 재고 — 앙드레 바쟁에게 있어서의 운동과 정지」. 부
산 영화의 전당 〈21세기 영화와 앙드레 바쟁의 혜안〉 포럼 발제문, 2018년 12월 22일.

ㄱ

가타리, 펠릭스(Guattari, Félix) 286

강스, 아벨(Gance, Abel) 59, 170

고다르, 장-뤽(Godard, Jean-Luc) 63, 171,
193, 197, 198, 246

고든, 스튜어트(Gordon, Stuart) 249

고프먼, 어빙(Goffman, Erving) 240, 258, 316

곰브로비치, 비톨트(Gombrowicz, Witold) 36

곽경택 271

구로사와 아키라(黑澤明) 178

그레마스, 알지르다스 줄리앙(Greimas, Algir-
das Julien) 41

그레미용, 장(Grémillon, Jean) 170

그리피스, 데이비드 워크(Griffith, David
Wark) 9, 32, 34, 38, 42, 55, 58, 166

기달, 피터(Gidal, Peter) 238

김기영 247, 248, 251, 267, 268, 276

김동원 176

김방옥 258, 316

김성수 229

김수용 123, 178, 179, 185, 218, 272

김용수 258, 316

김지하 248, 258, 316

김호선 176

ㄴ

나가르주나(Nagarjuna, 龍樹) 126

나루세 미키오(成瀬巳喜男) 123, 125, 178,
219, 272

나탈리, 빈센조(Natali, Vincenzo) 249, 251

남기남 89, 202, 314

네그리, 안토니오(Negri, Antonio) 206

놀란, 크리스토퍼(Nolan, Christopher) 249

뉴턴, 아이작(Newton, Isaac) 91, 191, 210

니엡스, 조제프 니세포르(Niépce, Joseph
Nicéphore) 18, 27, 97, 229

니체, 프리드리히(Nietzsche, Friedrich) 99,
126, 160, 174, 200, 209, 297

ㄷ

다게르, 루이-자크-망데(Daguerre, Louis-
Jacques-Mandé) 18

다네, 세르주(Daney, Serge) 310

다라본트, 프랭크(Darabont, Frank) 175

다신, 줄스(Dassin, Jules) 170, 171

데 시카, 비토리오(De Sica, Vittorio) 54

데렌, 마야(Deren, Maya) 22~24, 28, 109~
111, 198, 200

데카르트, 르네(Descartes, René) 35, 98, 162,
249, 261

델뤽, 루이(Delluc, Louis) 59

도너, 리차드(Donner, Richard) 169

도브첸코, 알렉산더 페트로비치(Dovzhenko,
Alexander Petrovich) 123, 200

드 팔마, 브라이언(De Palma, Brian) 129, 137,
172

드레이어, 칼 테오도르(Dreyer, Carl Theodor)
34, 39, 40, 133, 134, 137

드미트릭, 에드워드(Dmytryk, Edward) 167

드밀, 세실(DeMille, Cecil) 134, 136

들뢰즈, 질(Deleuze, Gilles) 139, 217, 286

ㄹ

라이너, 롭(Reiner, Rob) 130, 202

라이스, 론(Rice, Ron) 208

라이프니츠, 고트프리트 빌헬름 폰(Leibniz, Gottfried Wilhelm von) 34, 105, 163, 261, 274

랑, 프리츠(Lang, Fritz) 34

램지, 린(Ramsay, Lynne) 285

랭든, 해리(Langdon, Harry) 34

러셀, 척(Russell, Chuck) 245, 249

레네, 알랭(Resnais, Alain) 26, 150~152, 154, 169

레오네, 세르지오(Leone, Sergio) 127, 128, 137

로메르, 에릭(Rohmer, Éric) 46, 171, 193

로셀리니, 로베르토(Rossellini, Roberto) 54, 218

로크, 존(Locke, John) 162, 167

루비치, 에른스트(Lubitch, Ernst) 50, 244

루이스, 허셸 고든(Lewis, Herschell Gordon) 143, 249

루이즈, 라울(Ruiz, Raúl) 36, 45, 176, 278

루카스, 조지(Lucas, George) 143

루카치, 게오르그(Lukács, Georg) 43

뤼미에르, 루이(Lumiére, Louis) 9, 10, 12, 232

르 그라이스, 말콤(Le Grice, Malcolm) 238

리베트, 자크(Rivette, Jacques) 61, 63, 193, 287

리오타르, 장 프랑수아(Lyotard, Jean-François) 121, 316

린치, 데이비드(Lynch, David) 168, 275

ㅁ

마레, 에티엔느 쥘(Marey, Étienne-Jules) 9

마스, 윌라드(Mass, Willard) 198

마스무라 야스조(增村保造) 168, 276

마투라나, 움베르토(Maturana, Humberto) 53, 316

맑스 형제(Marx brothers) 34, 35

맑스, 칼(Marx, Karl) 144, 206, 268

매딘, 가이(Maddin, Guy) 204

맥조휘(麥兆輝) 245

맥티어난, 존(McTiernan, John) 171

맨키비츠, 조셉(Mankiewicz, Joseph) 25, 153, 167, 200

머이브릿지, 에드워드(Muybridge, Eadweard) 9, 229, 230, 232, 298

멈포드, 루이스(Mumford, Lewis) 78, 316

메를로-퐁티, 모리스(Merleau-Ponty, Maurice) 156, 211, 232

메이에르홀드, 프세볼로드(Meyerhold, Vsevolod) 56

메카스, 요나스(Mekas, Yonas) 208

멘데스, 샘(Mendes, Sam) 221

멘켄, 마리(Menken, Marie) 198

멜리에스, 조르주(Méliès, Georges) 9, 10, 12, 184

멜빌, 장 피에르(Melville, Jean-Pierre) 170, 171

무르나우, 프리드리히 빌헬름(Murnau, Friedrich Wilhelm) 26, 34, 59, 173, 189, 190

미넬리, 빈센트(Minnelli, Vincente) 25, 200

미야자키 하야오(宮崎駿) 176, 185

미조구치 겐지(溝口健二) 123, 178

미트리, 장(Mitry, Jean) 119

밀러, 조지(Miller, George) 171, 180

ㅂ

바르다, 아네스(Varda, Agnès) 171, 193

바르닥, A. 니콜라스(Vardac, A. Nicholas) 61

바르트, 롤랑(Barthes, Roland) 20, 21, 28, 47, 120, 316

바바, 마리오(Bava, Mario) 245

바슐라르, 가스통(Bachelard, Gaston) 160

바이다, 안제이(Wajda, Andrzej) 247

바쟁, 앙드레(Bazin, André) 49, 53, 54, 60, 299, 305, 306, 317

박동환 237, 289, 290, 316

박윤교 262

반종 피산타나쿤(Banjong Pisanthanakun)
114
발라즈, 벨라(Bálazs, Béla) 34
배창호 119, 176, 205, 228, 316
백남준 72
버튼, 팀(Burton, Tim) 238
버호벤, 폴(Verhoeven, Paul) 246, 249
베르그송, 앙리(Bergson, Henri) 139, 162,
216, 274, 277, 278, 280
베르토프, 지가(Vertov, Dziga) 49, 53, 54, 70,
79
베르히만, 잉마르(Bergman, Ingmar) 34, 133
벤더스, 빔(Wenders, Wim) 174, 202
벤야민, 발터(Benjamin, Walter) 14, 205, 316
변영주 194, 202, 210
변장호 274
보드리야르, 장(Baudrillard, Jean) 71
보르헤스, 호르헤 루이스(Borges, Jorge Luis)
36
볼드윈, 크레이그(Baldwin, Craig) 239
부뉴엘, 루이스(Buñuel, Luis) 45, 61, 153, 180,
220, 246, 248, 250, 251, 275
브래키지, 스탠(Brakhage, Stan) 108~111, 115,
269
브레송, 로베르(Bresson, Robert) 39, 40, 135,
196, 197
비글로우, 캐스린(Bigelow, Kathryn) 171, 285
비네, 로베르트(Wiene, Robert) 26, 34, 59
비더, 킹(Vidor, King) 166, 200
비트겐슈타인, 루트비히(Wittgenstein, Lud-
wig) 181

ㅅ

사르트르, 장 폴(Sartre, Jean-Paul) 120
사우라, 카를로스(Saura, Carlos) 201
샤릿츠, 폴(Sharits, Paul) 238
서크, 더글라스(Sirk, Douglas) 125

셰익스피어, 윌리엄(Shakespeare, William)
36
셰크너, 리차드(Schechner, Richard) 258, 316
셰페르, 장-루이(Schefer, Jean-Louis) 113,
127
소더버그, 스티븐(Soderbergh, Steven) 172
소마이 신지(相米慎二) 228
소브책, 비비안(Sobchack, Vivian) 141
소아비, 미첼레(Soavi, Michele) 250
소쿠로프, 알렉산더(Sokurov, Alexander) 247
송능한 312
수리오, 에티엔느(Souriau, Étienne) 113
수오 마사유키(周防正行) 186, 237
슈마허, 조엘(Schumacher, Joel) 60
슈미트, 칼(Schmitt, Carl) 160, 165, 316
슈타이너, 랄프(Steiner, Ralph) 198
슈트로하임, 에리히 폰(Stroheim, Erich von)
185
슐레진저, 존(Schlesinger, John) 193
스노우, 마이클(Snow, Michael) 238
스미스, 잭(Smith, Jack) 198, 208
스반크마예르, 얀(Švankmajer, Jan) 123, 266,
314
스콜세지, 마틴(Scorsese, Martin) 193
스콧, 리들리(Scott, Ridley) 143
스콧, 토니(Scott, Tony) 146, 171, 172, 237, 310
스타니슬랍스키, 콘스탄틴(Stanislavski, Kon-
stantin) 56, 62
스탈린, 요제프/이오시프(Stalin, Joseph) 32,
105, 316
스트라우브, 장-마리(Straub, Jean-Marie) 169
스피노자, 바뤼흐(Spinoza, Baruch) 162, 274,
284
스필버그, 스티븐(Spielberg, Steven) 169, 246
시미즈 다카시(清水崇) 249, 251
시옹, 미셸(Chion, Michel) 37
신상옥 60

ㅇ

아놀트, 마틴(Arnold, Martin) 239

아도르노, 테오도르(Adorno, Theodor) 193, 317

아르젠토, 다리오(Argento, Dario) 123, 250

아른하임, 루돌프(Arnheim, Rudolf) 57, 119, 317

아스트뤽, 알렉상드르(Astruc, Alexandre) 85, 87

아이스너, 로트(Eisner, Lotte) 34, 189

안토니오니, 미켈란젤로(Antonioni, Michelangelo) 54

알베르티, 레온 바티스타(Alberti, Leon Battista) 96, 103, 317

알트만, 로버트(Altman, Robert) 45, 248, 275

앙겔로풀로스, 테오(Angelopoulos, Theo) 123, 136, 148

앤더슨, 폴 토마스(Anderson, Paul Thomas) 275

앵거, 케네스(Anger, Kenneth) 198

야마나카 사다오(山中貞雄) 178

야스퍼스, 칼(Jaspers, Karl) 126

얀초, 미클로슈(Jancsó, Miklós) 175, 196

얌폴스키, 미하일(Iampolski, Mikhail) 227, 317

양, 에드워드(Yang, Edward) 194

언더우드, 론(Underwood, Ron) 180

에디슨, 토머스(Edison, Thomas A.) 9

에리세, 빅토르(Erice, Víctor) 219, 221

에이젠버그, 다니엘(Eisenberg, Daniel) 239

에이젠슈테인, 세르게이(Eisenstein, Sergei) 31, 32, 38, 47, 56, 58, 181, 188, 270

엡스탱, 장(Epstein, Jean) 59, 170, 171

엥겔스, 프리드리히(Engels, Friedrich) 144

여균동 194, 267

영, 테렌스(Young, Terence) 241, 243

오시마 나기사(大島渚) 248, 267

오우삼(吳宇森, John Woo) 137

오즈 야스지로(小津安二郎) 123, 125, 154, 178, 196, 201, 265, 271, 276, 277

오퓔스, 막스(Ophüls, Max) 50

올리베이라, 마노엘 드(Oliveira, Manoel de) 287

와일더, 빌리(Wilder, Billy) 167

와일러, 윌리엄(Wyler, William) 42, 134

워터스, 존(Waters, John) 266

워홀, 앤디(Warhol, Andy) 76, 79, 122

웨일, 제임스(Whale, James) 219

웰스, 오손(Welles, Orson) 25, 36, 92, 167, 274

위어, 피터(Weir, Peter) 71, 203

위예, 다니엘(Huillet, Danièle) 169

유영길 94

유운성 127, 314, 316

유위강(劉偉強) 245

유즈나, 브라이언(Yuzna, Brian) 249, 251

유현목 154

이두용 274

이만희 121, 123, 219

이명세 176, 201, 202

이송희일 186

이영준 259, 316

이오셀리아니, 오타르(Iosseliani, Otar) 275, 287

이원세 123, 178, 270

이장호 176

임권택 26, 94, 150~154, 157, 169, 194, 274, 314

ㅈ

자누시, 크쥐스토프(Zanussi, Krzysztof) 247

장선우 94, 194, 247, 248, 267

저메키스, 로버트(Zemeckis, Robert) 273

정성일 127, 154

정소영 178

정일성 94

제이콥스, 켄(Jacobs, Ken) 26

제카, 페르디낭(Zecca, Ferdinand) 9

조도로프스키, 알렉한드로(Jodorowsky, Alejandro) 168

조정환 232

조페, 롤랑(Joffé, Roland) 135

주성치(周星馳) 270

주윤발(周潤發) 138

줄랍스키, 안제이(Zuławski, Andrzej) 225, 247

짐멜, 게오르그(Simmel, Georg) 63

ㅊ

차이밍량(蔡明亮) 248

차일드, 애비게일(Child, Abigail) 239

채플린, 찰스(Chaplin, Charles) 34, 50, 159

채희완 248, 316

천커신(陳可辛 / 진가신) 218

최동훈 172

최하원 274

ㅋ

카네티, 엘리아스(Canetti, Elias) 268, 273, 317

카메론, 제임스(Cameron, James) 251

카발레로비치, 예르지(Kawalerowicz, Jerzy) 135

카벨, 스탠리(Cavell, Stanley) 21, 51, 317

카사베티스, 존(Cassavetes, John / 카사베츠) 90, 193

카엘, 폴린(Kael, Pauline) 91

카우리스마키, 아키(Kaurismäki, Aki) 195, 196, 248

카펜터, 존(Carpenter, John) 123, 225, 251, 266, 271

카프라, 프랭크(Capra, Frank) 34

카프카, 프란츠(Kafka, Franz) 36

칸트, 임마누엘(Kant, Immanuel) 162, 196, 310

커티즈, 마이클(Curtiz, Michael) 169

코너, 브루스(Conner, Bruce) 26

코부치, 세르지오(Corbucci, Sergio) 137

코스타-가브라스(Costa-Gavras, Konstantinos) 175

코헨, 래리(Cohen, Larry) 60

콘찰로프스키, 안드레이(Konchalovsky, Andrei) 172

쿠벨카, 피터(Kubelka, Peter) 26

쿠스트리차, 에밀(Kusturica, Emir) 176, 185, 285

쿨레쇼프, 레프(Kuleshov, Lev) 56~58, 98, 181

퀘이 형제(Qauy brothers) 123

크라카우어, 지그프리트(Kracauer, Siegfried) 22, 189

크레이븐, 웨스(Craven, Wes) 249, 251

크렌, 쿠트(Kren, Kurt) 266

크로넨버그, 데이비드(Cronenberg, David) 78

클라인, 노먼 M.(Klein, Norman M.) 146

클레르, 르네(Claire, René) 170

클레망, 르네(Clément, René) 171, 245

키에슬롭스키, 크쥐스토프(Kieślowski, Krzysztof) 195, 196, 247

키튼, 버스터(Keaton, Buster) 50, 159

키틀러, 프리드리히(Kittler, Friedrich) 43, 117, 317

ㅌ

타르, 벨라(Tarr, Béla) 201

타르코프스키, 안드레이(Tarkovsky, Andrei) 88, 89, 123, 135, 136, 148, 149, 154, 157, 195, 200, 246, 310

탈보트, 윌리암 헨리 폭스(Talbot, William Henry Fox) 18, 229

터너, 빅터(Turner, Victor) 240, 252, 254, 258, 317

트뤼포, 프랑수아(Truffaut, François) 59, 171, 193

ㅍ

파브스트, 게오르그 빌헬름(Pabst, Georg Wilhelm) 26, 38, 190

파스빈더, 라이너 베르너(Fassbinder, Rainer Werner) 174

파졸리니, 피에르 파올로(Pasolini, Pier Paolo) 46, 109~112, 266, 282

파커, 앨런(Parker, Alan) 175

팍품 웡품(Parkpoom Wongpoom) 114

페라라, 아벨(Ferrara, Abel) 266, 285

페킨파, 샘(Peckinpah, Sam) 137

페터젠, 볼프강(Petersen, Wolfgang) 171

펠레시안, 아르타바즈드(Peleshyan, Artavazd) 125

펠리니, 페데리코(Fellini, Federico) 54, 63, 246, 248

포드, 존(Ford, John) 82, 136

포터, 에드윈 S.(Porter, Edwin S.) 9, 42, 58

폴란스키, 로만(Polański, Roman) 171

푀이야드, 루이(Feuillade, Louis) 9

푸도프킨, 프세볼로드 일라리오노비치(Pudovkin, Vsevolod Illarionovich) 56, 58, 98, 123, 140, 160, 185, 190

풀러, 사무엘(Fuller, Samuel) 221, 274

프라이, 허먼 노스럽(Frye, Herman Northrop) 33, 39, 317

프랑켄하이머, 존(Frankenheimer, John) 171

프램튼, 홀리스(Frampton, Hollis) 109, 238

프로이트, 지그문트(Freud, Sigmund) 38

프루스트, 마르셀(Proust, Marcel) 36, 120

프리드킨, 윌리암(Friedkin, William) 107, 173

플라토, 조제프(Plateau, Joseph) 9, 229, 232

플라톤(Plato) 88, 97, 98, 103~105, 108, 113, 114, 131, 163, 224, 307, 311

플레밍, 빅터(Fleming, Victor Lonzo) 69

플로티누스(Plotinus) 126

플루서, 빌렘(Flusser, Vilém) 27, 70, 317

피셔-리히테, 에리카(Fischer-Lichte, Erika) 258

ㅎ

하길종 174, 176, 228

하스, 보이체크 예르지(Has, Wojciech Jerzy) 45, 247, 275

하스미 시게히코(蓮實重彦) 225, 276, 277, 310

하이데거, 마르틴(Heidegger, Martin) 11, 302

해리하우젠, 레이(Harryhausen, Ray) 140, 143

핸슨, 커티스(Hanson, Curtis) 265

허문영 127

헤어조그, 베르너(Herzog, Werner) 174

헵번, 오드리(Hepburn, Audrey) 241

호리 준지(堀潤之) 306, 317

호퍼, 에릭(Hoffer, Eric) 223, 317

혹스, 하워드(Hawks, Howard) 34, 50, 64, 169

홍상수 248

화이트헤드, 알프레드 노스(Whitehead, Alfred North) 13, 14, 91, 92, 162, 227, 236, 237, 240, 244, 286

후설, 에드문트(Husserl, Edmund) 226, 227

휴스턴, 존(Houston, John) 167, 170

흄, 데이비드(Hume, David) 162

히스, 스티븐(Heath, Stephen) 258, 317

히치콕, 알프레드(Hitchcock, Alfred) 128, 129, 137, 191, 267

힐, 조지 로이(Hill, George Roy) 230

기타

ILM 143

ZAZ 사단 208

:: 영화 찾아보기

ㄱ

개그맨 201
거울(Зеркало / The Mirror) 149, 150
거짓말 247
고래사냥 228
괴물(The Thing) 225, 266
구니스(The Goonies) 169
군중(Crowd) 200
그래비티(Gravity) 201
길소뜸 151, 152, 274
까마귀 기르기(Cría Cuervos) 201
꼬마신랑의 한 262

ㄴ

나이트메어(A Nightmare on Elm Street) 249
난장이가 쏘아올린 작은 공 270
난쟁이도 작게 시작했다(Auch Zwerge Haben Klein Angefangen) 174
내쉬빌(Nashville) 275
내일을 향해 쏴라(Butch Cassidy and The Sundance Kid) 230, 231
너는 정말 여기에 없었다(You Were Never Really Here) 285
너에게 나를 보낸다 267
넘버3 312
네 멋대로 해라(Àbout de Souffle) 171

ㄷ

달의 애인들(Les Favoris de la Lune) 275
대지(Земля / Earth) 201
대지에서(At Land) 111, 198
대화의 차원(Možnosti Dialogu / Dimensions of Dialogue) 266
더 월(Pink Floyd : The Wall) 175
더 트레인(The Train) 171
데자부(Déjà Vu) 172
데칼로그(Dekalog) 196
도둑들 172
도박사 봅(Bob Le Flambeur) 170
독 스타 맨(Dog Star Man) 111
독일 영년(Germania Anno Zero)
돼지우리(Porcile) 111
되찾은 시간(Le Temps Retrouvé) 36
드레스트 투 킬(Dressed to Kill) 129
똥개 271

ㄹ

로마의 휴일(Roman Holiday) 42, 43, 52, 64, 74, 76, 239, 251, 272
로맨스 빠빠 60
로프(Rope) 128
리피피(Rififi) 170

ㅁ

마스크(The Mask) 245
마이너리티 리포트(Minority Report) 246
마지막 웃음(Der letzte Mann) 173
만(卍, 만지) 276
만추 178, 219
말타의 매(The Maltese Falcon) 167
매그놀리아(Magnolia) 275
매드 맥스(Mad Max) 172, 180
매트릭스(Matrix) 42, 248
맨(포르노맨) 267

멀홀랜드 드라이브(Mulholland Drive) 276
모던 타임즈(Modern Times) 50
못말리는 람보(Hot Shots! Part Deux) 209
무간도(無間道) 245
무녀도 274
무세트(Mouchette) 196
문신(刺青 / Spider Woman) 276
물속의 칼(Nóżw wodzie / Knife in the Water) 171
미녀와 건달(The Bad and the Beautiful) 200
미드나잇 익스프레스(Midnight Express) 175
미션 임파서블(Mission Impossible) 129, 172
미션(The Mission) 135
미스 리틀 선샤인(Little Miss Sunshine) 228
미워도 다시 한번 178
미친 사랑(L'Amour Fou) 61
밀고자(The Informer) 82
밀애 194, 202

ㅂ
바디 더블(Body Double) 129
바람과 함께 사라지다(Gone with the Wind) 69
바보들의 행진 228
밤(La Notte) 54
백 투 더 퓨처(Back to the Future) 51
버디(Birdy) 175
벌집의 정령(El Espíritu de la Colmena) 219, 221, 224
베를린 천사의 시(Der Himmel über Berlin / Wings of Desire) 202
벤허(Ben-Hur) 134
부르주아의 은밀한 매력(Le Charme Discret de la Bourgeoisie) 275
부운(浮雲) 219
분노의 날(Vredens Dag / Day of Wrath) 134
불가사리(Tremors) 180

불꽃놀이(Fireworks) 198
불의 딸 151
붉은 10월(The Hunt For Red October) 171
붉은 강(Red River) 50
붉은 시편(Még kér a nép / Red Psalm) 196
블레이드 러너(Blade Runner) 143
블루 벨벳(Blue Velvet) 276
비디오드롬(Videodrome) 78
비트 229

ㅅ
사느냐 죽느냐(To Be or Not to Be) 50, 244
사라고사 매뉴스크립트(Rękopis znaleziony w Saragossie / The Saragossa Manuscript) 275
사탄의 가면(La Maschera del Demonio / Black Sunday) 245
사탄탱고(Sátántangó) 201
살로, 소돔의 120일(Salò/ Salò, or the 120 Days of Sodom) 266
살인, 내 사랑(Murder, My Sweet) 167
삼면거울(La Glace à Trois Faces) 59
상하이에서 온 여인(The Lady from Shanghai) 167
생명 219
서편제 151
세 부인에게 보내는 편지(A Letter to Three Wives) 25
세계의 심장(The Heart of the World) 204
셜록 2세(Sherlock Jr.) 50
소사이어티(Society) 249
소유와 무소유(To Have And Have Not) 169
쇼생크 탈출(The Shawshank Redemption) 175
숏컷(Short Cuts) 275
수녀 요안나(Matka Joanna od Aniołów / Mother Joan of the Angels) 135

수색자(The Searchers) 82
쉘 위 댄스(Shall we ダンス?) 186, 237
스크림(Scream) 249
스타워즈(Star Wars) 143
스탠드 바이 미(Stand by Me) 202
스파이 게임(Spy Game) 172, 237
시민 케인(Citizen Kane) 26, 91
시티 라이트(City Light) 37
식신(食神) 270
신체의 지리학(Geography of the Body) 198
심판(The Trial) 36
십계(The Ten Commandments) 136
싸이코(Psycho) 267
씨받이 151, 152

ㅇ
아귀레, 신의 분노(Aguirre, der Zorn Gottes) 174
아메리칸 뷰티(American Beauty) 221
아스팔트 정글(The Asphalt Jungle) 170
아시아의 폭풍(Потомок Чингиз-Хана / Storm Over Asia) 160
아제아제 바라아제 152
아카딘 씨(Mr. Arkadin) 274
아쿠아리스(Deliria / Aquarius, Stage Fright) 250
악의 손길(Touch of Evil) 25
악질경찰(Bad Lieutenant) 266
안개 178
어깨총(Shoulder Arms) 159
어두워질 때까지(Wait Until Dark) 241
어딕션(The Addiction) 266
어머니(Мать / Mother) 160
언스토퍼블(Unstoppable) 172
엄마 없는 하늘 아래 178
에네미 오브 스테이트(Enemy of the State) 146, 172

에일리언(Alien) 249
엘도라도(El Dorado) 50
역마차(Stagecoach) 82
영구와 땡칠이 202
영구와 땡칠이 4 : 홍콩할매귀신 89
영웅본색(英雄本色) 137
영원과 하루(Μια αιωνιότητα και μια μέρα / Eternity and a Day) 148
영혼의 비밀(Geheimnisse einer Seele / Secrets of a Soul) 38
영혼의 줄리에타(Giulietta degli Spiriti) 54, 246
오데트(Ordet) 134
오멘(The Omen) 107, 173
오션스 일레븐(Ocean's Eleven) 172
오후의 올가미(Meshes of Afternoon) 110, 111
외아들(一人息子) 201
요람을 흔드는 손(The Hand that Rocks the Cradle) 265
욕망의 모호한 대상(Cet Obscur Objet du Désir) 220
원점 219
위장(Barwy ochronne / Camouflage) 247
유령수업(Beetlejuice / 비틀쥬스) 238
육식동물 247, 267
윤무(La Ronde) 50
을화 274
음식(Jídlo / Food) 266
이브의 모든 것(All About Eve) 25, 200
이중배상(Double Indemnity) 167
이창(Rear Window) 128
이탈리아 여행(Viaggio in Italia) 218
인디아나 존스(Indiana Jones) 169
인셉션(Inception) 248, 249
인정사정 볼 것 없다 201
일식(L'Eclisse) 54

326

ㅈ

자유의 환영(Le Fantôme de a Liberté) 246
자전거 도둑(Ladri di Biciclette) 54
잔다르크의 심판(Procès de Jeanne d'Arc) 39
잔다르크의 열정(La Passion de Jeanne d'Arc)
39
장고(Django) 137
저 하늘에 슬픔이 178
제너럴(The General) 50
존 윅(John Wick) 248
좀비오(Re-Animator) 249
죠스(Jaws) 269
죽어야 사는 여자(Death Becomes Her) 273
죽은 시인의 사회(Dead Poets Society) 203
쥘과 짐(Jules et Jim) 171
즈베니고라(Звенигора / Zvenigora) 201
지난여름 갑자기(Suddenly, Last Summer)
167
지난해 마리엥바드에서(L'Année Dernière à
Marienbad) 150
짝코 151, 274

ㅊ

창문 물 아기 움직임(Window Water Baby
Moving) 269
첨밀밀(甛蜜蜜) 218
첩혈쌍웅(喋血雙雄) 137
총알 탄 사나이(The Naked Gun) 209
충격의 복도(Shock Corridor) 221, 274
충녀 250, 267, 276

ㅋ

카메라를 든 사나이(Человек с киноаппара-
том / Man with a Camera) 54
카사블랑카(Casablanca) 169
칼리가리 박사의 밀실(Kabinett des Dr. Calig-
ari) 307

캔터베리 이야기(The Canterbury Tales) 111
케빈에 대하여(We Need to Talk about Kevin)
285
큐브(Cube) 249
크림슨 타이드(Crimson Tide) 171, 172
키드(Kid) 159

ㅌ

태양은 가득히(Plein Soleil) 171, 245
태풍클럽(台風クラブ) 228
테이큰(Taken) 256
토탈 리콜(Total Recall) 246, 249
트랜스포머(Transformers) 297
트루먼 쇼(The Truman Show) 71
특전 U보트(Das Boot) 171

ㅍ

파리는 우리의 것(Paris Nous Appartient) 61
포제션(Possession) 225
폭주기관차(Runaway Train) 172
폭풍 속으로(Point Break) 171
폰 부스(Phone Booth) 60
프레데터(Predator) 269
피막 274
핑크 플라밍고(Pink Flamingos) 266

ㅎ

하녀 267, 276
항해사(The Navigator) 50
해리가 샐리를 만났을 때(When Harry Met
Sally...) 130
헤드헌터(Trauma) 250
화녀 267, 276
화차 202
환생(輪廻) 249
황금광 시대(The Gold Rush) 50, 159, 265
황혼의 빛(Laitakaupungin valot / Lights in

　the Dusk) 196
황홀한 피조물들(Flaming Creatures) 198
후회하지 않아 186
휴일 121, 219
흐트러지다(乱れる) 219
흐트러진 구름(亂れ雲) 219
희생 89
히로시마 내 사랑(Hiroshima Mon Amour)
　150

기타

04:00−1950 219
102번째 구름 94
400번의 구타(Les Quatres Cent Coups) 59
5시에서 7시까지의 클레오(Cléo de 5 à 7) 171
E.T.(Extra-Terrestrial) 52
H_2O 198